农民组织化与农村治理研究

NONGMIN ZUZHIHUA YU NONGCUN ZHILI YANJIU

蒋永甫 ◎ 著

人民出版社

目　录

序

金太军*

　　中国自古以来就是一个农业国家，创造了辉煌的农业文明。小农一直构成国家人口的绝大多数。他们人数众多，生活条件相近，但是彼此之间并没有发生多式多样的关系。正如马克思所指出的那样："他们的生产方式不是使他们互相交往，而是使他们互相隔离。……好像一袋马铃薯是由袋中的一个个马铃薯所集成的那样。"正因为小农的生产方式使千百万小农处于一种分散状态，不能形成一个阶级，他们便成为专制王朝的统治基础。他们"不能代表自己，一定要别人来代表他们。他们的代表一定要同时是他们的主宰，是高高站在他们上面的权威"。中国现代化运动开启以来，农民作为一个阶级开始登上了历史舞台，但农民的分散孤立状态并没有从根本上改变。时至今日，农民作为中国社会最大的群体，也是组织化程度最低的社会群体。因此，农民组织化既是一个现代化进程未完成的课题，也是学术研究持续关注的热点问题。蒋永甫教授长期以来从事农村治理方面的研究，尤其关注农民组织化问题。这本著作就是他承担的省级课题的最终研究成果。

---

* 金太军，教育部长江学者特聘教授。

1

　　该著作以农村治理过程中的农民组织化问题为研究对象，把农民组织化与农村治理结合起来，以农村基层制度安排为背景，对农民组织化发展的制度环境、初始路径、主体、动力机制和本土化路径等作了系统分析。作者在考察传统社会和现代化进程中的基层治理的基础上，着力分析"乡政"与"村治"关系的理想与现实形态，揭示农民组织化发展所面临的制度环境及其嬗变。作者认为，在当代中国，国家政权与农村社会的关系（直接表现为乡村关系）构成农民组织化的制度背景，当代中国农民组织化起始于村民自治制度。村民自治作为农民组织化的一种形式，是通过民主选举方式建立起来的，实行自我组织、自我管理和自我服务，本质上是构成农民组织化的初始条件。在作者看来，农民组织化发展存在两种推动逻辑，即政治逻辑与市场逻辑。政治逻辑强调依靠外部力量将农民组织起来，而市场逻辑则强调农民自组织发展，通过市场力量促进农民组织化发展。在作者看来，农村改革以来的农民组织化主要是由市场逻辑推动的。为此，作者构建了农民组织化发展的分析框架，即政府与市场的分析框架。在这种框架下，政府与市场构成农民组织化发展的两种主要的动力机制。

　　农民组织化还涉及由谁来组织农民的问题。作者认为，农村精英、龙头企业、地方政府等在农民组织化发展中都可以发挥主体作用。但不同主体主导的农民组织化具有不同的发展逻辑。当然，农民组织化发展面临不同的政治、经济和社会文化条件。中国的农民组织化发展具有不同于西方国家的农民组织化发展的政治、经济与社会文化条件。作者指出，在现代化进程中，中国乡土社会结构的差序格局并未完全解体，对当前农民组织化发展仍有不可估量的影响。针对差序格局下的农民组织化发展困境，必须寻找农民组织化发展的本土化路径。其实，本土化路径还具有更加丰富的含义。中国地域辽阔，经济发展水平不一，从经济地理上可粗略分为东部发达地区、中部较发达地区和西部不发达地区。

不同地区的农业内外部条件不同，社会文化更是千姿百态，因此，不同地区、不同区域的农民组织化发展也要探索契合地方性知识的农民组织化发展路径。在农业市场化条件下，农业、农民、农村问题日益突出，成为制约县域经济发展的瓶颈。从县域治理的高度来看，必须促进农民组织化发展。在作者看来，农民组织化发展对于促进县域经济发展特别是现代农业发展、有效克服公权力治理所带来的问题，都具有非常大的促进作用。因此，只有把农民组织化纳入整个县域治理的总体框架当中，才能从根本上解决"三农"问题。

近些年来农民组织化问题已得到了研究者的充分关注，但是，研究者尚未充分考虑农民组织化与农村治理的关系。把农民组织化与农村治理结合起来，可以说是该著作的创新之处。除此之外，本书也有许多观点具有一定的新颖性，如作者认为，农民组织化发展存在政治逻辑与市场逻辑两种逻辑，前者诉诸未来社会的理想图景并依靠政治力量将农民组织起来；而后者则主要在市场力量的推动下，依靠农民自身的力量、社会力量以及企业力量把农民组织起来，在市场逻辑下，政府与市场构成农民组织化发展的两种不同的动力机制。农村精英、龙头企业、地方政府都可以成为农民组织化发展的主体等，但不同主体主导下的农民组织化又具有不同的发展逻辑等。这些观点都颇具新意。特别是作者关于通过政府购买服务的方式促进农民组织化发展的观点是该著作的一大亮点。

党的十九大报告把乡村振兴战略作为新时代彻底解决"三农"问题的重要抓手。乡村振兴战略的一个关键环节是提高农民的组织化程度，充分发挥农民的主体作用。因此，乡村振兴战略对于农村治理与农民组织化提出了更高的要求。希望作者在后续的研究中将农民组织化、农村治理与乡村振兴战略结合起来，再出精品。

导　论

　　在中国两千多年的漫长历史中，农民一直是支撑着封建王朝的根基。农民人数众多，生活条件相近，但是彼此之间并没有发生多式多样的关系。"他们的生产方式不是使他们互相交往，而是使他们互相隔离。……好像一袋马铃薯是由袋中的一个个马铃薯所集成的那样。"正因为小农的生产方式使千百万小农处于一种分散状态，不能形成一个阶级，他们便成为专制王朝的统治基础。他们"不能代表自己，一定要别人来代表他们。他们的代表一定要同时是他们的主宰，是高高站在他们上面的权威"①。在现代化进程中，伴随着小农经济的瓦解而来的是农业衰败、农村凋敝和农民的破产，"三农"问题由此形成，并成为制约整个中国现代化发展的瓶颈。促进"三农"问题的解决，保障农民的主体地位至关重要，而发挥农民主体作用的关键是实现农民的组织化。

---

① 《马克思恩格斯选集》第 1 卷，人民出版社 1995 年版，第 677、678 页。

一、问题的提出

（一）研究背景

农村改革以来，家庭联产承包责任制成为中国农村基本的土地经营制度，以家庭为单位的小农经济成为中国农村发展的主要经济形态。伴随着家庭联产承包责任制的推行和人民公社体制的瓦解，村民自治制度成为中国农村治理的基本制度安排。在农业市场化条件下，农村治理呈现出"市场失灵"、"政府失灵"和"社会失灵"这三大失灵交错的困境。

分田到户后，农民再次处于"一盘散沙"的原子化状态之中。分散化、原子化的农民不仅无法成为农业市场交易中的有效的市场主体，反而成为各种市场风险的转嫁对象。由于个体农民缺乏掌握市场信息的能力，使农产品特别是经济作物的生产具有盲目性，导致农产品丰收而价格低廉，谷贱伤农、果贱伤农。各种农业中介组织刻意压低农产品的市场价格，或者向农民销售假冒伪劣产品，农民深受其害。随着以大企业为载体的资本下乡，没有组织的农民再一次成为大企业大资本盘剥的对象，如竭力压低租地租金，不遵守订单农业中的订单合同，等等。这一切都集中反映了农村治理中的"市场失灵"问题。

自 2003 年以来，中央政府出台了一系列的支农惠农政策，转移支付了大量的财政资金和资源，但要经由各级政府到基层层层有效落实，才能实现政策功能。由于农民的原子化与村"两委"整合能力的衰退，这些政策、资金和资源在村庄一级往往缺乏有效对接的主体，导致这些政策输出不能有效落到实处，没有发挥应有的政策效应，从而产生政府失灵或政策失灵。农村治理中的社会失灵表现为村庄没有能力采取集体行动解决自身面临的一系列问题，包括农田水利设施的建设、农村公共设施的建设、村庄秩序的维护等，造成农村治理中的"最后一公里"问题。

（二）农民组织化问题的提出

如何克服农村治理中的三大失灵，需要实现农民的组织化。所谓农民组织化是指"农民为了更好地实现、保护和促进自身经济利益而联合起来形成各种经济和政治组织的行动和过程"①。可见，农民组织化就是农民组织的生成过程，即农民通过成立各种农民组织来结束自身的分散状态来增强自己的能力，实现自己利益的过程。

农民组织化问题是针对当前农民处于"一盘散沙"的状态，以至于不能适应农村经济社会发展要求而言的。农民是中国最大的一个社会群体，占全国人口的近七成，但农民也是中国社会组织化程度最低的一个社会群体。最近十年来，有关农民组织化的问题引起了广泛的讨论。在有关农民组织化的问题域中，农民的组织化能力与农民组织化程度这两个问题最为重要，也受到了较多的关注。关于农民的组织化能力问题，流行的观念是农民"善分不善合"，农民的组织化能力较低。其依据来自于学者们的田野调查，经典作家的论述则强化了这种观念。在马克思看来，农民的生产和生活方式决定了小农是"一盘散沙"，无法形成一致的集体行动。但是，"阶级"并非是集体行动的唯一单位。在古代中国的"官府—民间"的统治架构下，民间社会基本上形成了自治格局，各种基于宗族、市场的等级组织或巢状组织等民间组织极为发达。这些组织、规范和非正式人际关系网构成国家权威存在和施展的基础。改革开放以来，由于国家正式权力从乡村社会抽身而出，广大乡村社会只能

---

① 程同顺等：《农民组织与政治发展——再论中国农民的组织化》，天津人民出版社2006年版，第12页。

依靠自身来实现乡村治理与提供公共服务。1980 年，中国最早的村民委员会在广西壮族自治区宜州市合寨村产生，开启了农民再组织化的先河。自 20 世纪 90 年代以来，各种不同规模、不同发育程度、不同组织形态的农村民间组织在农村社会得到迅猛发展，涉及农村社会经济、文化、生活的各个方面。由此可见，农民并非"善分不善合"，也不是"一盘散沙"，更不是没有组织化能力。

如果说农民并非缺乏组织化能力的话，农民组织化问题研究需要探讨的就是农民的组织化程度问题。农民组织化则是指农民基于自由、自愿的原则，根据国家法律、法规，为了更好地实现、保护和促进自身利益而联合起来建立各种农民组织的行动和过程。改革开放以来，在市场逻辑的推动下，分散的农民经历了一次再组织化过程。因此，有关农民组织化的讨论必须围绕这种原形组织化而展开。关于农民的组织化程度问题，学术界形成了一个基本的共识，就是中国农民的组织化程度过低。接下来需要探讨的问题就是，为什么中国农民的组织化程度过低？是什么因素阻碍了农民组织化水平的提高？如何促进农民组织化的发展？

二、研究现状

自农村改革以来，农村社会结构发生了巨大的变化，由高度的"组织化"重新回归到高度分离化的状态。在农业市场化条件下，家庭分散经营带来农业生产经营的碎片化和农民社会关系的原子化等问题的日趋严重。近十年来，有关农民组织化的研究日渐成为一个重要的研究课题，产生了大量的学术文献。研究的问题包括：农民组织化的必要性分析、农民组织化发展的动力机制探讨、农民组织化发展的载体、农民组织化发展的模式等。

（一）国外研究梳理

20世纪90年代以来，以村民委员会为载体的农民组织引起了国外学术界的关注。但国外学术界对村民委员会的研究主要是集中在农村选举，关注农村政治改革和经济发展，但有关组织化的论题论述不多。归结起来讲，国外学术界在探讨农村组织化时，主要从国家与社会权力的分担上，以及农村组织建设的制度化安排上来阐释。罗吉斯等认为，西方国家农村组织在推动农村向现代化转变的过程中，主要从以下几方面入手，即"争取农业立法"、"提供经济合作"、"增加就业机会"①。荷兰学者 George Hendrikse、美国堪萨斯大学教授 David G. Barton 则认为农民组织化问题所依靠的载体是合作社，他认为农民通过组织起来的合作社其实是一批由拥有责任感的社员控制的特殊企业。相比较而言，罗吉斯更加注重从农民组织的政治功能角度，而 Barton 教授则是从农民组织的经济功能的角度探讨农村的组织问题。日本学者 Masahiko Shiraishi 则根据日本综合农协的传统和特质的角度出发，认为农民的组织化离不开政府的扶持与指导，否则农协很难真正发挥作用②。纵观国外学者的研究，主要集中在农民组织本身的功能方面，几乎没有谈到农民组织形成的动力、阶段及其运作和发展的机制问题。

---

① ［美］埃弗里特·M.罗吉斯、拉伯尔·J.伯德格：《乡村社会变迁》，王晓毅、王地宁译，浙江人民出版社1988年版。

② 参见徐旭初、黄祖辉：《中国农民合作组织的现实走向：制度、立法和国际比较——农民合作组织的制度建设和立法安排国际学术研讨会综述》，《浙江大学学报（人文社会科学版）》2005年第2期。

（二）国内研究现状

国内学术界对农民组织和农民组织化的研究虽然起步较晚，但发展迅速，取得了较为丰硕的研究成果。具代表性的著作主要有：程同顺等的《农民组织与政治发展——再论中国农民的组织化》（天津人民出版社 2006 年版）、仝志辉等的《农村民间组织与中国农村发展：来自个案的经验》（社会科学文献出版社 2005 年版）。这两部著作聚焦于农民组织，探讨农民组织与政治发展、农村发展的关系，而农民组织化问题并没有作为一个主要的研究对象。除了这两本有代表性的专著外，还有大量相关的学术论文。这些学术论文基本上围绕以下五个方面展开。

1.关于农民组织化的必要性研究

从宏观社会发展历程的角度来看，"组织化生存"是现代人的一种基本的生存方式[1]。农民组织化就是"农民为了更好地实现、保护和促进自身的经济利益而联合起来形成各种经济和政治组织的行动和过程"[2]。韩小凤等认为当前农村民主协商发展最大的障碍在于农民的低组织状态，由此导致了农民的协商意识和协商能力不足。因此，必须提升农民的组织化水平，才能提高农民的参与协商的能力和效能，从而优化农村协商民主治理机制[3]。吴重庆等指出乡村振兴必须以农民组织化重建乡村主体性，以乡村为主体吸纳整合资源、培育乡村内生动力，重塑

① 刘祖云、曲福田：《由"碎片化"走向"组织化"——中国新农村建设的战略构想》，《社会科学》2007 年第 6 期。

② 程同顺等：《农民组织与政治发展——再论中国农民的组织化》，天津人民出版社 2006 年版。

③ 韩小凤、高宝琴：《农民组织化：农村协商民主治理优化的社会基础》，《探索》2014 年第 5 期。

城乡关系①。

2. 关于农民组织化发展的动力机制问题

提高农民组织化程度已成为学术界共识，接下来就是有关农民组织化发展的动力机制问题的探讨。考察学术界的研究，主要存在三种农民组织化的动力机制，即市场机制、政府机制以及社会机制。一些学者强调通过市场机制推动农民组织化发展，认为农民组织化是市场机制作用的结果。市场机制既反映了农民组织化的必要性，也揭示了农民组织化的生成逻辑。因此，在农民组织化发展过程中，市场机制发挥了基础性作用。市场经济的发展促使农户进入市场进行交易，市场竞争和市场风险也促使农民组织起来②。杨嵘均认为中国农民组织的动力源主要经历了三种类型，即传统型、政府倡导型和自利型。在市场经济大潮中，农民自组织的发展是一个必然的趋势，而农民组织起来的动力主要是来源于农民作为"经济人"与"理性人"的自利动机。但这并不意味着农民自组织的发展与政府毫无关系；虽然个体农民的自利动机可能帮助其实现自身的最大利益，但个体农民的理性并不代表整体农民群体的理性，所以农民自组织存在着市场失灵的危险，因而需要政府从宏观制度层面为农民自组织的运行发展进行有效的制度设计与建设。农民自组织逐渐由响应型为主的模式向自觉型为主的模式转变，实现农民自组织动力源的现代化转型③。另一些学者认为，农民组织化的发展很大程度上依靠当

① 吴重庆、张慧鹏：《以农民组织化重建乡村主体性：新时代乡村振兴的基础》，《中国农业大学学报（社会科学版）》2018 年第 3 期。

② 参见牛若峰：《论市场经济与农民自由联合》，《中国农村经济》1998 年第 7 期；高宝琴：《试析我国农民组织优化的趋势及动力机制》，《中国特色社会主义研究》2011 年第 2 期；陈楠、郝庆升：《农民生产经营组织化动力要素及作用机制分析》，《农业经济》2010 年第 8 期。

③ 杨嵘均：《论农民自组织动力源的现代转型及其对乡村治理的结构优化》，《学术研究》2014 年第 5 期。

地政府的政策扶持。特别是地方政府的相关政府职能部门要发挥主导作用，从而把"管不了、管不好、不该管"的职能交给农民组织并逐步制度化[①]。如吴妤、梅伟伟从协同学的视角研究政府和农民组织的定位和功能，指出乡镇政府要从"全能"到"引导"的角色转变，而农民组织的定位应从"附属"到"主体"的转变。还有一些学者提出了农民组织化的发展的社会机制问题。李乐京等在贵州、云南典型民族村镇旅游地考察的基础上指出了非政府对农民组织化发展的支持与推动作用[②]。当然，农民组织化也存在"陷阱"问题，关键是谁在组织以及怎样组织的问题[③]。

3. 关于农民组织化发展的载体研究

农民组织化需要通过农民组织这个载体才能实现。关于农民组织化发展的载体，一些学者强调村委会作为农民组织化发展的载体作用。认为作为类政权性质的村委会在我国农村分布广泛、对农民切身利益影响最大，具有权源于民并寓于民之中的"草根性"。虽然它运作不完善，但却是农民表达与维护自身利益的主要组织依托，是农民政治组织化发展的趋势[④]。通过弱化其行政功能、强化自治功能的改造，村委会是实现农民群体利益主张和权利要求的重要通道。因此，村委会作为一种具有类政权性质的农民组织形式，是农民组织化发展的载体之一。但也有

---

① 参见程同顺：《提高中国农民组织化程度的必要性和政策方略》，《调研世界》2004 年第 2 期；赵国杰、郭春丽：《农民专业合作社生命周期分析与政府角色转换初探》，《农业经济问题》2009 年第 1 期。

② 李乐京、陈志永：《民族村镇旅游地农民组织化的特征及实现机制——以贵州、云南典型民族村镇旅游地的考察为基础》，《黑龙江民族丛刊》2014 年第 5 期。

③ 贺雪峰：《农民组织起来的陷阱》，《理论学习》2011 年第 7 期。

④ 参见范金良、宋桂兰：《提高农民的组织化程度迫在眉睫》，《当代世界与社会主义》2002 年第 2 期；高黎：《村民自治关键：农民组织化》，《江苏农村经济》2005 年第 9 期；王智军、项生华：《当前农民组织化问题研究》，《江海学刊》2000 年第 3 期；周建明、束方圆：《"组织起来"，还是"去组织化"——中国农村建设应走向何方》，《探索与争鸣》2014 年第 1 期。

学者认为，村民自治组织作为一种农民组织化形式，已完成了自己的历史使命。在村民委员会不断行政化的发展趋势下，通过村民自治组织来实现农民组织化的可能性不大。

农会作为一种行业性综合组织，近年来也引起了广泛的关注。有些学者① 认为，农会既是农民组织创新的一种重要方式，也是农民组织化发展的载体。农会不仅可以在市场经济中帮助农民抵御市场风险，还可以在政府与农民之间建立中介桥梁，有利于农民的政治参与和社会稳定。农会作为一种综合性组织，可以把全体农民的利益整合起来与政府对话，影响国家的农业政策。尽管一部分学者主张以农会作为农民组织化的载体，但是否应该建立农会仍存在很大的争议，所以农会不是目前农民组织发展的有效载体。相对于村民自治组织或农会，虽然农民经济合作组织在维护和保障农民权益方面的作用不如前二者，但其在组织农民方面的作用却是实实在在的。在当前条件下，农民专业合作经济组织已经成为农民组织化发展的重要载体，也将为农民组织化的发展提供重要的线索和方向。

4. 关于农民组织化发展模式研究

关于农民组织化发展的模式，主要存在以下几种观点，即龙头企业推动模式、农民专业合作社模式、政府主导模式以及农民经纪人模式。龙头企业推动模式，是一种市场发展模式，也是一种通过农业组织化推动农民组织化的模式。王成指出龙头企业带动型即"公司＋农户"的组织方式，组织间可以享受规模经济带来的低成本、高效益的好处，灵活进出市场、抵御市场风险②。郭晓鸣等进一步指出龙头企业带动农

---

① 参见于建嵘等：《农民组织与新农村建设——理论与实践》，中国农业出版社 2007 年版；王桂林、师继锋：《中国农民组织化的两条路径研究》，《农业经济》2006 年第 11 期；张扬：《中国近代农会组织的历史演变及启示》，《内蒙古社会科学（汉文版）》2005 年第 5 期。

② 王成：《江苏农民"入市"的组织化模式》，《江苏农村经济》2005 年第 4 期。

民组织化的发展，是以龙头企业为主体，围绕一项或多项产品，形成"公司＋农户"、"公司＋基地＋农户"等农产品产、加、销一体化的经营组织形式。农户与企业建立利益相对稳定的购销关系，通过规范化的购销合同，农户和公司形成了一定的利润共享和风险分担机制①。也有一些学者提出质疑，冯开文等认为因为"公司＋农户"模式中存在两个利益主体而具有"先天缺陷"。不同利益主体导致高交易成本，没有真正形成"利润共享、风险共担"的经济利益共同体，农业新技术推广难、农村基础设施改善难的问题②。熊红颖等认为龙头企业推动模式的优点在于合同的签订使农户减少了生产的盲目性，降低了市场风险，企业也获得了稳定的货源，保证经营的稳定性，但存在违约发生的可能性③。我们认为，以龙头企业推动的农民组织化就其实质而言是农业组织化发展，而非农民组织化发展。

合作社模式就是以农民专业合作社来推动农民组织化发展的模式。农民专业合作社是现阶段农民经济组织的主要形式。温铁军指出政府应将综合性、多功能的农民合作组织作为新农村建设的主体，提高农民组织化程度，改变条块分割的复杂格局④。许欣欣从结构、功能、性质、法律地位及运作模式上对构建农民合作组织体系进而促进农民组织化发展进行了分析⑤。黄宗智指出中国应借鉴日本经验，将农政部分转移给农业合作组织，推动自下而上的合作民主化。他认为，

① 郭晓鸣、廖祖君、付娆：《龙头企业带动型、中介组织联动型和合作社一体化三种农业产业化模式的比较——基于制度经济学视角的分析》，《中国农村经济》2007年第4期。
② 冯开文、蒋燕、高颖：《我国农村微观经济组织从农民组织化到农业一体化的变革》，《经济纵横》2010年第8期。
③ 熊红颖、寿志敏：《从经济意义上浅析农民组织化问题》，《商场现代化》2007年第4期。
④ 温铁军：《农民专业合作社发展的困境与出路》，《湖南农业大学学报（社会科学版）》2013年第4期。
⑤ 许欣欣：《试析建构中国农民合作组织体系的基本理念与主要原则》，《广东社会科学》2016年第6期。

中国农业需要的不是"横向"一体化的大农场，而应是"小农场＋合作社"的产、加、销纵向一体化服务，由此克服小农户面对大市场的困境①。

政府主导的农民组织化发展模式强调政府在农民组织化发展中的作用。朱兴涛等认为政府的支持体系是新型农民合作组织规范自身发展、提升市场竞争力与规避运营风险的重要保障。但从长远来看，政府无法包办一切，应放手让合作社组织探索自身发展道路②。政府主导型主要是为农民组织化发展提供制度环境，构建风险防范机制，推进农业行政管理体制改革、营造有利于农民组织顺利发展的外部环境等，起到支撑作用，但这不是农民组织化发展的有效模式。

农民经纪人是在农产品生产者与需求者之间起到衔接作用以获取购销差价或佣金的中间人。农民经纪人模式是一种中介组织或者能人牵头性的农民组织化发展模式。基于三省实地调研的数据，史冰清等认为农民参与市场的组织化程度从低到高依次是经纪人带动型、企业推动型、农民专业合作经济组织推动型，农户实际参与市场的最主要方式是经纪人带动型模式。虽然农民经纪人模式具有灵活性，能活跃农村的商品流通和促进农业结构的调整，但这种模式的缺陷在于农民经纪人队伍素质参差不齐，缺乏统一的行业管理③。杨磊、徐双敏指出，新时期的乡村振兴战略，应该在社会主体再造中培育和保护中坚农民，并以中坚农民为纽带建立起乡村发展的多主体利益联结机制，引导、支持和鼓励中坚农民走向联合，从而实现"自内而外，自上而下"的整合型

---

①　黄宗智：《农业合作化路径选择的两大盲点：东亚农业合作化历史经验的启示》，《开放时代》2015 年第 5 期。

②　朱兴涛、乔宏明：《新型农民专业合作社的政府支持体系研究》，《长白学刊》2014 年第 5 期。

③　史冰清、孔祥智、钟真：《农民参与不同市场组织形式的特征及行为研究——基于鲁、宁、晋三省的实地调研数据分析》，《江汉论坛》2013 年第 1 期。

道路①。

　　5.关于农民组织化发展的困境及对策研究

　　大部分学者以农民组织分类为参考指出各种类型组织面临的问题。普遍认为缺乏内部运行机制和制度环境是当前农民组织化发展面临的主要困境。农民文化素质较低及缺乏村庄能人、政府不重视和政策障碍、经济理性的驱使等构成农民组织化发展困境的原因。赵泉民认为农民陷入渴望合作又难以走向合作的困境在于乡村社会在转型中的信任失调，体现为基层政府的信任危机，合作社内部信任不足以及合作社与乡村社会信任断裂。因此，促进农民组织化的发展应构建起具有信任机制和信任文化的社会基础②。汪杰贵指出，农民自组织存在的组织文化约束和组织制度约束是农民自组织发展的绩效困境，而乡村社会资本的转型则有利于突破以上困境③。冯开文等分析了从农民组织化到农业一体化是农村微观经济组织制度变革的基本路径，农村微观经济组织发展趋势是农民合作社主导的农业一体化④。张慧卿等认为农民组织化发展应该与深化农村改革相结合⑤。在农民人口进城、农村空心化的背景之下，提高农民组织化程度是保持农村基本生产生活秩序的重点与关键。贺雪峰认为，要提高农民组织化程度，就必须改进国家资源下乡的办法，调动农村社会资本，利用社会主义制度优势，挖掘农村传统组织资源，发挥

---

①　杨磊、徐双敏：《中坚农民支撑的乡村振兴：缘起、功能与路径选择》，《改革》2018年第10期。

②　赵泉民：《现代化进程中农民合作社组织现实困境与对策建议——基于乡村社会信任的视角》，《青海社会科学》2013年第2期。

③　汪杰贵：《突破农民自组织发展的绩效困境——基于乡村社会资本现代转型的视角》，《内蒙古社会科学（汉文版）》2017年第4期。

④　冯开文、蒋燕、高颖：《我国农村微观经济组织从农民组织化到农业一体化的变革》，《经济纵横》2010年第8期。

⑤　张慧卿、刘醒：《农民组织化的现实困境、成因及其改善路径——兼评亨廷顿农民组织化思想》，《农业经济》2016年第3期。

既有组织资源的作用①。总之，尊重农民意愿以维护农民根本利益，确立农民组织的市场主体地位，政府加大扶持力度，减少行政干预，确保农民自发、自主组建种类和形式更多的农民组织。

（三）研究述评

　　纵观近年来学者关于农民组织化问题的研究，我们发现：对于农民组织化的意义和重要性，学者们进行了充分的探讨。尽管有关农民组织化的定义仍然存在一定的分歧，但农民组织化的必要性已成为学术界共识。在农业市场化条件下，作为农业经营主体的农民必须组织起来，才能适应市场发展的需要。农民组织化可以改变农民家庭经营以来的原子化、分散化的社会生活和经济生活状态，符合农业市场化和农业产业化发展的要求，也为农民的利益维护和表达提供了秩序性的组织路径。在农民组织化的动力机制问题上，单纯的市场机制和政府机制均存在问题，为了克服两种机制的弊端，必须结合市场与政府两种机制，即在农民组织化发展中，既要发挥市场机制的基础性作用，也要引入政府力量，以促进农民组织化的快速发展。但是，关于农民组织化发展的路径问题仍然是一个有待于进一步探讨的问题。关于农民组织化的载体，存在着农民专业合作经济组织、村民委员会和农会三种不同观点，反映了学者们对农民组织化发展的不同现实关切。从目前农民组织化的发展趋势来看，农民专业合作经济组织无疑是农民组织化发展的主要载体。但是必须看到，农民经济合作组织仍然不是农民组织化发展最终目标。从组织的复杂性、适应性、自主性等衡量组织制度化程度的要素来看，促进农民组织化朝着更加复杂的、功能多样的、自主的方向发展，农会将成为未来农民组织化发展的方向，需要进一步加强理论研究和实践观

---

① 　贺雪峰：《乡村建设中提高农民组织化程度的思考》，《探索》2017 年第 2 期。

察。关于农民组织化发展模式，在实践中比较流行的是龙头企业推动模式和经纪人模式。但是需要注意的是，农民组织化和农业组织化是两个不同的概念。现代农业发展需要实现农业的横向一体化和纵向一体化，农业组织化可以促进农民组织化发展，但其本身并不等于农民组织化。

三、基本思路、主要内容与研究方法

（一）基本思路

本书以农民组织化与农村治理为问题域，以农民组织化发展为线索，主要探讨农民组织化发展存在的问题及对策。研究内容包括农民组织化发展的制度环境、初始路径、主体、动力机制、本土化路径等。具体研究思路如下。

首先，从理论层面建构农民组织化的基本理论。农民组织化研究要界定农民组织与农民组织化的概念关系。农民组织化离不开农民组织。而不同的农民组织具有不同的组织化发展逻辑，由此决定了组织化的不同途径。其次，建构农民组织化发展的分析框架。包括界定和区分农民组织化的两种类型即原形组织化与伪形组织化、农民组织化发展的两种逻辑即政治逻辑与市场逻辑。从政府与市场关系视角提供一个有关农民组织和农民组织化发展的分析框架。根据政府与市场的关系模式，分析两种不同的农民组织化即农业集体化运动推动的农民组织化和非集体化改革以来的农民组织化。第三，从经验层面对区域农民组织与组织化发展的现状与存在的问题作出解释。以西部地区农民组织化发展作为研究对象，通过对 G 省（区）民族地区农民组织化的实证调研，从农民组织类型、数量、规模状况展开定量研究，揭示西部地区农民组织化程度和组织化水平的现状，分析其存在的问题。第四，从操作层面提出提高农民组织化水平的对策建议。如何促进农民组织化发展？针对西部地区农民组织化存在的问题，结合具体案例展开案例研究，经过实证调研和个案研究，提出有关促进农民组织化发展的政策建议。

（二）主要内容

1. 农民组织化发展的制度环境。农民组织化发生在乡村场域，与乡镇政府存在着内在逻辑联系。在传统社会，"皇权止于县政"，乡村交由乡绅自治。乡绅阶层是联结皇朝国家与乡村社会的中介与纽带。在国家现代化进程中，乡镇经历了由自治机关向官治机关的演变。乡镇政权及乡村关系构成农民组织化发展的制度环境。

2. 农民组织化发展的初始路径。当代中国农民组织化起始于以家庭联产承包责任制为核心的农村改革，分田到户的家庭分散经营，大大降低了农村的公共治理水平。在这种背景下经由农民自发建立的村民自治制度是农民自我组织、自我管理、自我服务的平台。村民自治构成了农民组织化发展的初始路径。

3. 农民组织化发展的动力机制。农民组织化发展存在两种动力机制，从而形成农民组织化的两种推动逻辑即政治逻辑与市场逻辑。政治逻辑强调依靠外部力量将农民组织起来，而农民组织化的市场逻辑则强调农民自组织发展，通过市场力量促进农民组织化发展。在农业市场化条件下，政府与市场构成农民组织化发展的两种基本动力机制。

4. 农民组织化发展的主体分析。农民组织化发展的主体是指由谁来组织农民的问题。农村精英、龙头企业、地方政府在农民组织化发展中都可以发挥主体作用。由不同主体主导的农民组织化具有不同的发展逻辑。通过案例分析，揭示不同主体在农民组织化发展中的作用及存在的问题。

5.农民组织化发展的地方经验。本章把农民组织化发展置于县域经济发展的背景下展开。在市场化条件下，农业、农民、农村问题日益突出，成为制约县域经济发展的"瓶颈"。克服县域经济发展中的政府与市场失灵，必须促进农民组织化发展，并把农民组织化纳入整个县域经济发展的总体框架当中，才能从根本上解决"三农"问题。

6.农民组织化发展的本土化路径。在现代化进程中，中国乡土社会结构的差序格局并未完全解体，对当前农民组织化发展仍有不可估量的影响。针对差序格局下的农民组织化发展困境，必须寻找农民组织化发展的本土化路径。在当代中国，通过政府购买服务的方式也是促进农民组织化发展的本土路径。

7.农民组织化发展与农村治理。农民组织化发展对于农村治理而言，具有十分重要的意义。首先，农民组织化是实现农民发展的重要路径。其次，农民组织化可以发挥农民在农地流转中的主体作用，推动农地流转进而促进现代农业发展。

（三）研究方法

研究方法是实现研究目标的手段。在本书的研究中，主要的研究方法有以下三种。

1.制度研究法。在农民组织的形成和发展过程中，制度的影响是相当大的，制度建立的基本规则支配着所有的公共的和私人的行动。运用制度研究法研究农民组织和组织化发展，首先要考察农民组织化发展的宏观制度环境，分析影响农民组织化的制度因素有哪些？在当代中国农村的基本政治、经济制度背景下，中国农民能否实现对自我的组织？乡村社会的基本政治和经济制度安排对于农民集体行动将产生什么样的影响，影响的程度如何？如何通过制度创新来实现农民组织化发展？

2.田野调查法。田野调查法就是一种进行实地调查以掌握农民组织和组织化发展现状和问题的科学研究方法，要解决"是什么"的问题。我们主要采取个案研究与比较研究相结合的方法。通过对 G 省（区）农民组织和组织化发展的个案研究与比较研究，真切把握农民组织化发展的现状和存在的问题。

3. 典型调查法。典型调查法是搜集数据和信息的最常用的方法。使用典型调查法，即选择具有代表性的地区或单位作为调查点，开展深入、全面、细致的田野调查，掌握第一手资料，分析、研究资料，发现问题的本质。

第一章　农民组织化发展的制度环境

农民组织化是指农民为了更好地实现、保护和促进自身经济利益而联合起来形成各种经济和政治组织的行动和过程①。农民组织化发展取决于国家政权对农村治理的制度安排。在中国现代化进程中，国家政权下沉，乡镇政府成为国家在农村社会的基层政权建制。乡镇政权建立以及由此形成的乡村关系构成农民组织化发展的制度环境和制度边界，直接影响和制约着农民组织化发展。

第一节　基层政权建制

乡与镇是中国农村社会的基层行政区域。截至 2017 年，全国共有乡 10529 个，镇 21116 个②。乡镇政府处于国家政权体系的末端，也是最接近基层民众的国家政权组织。乡镇政府是"国家"在农村社会的存在和表达，其实际"作为"直接影响农村基层民众的生产和生活。因而，乡镇政府的存在构成农民组织化发展的制度环境。

---

① 程同顺等：《农民组织与政治发展——再论中国农民的组织化》，天津人民出版社 2006 年版，第 12 页。

② 国家统计局编：《中国统计年鉴（2018）》，中国统计出版社 2018 年版，第 3 页。

一、乡镇政府的历史沿革

在传统帝制中国，"皇权止于县政"是一种政治传统，国家机器犹如空中楼阁之高悬于半空，与广大的基层社会之间并无实际的直接联系。朝廷管省，省管州府道，州府道管县，县下面虽然也设有行政机构，但是各地"行政统绪不仅名称不一，而且层级也混乱……基本上没有办事的地点和场所，负责人叫什么都可以，无论保长，还是里正，只要有人跑腿办事就行"①。这说明乡镇政权组织即使存在，也是形同虚设，国家行政触角并未在实质意义上延伸到乡村社会。换言之，在中国传统社会，国家政权机构最终是下达到县一级，农村社会基本上处于一种自治状态。直到清末"新政"推动的地方自治改革，乡镇一级开始纳入国家权力体系。在中国现代化进程中，国家政权建设加快，乡镇政府作为一级行政建制正式出现。中华人民共和国成立后，乡镇政权作为基层国家政权经历了一系列变迁并稳固地确立下来。

（一）传统中国的"皇权止于县政"

在长达两千年的封建王朝国家中，国家权力只下延到县一级——"皇权止于县政"，这不是因为王朝政权不愿意干预乡村政事。事实上，中国的历代王朝从来没有放弃过将政权的触角往乡村社会延伸的努力，无论是秦汉时期的乡亭制，还是北宋以后的保甲制度，无不体现了王朝统治者欲把高度分散的乡村社会纳入国家控制体系之中的意图。但是受到"财政收入、组织技术、沟通手段以及官员来源的限制，传统国家的正式机构很难深入社会基层，一般只能达到县一级"②，国家无法有效渗透到乡村基层社会。皇权政治在农民的实际生活中"是松弛和微弱的，

---

① 张鸣：《乡村社会权力和文化结构的变迁（1903—1953）》，陕西人民出版社2008年版，第16页。

② 朱新山：《乡村社会结构变动与组织重构》，上海大学出版社2004年版，第35页。

是挂名的，是无为的。"① 国家政权在乡村社会虚拟化，并不代表乡村社会就处于一种无政府状态。面对涣散的乡村社会，王朝国家主要是借助地方士绅的威权实现对乡村社会的统治。乡绅通过宗族等组织牢牢掌握着乡村的控制权和领导权，维持乡村社会各项事务的自如运转。乡村社会这种以乡绅权力为核心的高度致密的自我调控的机制和功能，使得封建王朝认为没有必要将权力在现有的基础上进一步向下渗透，除非国家利益攸关，否则政府不会介入乡间事务。

在传统中国，乡村社会拥有一个高度独立同时又表现出一定灵活性的自治系统。乡绅作为地方领袖，具有较高的地位和权威资源，因而顺理成章地成为国家统治乡村社会所倚重的力量。"乡绅是退休的和预备的官吏，属于朝廷以及官僚系统的'自家人'。利用他们管理乡村，由于他们懂得朝廷规矩和官场礼仪，'有恒产有恒心'，绝对不会像山野乡民一般的不容易约束。"② 地方乡绅凭借政府的倚重和扶持，掌握了乡村社会的实际管理权，在当地的公共事务中发挥着主导作用，承担着各种重要的职责。以晚清为例，乡绅在乡村社会所承担的重要职责包括广泛的社会管理范围，"为慈善组织和民间团体筹款；调解纠纷；组织和指挥地方团练；主持为公共工程筹款、并主持其事使用；充当政府与民众的中介；为官府筹款；维护儒学道统；济贫。"③ 这些活动简直无所不包，涉及意识形态的引导、农村社会经济事务的实际管理以及协助官府等。因此，乡村社会在很大程度上是由地方乡绅进行自主治理的。但是，王朝国家认可乡村社会的乡绅自治是有一定限度的，其底线是不

---

① 费孝通：《乡土中国　生育制度》，北京大学出版社 1998 年版，第 63 页。

② 张鸣：《乡村社会权力和文化结构的变迁（1903—1953）》，陕西人民出版社 2008 年版，第 18 页。

③ 张仲礼：《中国绅士——关于其在 19 世纪中国社会中作用的研究》，上海社会科学院出版社 1991 年版，第 215 页。

能威胁到王朝对乡村社会的统治。"朝廷一般不会允许乡绅的势力无节制地膨胀，尤其不乐意看到具有强宗豪族背景的乡绅势力与威望过分提高。一旦朝廷感觉到了某种危险，也会毫不犹豫地放手让地方官抑制'豪强'。"[①] 因此，在传统乡村社会，存在着"国家与民间社会"的二元对立权力格局，即存在着国家权力与乡村士绅权威之间的博弈互动关系。

（二）国家政权建设与乡镇行政建制的出现

清朝末年，为了缓和尖锐的社会矛盾，挽救统治危机，清政府开始实行"新政"，其重要内容之一就是实行地方"自治"。根据清宣统元年（1909 年）相继颁布的《城镇乡地方自治章程》和《城镇乡地方自治选举章程》，各城镇设"议事会"和"参事会"、乡设"议事会"和"乡董"。议员通过选民选举产生，议事会设议长和副议长。乡董事会设乡董和乡佐，由乡议事会选举，呈该地方官核准。乡镇"自治机构名义上都是民选的，但对选民按纳税的多寡分成甲、乙两等，纳税多的少数人可以拥有比其他人大得多的选举权，从而保证了当选的人基本上都是乡绅或者乡社精英"[②]。根据清政府颁布的《城镇乡地方自治章程》，府、厅、州、县治所驻地称为"城"，"城"外的市镇、村庄、屯集人口满五万者设"镇"，其余叫作乡，乡与镇正式成为一级行政区划，被赋予自治团体的地位，并分别有各自的自治机关和自治权力。清末实行地方自治的结果，是使乡绅对地方行政的控制不仅公开化而且制度化。乡绅阶层从此由权力政治的幕后走到了前台，对地方公共事务几乎无所不管，"从兴学办学的学务到公共卫生，从道路水利到农工商务，从整顿

---

① 张鸣：《乡村社会权力和文化结构的变迁（1903—1953）》，陕西人民出版社 2008 年版，第 23 页。

② 张鸣：《乡村社会权力和文化结构的变迁（1903—1953）》，陕西人民出版社 2008 年版，第 44 页。

集市到筹集款项，即使衙门专管的诉讼官司，往往也会插上一脚"①。乡绅直接操柄地方行政权，意味着国家政权与乡村传统权力得到有机结合，国家政权的触角由此延伸到乡村社会，揭开了国家权力下移的序幕。清末新政的宗旨和基本方向是改变王朝国家在县以下不设治的政治传统，在乡村基层建立科层化的地方行政，健全基层行政组织和机制，使国家政权真正下延到乡村。

帝制灭亡后，北洋政府除了把镇改为市外，基本沿袭清末旧制。"地方行政之组织与区划，仍依清代旧贯，殊鲜更张。"②但区乡行政建设仍未得到有效的整合，各地的区乡行政形态各异，并且保留了很多的传统乡里组织和旧制度的残余。国民政府统一全国后，力求在全国范围建立统一的区乡行政。1928 年 9 月，国民政府公布《县组织法》，1929 年修订后重新公布，其基本精神主要有两点：一是逐步实现孙中山先生的地方自治思想；二是巩固和统一清末至北洋政府时期生成的区乡一级行政。因此，作出了在县以下实行地方自治，建立区和乡镇两级自治行政的制度安排，其制度设计是"各县按户口及地方情形划分为若干区，除因地方习惯或地势限制及有其他特殊情形者外，每区应以二十五至五十乡镇组成之"；"凡县内百户以上之村庄地方为乡，其不满百户者得联合各村庄编为一乡，百户以上之街市地方为镇，其不满百户者编入乡"。③乡（镇）居民则以五户为邻、二十五户为闾。区设区公所，办理或委托乡镇办理各自治事项；乡镇设乡、镇公所，办理全乡、镇自治事务。从其乡镇的划分来看，当时的乡镇实际上只相当于行政村，与后来的乡镇编制显然不同，但据此以后，区、乡两级行政终于得到巩固和完

---

① 张鸣：《乡村社会权力和文化结构的变迁（1903—1953）》，陕西人民出版社 2008 年版，第 44—45 页。

② 闻钧天：《中国保甲制度》，商务印书馆 1935 年版，第 365 页。

③ 徐秀丽编：《中国近代乡村自治法规选编》，中华书局 2004 年版，第 90 页。

善。这是中国地方政制的重大变化，标志着自古以来以县为最基层政权机构的制度的终结，国家政权下沉使乡镇从此正式成为国家最基层的行政组织。可见，乡与镇作为基层行政建制，是与现代化进程中国家政权建设与权力下沉密不可分的。

乡镇政府的出现，也是与新中国成立以来的国家政权建设联系在一起的。新中国成立后，加强了农村基层政权组织建设。1953 年，国家对镇的建制进行了调整，乡与镇正式成为县以下的一级基层行政建制。1954 年《中华人民共和国宪法》第五十三条第三款规定："县、自治县分为乡、民族乡、镇。"乡、镇作为基层行政建制的宪法地位得以确立。

（三）乡镇建制废除与人民公社制度

乡镇作为一级行政建制设立不久，便迎来了农业社会主义改造即农业集体化运动。1958 年公社化运动以后，所有的基层政权一律成立人民公社，人民公社既是工农商学兵相结合的基层单位，也是国家政权的基层单位。乡、镇作为一级行政建制一度消失。1958 年 8 月颁布的《中共中央关于在农村建立人民公社问题的决议》和 12 月公布的《关于人民公社若干问题的决议》，对公社的体制作了规定。人民公社实行政社合一体制，镇党委改称公社党委，原镇人民委员会改为社务委员会。人民公社时期的管理机构，一般分为公社管理委员会、管理区（生产大队）、生产队三级。公社管理委员会受县人民委员会的领导，下设各种管理机构，负责管理生产建设、财政、粮食、贸易、民政、文教卫生、治安、民兵、调解民事等。公社管理委员会设主任 1 名，副主任若干。管理区（生产大队），是分片管理工农商学兵和进行经济核算的基本单位。生产队是劳动组织单位。中共八届十中全会通过的《农村人民公社工作条例》（即"人民公社六十条"）对人民公社的组织机构、职权等问题作了规定。1962 年 6 月，中共中央颁布了《农村人民公社工作条例修正草案》，规定人民公社的管理体制可以是公社和生产大队两级；也可以是公社、生产大队和生产队三级。1966 年至改革开放前，革命委员会成为各级政府机关，公社委员会也相应地改为公社革命委员会，成为公社的最高权力机关。

人民公社具有以下几个方面的特征：第一，人民公社首先是一个集体经济组织。人民公社是农业集体化、合作化的必然结果，农业集体化实现了包括土地、耕畜、大型农具等主要生产资料的集体所有制，并在这个基础上成立了"一大二公"的人民公社，公社拥有农村集体土地的所有权、生产经营管理权、收益分配权等一系列财产权利。可以说，人民公社是一个最大的集体经济组织，实行"三级所有，队为基础"的生产核算方式，即公社、生产大队和生产队三级所有，生产队作为基础核算单位。第二，人民公社也是一个基层政权组织，拥有从公社到大队再到生产队的严密的党组织和行政组织，通过这一正式的权力网络，国家把其权力和意志深入到广大农村的千家万户。总之，人民公社是一个"政社合一"的组织，具有典型的单位制特征，既是一个集政治、经济、社会和文化功能于一体的社会组织，具有基层行政管理和社会组织的双重功能，又是农村的基层社区组织[①]。在人民公社管理体制下，公社作为国家政权的基层单位，作为国家基层政权的代表，直接负责起落实国家法令和政策、管理好公社经济生产和维持地方社会秩序的职责。"国家权力进一步向乡村社会延伸，行政体系运行的命令—服从关系被引入乡村社会，乡村社会因此为国家体系结构化。"[②]

（四）人民公社体制的终结与乡镇政府的重新设立

人民公社体制因存在着无法克服的内在矛盾而最终走向解体。从

---

① 周天勇等：《中国行政体制改革 30 年》，格致出版社、上海人民出版社 2008 年版，第 14 页。

② 徐勇：《县政、乡派、村治：乡村治理的结构性转换》，《江苏社会科学》2002 年第 2 期。

经济学的角度来看，人民公社体制的一个致命缺陷，就是它的产权制度不能发挥足够的激励功能。正如有论者所指出的那样："在人民公社时期，凡公社辖区内的合法人口，无论是刚出生的婴儿，还是已丧失劳动能力的老人，都是当然的社员，社内土地和其他生产资料由这个社区人口无差异地共同占有、使用和收益。无法分解也无法对象化的社区产权结构割断了产权与个体福利之间的紧密联系，很大程度上破坏了产权制度对社员的激励功能，进一步弱化了社员关心社内资产的内在动力。"[1]另外，人民公社的庞大规模以及"三级所有，队为基础"体制下的集体经营制度与生产过程所固有的周期性、地域分散性等特征不协调，决定了农业的直接生产过程不具有获得外部规模经济的优势，反而产生了昂贵的内部交易费用[2]。

　　中国共产党第十一届三中全会吹响了当代中国农村改革的号角。随着农村联产承包责任制的逐步推开，人民公社的管理体制已不能适应农村经济社会发展的要求。家庭联产承包责任制实施的根本性意义在于，它使个体农户获得了土地的使用权、经营权和收益权，也就是获得了生产经营的自主权，并进而导致基层行政管理体制的重构和乡镇政权组织的恢复与建立。1979 年 7 月 1 日，五届全国人大二次会议通过的《关于修正〈中华人民共和国宪法〉若干规定的决议》决定"将地方各级革命委员会改为地方各级人民政府"。1983 年 10 月 12 日，中共中央、国务院正式发布了《关于实行政社分开、建立乡政府的通知》（以下简称《通知》），指出："随着农村经济体制的改革，现行农村政社合一的体制显得很不适应。宪法已明确规定，在农村建立乡政府，政社必须相应分开。"《通知》提出："当前的首要任务是把政社分开，建立乡政府，

---

①　程同顺：《当代中国农村政治发展研究》，天津人民出版社 2000 年版，第 34 页。

②　参见周天勇等：《中国行政体制改革 30 年》，格致出版社、上海人民出版社 2008 年版，第 15 页。

同时按乡建立乡党委，并根据生产的需要和群众的意愿逐步建立经济组织。"到1985年，全国农村建乡工作基本完成，以政社合一为特征的人民公社体制在存在了27年之后正式终结。"人民公社终结与乡镇政府设立，实现了中国行政体制的最基础部分的改革"①。

二、乡镇政府的组成与职权

根据宪法和地方组织法的规定，乡镇政府是我国的基层国家行政机关和乡镇人大的执行机关，执行乡镇人大的决议和上级国家行政机关的决定和命令，管理本行政区域内的行政工作。乡镇政府在自己的行政区域内直接管理人民，除了行使其政治、经济和社会职能外，还负责执行上级政府的命令，即承担上级政府的委任事务。

（一）乡镇政权的组成

乡镇政府由乡镇人民代表大会、乡镇人民政府和党的农村基层组织（乡镇党委）组成。另外，在乡镇一级，通常还设立党的乡镇纪律检查委员会（乡镇纪委）、乡镇人民武装部、共青团、妇联等群众组织，一般地将这些组织归入乡镇党委系统。在个别地区，还设立了乡镇政协组织。因此，人们习惯地将乡镇党委、乡镇政府、乡镇人大、乡镇纪委、乡镇武装部乃至乡镇政协组织称为乡镇的"五大班子"或"六大班子"。在乡镇政府中，乡镇党委和政府构成乡镇政府的基本权力架构。乡镇政权虽然是最基层的一级政权组织，但它是一个"五脏俱全"的政权机构，它的结构和权力分配基本上是比照上级政权机关设置的。这种上下"同构"的现象，并非全部出自乡镇治理的实际需要，有的主要是便利与上级相关组织、机构的沟通。因此，它在一定程度上还阻碍了乡

---

① 周天勇等：《中国行政体制改革30年》，格致出版社、上海人民出版社2008年版，第1页。

镇政权的良性运行，民主化转型和对乡村社会治理的绩效①。总之，乡镇政府组成主要包括乡镇党委和政府、"七站八所"、工青妇等政府及其附属机构，它们共同构成乡村社会的正式的国家权威结构。

根据赵树凯对 10 个省区 20 个乡镇的机构设置的考察，乡镇机构设置主要有三种情况：第一种情况是基本沿用了以前的站、所、办公室的设置，部门设置比较细、比较多。这些部门通常包括党政办、财政所、经管站、农业办、计生办、招商办、土地所、林业站、农技站、司法所、统计站、水利站、农机站、文化广播站、民政办、社会保障所、司法调解中心、团委、妇联、武装部、信访办等。这些部门还不包括设在乡镇，但不由乡镇直接管理的单位，如派出所、工商所、税务所之类。第二种情况是对职能部门进行了大规模的合并调整。行政编制与事业编制部门的数量分别保持在 4—8 个，部门总量通常在 10—20 个之间，个别在 10 个以下。行政编制部门称为"办公室"，如党政综合办公室、经济发展办公室、社会事务办公室、小城镇建设办公室等。事业编制部门称为"中心"或者"站"、"所"，如农业服务中心、农经统计服务站、计生服务所、文化广播服务中心、财政所、畜牧兽医站。第三种情况是按行政或事业编制划分，只对其中一个方面进行了合并。有的只对事业单位进行了合并，将所有的事业单位合并为几个中心，如成立财会服务中心、农业服务中心、计划生育服务中心、村建服务中心、农经服务中心、文化广播服务中心等，而行政部门基本没动；有的只对行政单位进行了合并，成立几个"办公室"，事业单位基本没有动。这些乡镇的部门总量通常在 10—20 个之间②。

自从乡镇政府作为基层政权组织恢复重建以来，乡镇政府机构日

---

①　黄卫平等主编：《乡镇长选举方式改革：案例研究》，社会科学文献出版社 2003 年版，第 38 页。

②　赵树凯：《乡镇治理与政府制度化》，商务印书馆 2010 年版，第 75—76 页。

益膨胀。究其原因，主要有两个方面，一是为了应付上级的各种行政任务。上级政府的行政任务与乡镇机构和人员的膨胀成正比。二是在现行管理体制下，乡镇政府为了执行上级国家行政机关的决定和命令，必须建立与上级机关相对应的政权机构。自 1984 年恢复建立乡镇政府以来，乡级机构的设置便遵循着对等对口的原则，即上级有什么机构和部门，乡级要相应建立，而不论机构是否有相应的功能和对象①。因此，乡镇政府从最初"政社分开"时的党委、政府"两套班子"很快扩大为"四套班子"，即党委、人大、人民政府、政协联络组四个正乡级机构，再加上与县对应的乡级纪委、武装部，被称为"六套班子"。乡镇政府原来的一些部门设置部分成为乡镇政府的内设机构，如计生办、教委等；部分成为乡镇政府的下属单位，如"七站八所"等，改由上级主管部门管理②。除了政府管理体制方面的原因外，乡镇政府机构膨胀还有转移地租方面的原因③。在 20 世纪 80 年代初期，人民公社虽然解体了，但生产大队和生产队的组织形式还在。但是，随着时间的推移，生产大队和生产队的解体，使乡镇政府收取地租的难度增大，不得不增加干部和准干部人数，这样做的结果同样导致乡镇政府日益膨胀④。

（二）乡镇政府的权力结构

乡镇政府的权力结构主要特征跟其他较高层级政府的权力结构一样，就是"党政一体化"。但在权力层级上更简洁，在权力运行上较少科层化。

因此，乡镇政府的权力结构由乡镇党委与政府、县直属站所构成。

---

① 徐勇：《乡村治理与中国政治》，中国社会科学出版社 2003 年版，第 158 页。
② 陈华栋、顾建光、蒋颖：《建国以来我国乡镇政府机构沿革及角色演变研究》，《社会科学战线》2007 年第 2 期。
③ 李昌平：《乡镇体制变迁的思考——"后税费时代"乡镇体制与农村政策体系重建》，《当代世界社会主义问题》2005 年第 2 期。
④ 李昌平：《"零赋税"催生乡镇新体制》，《社会科学报》2005 年 5 月 12 日。

这些站所通常被称为"七站八所"，主要有农业技术综合推广站、财政所、国土所、规划所、民政所、人社所、水利站、文化站、计育所（已撤并，由乡副科级领导兼任所长）、林业工作站、林业检查站等部门构成，另外还有派出所、司法所、交警中队、森林公安（这几个部门兼任两个乡镇工作）。乡镇政府编制分为行政编和事业编两类，行政编集中在乡镇政府的科员和副科级以上领导干部，而事业编主要分布在各站所。不同站所的工作人员也不一样，一些站所由乡镇行政编人员兼任，一些站所有两到三名工作人员。依据乡镇大小，核定不同的编制基数，一般乡镇编制为30—40人。在乡镇政府与"七站八所"之间的关系上，各乡镇站所原则上属于双重管理，既归属于县本级机构，也配合乡镇政府工作，实际上是按经费来确定是否听从乡镇政府安排，比如水利站没有工作经费，其年终福利由乡镇统一发放，所以其不仅要负责水利工程这一摊事情，通常还要负责乡党委的统一分工，人社所的工作经费不够年底福利支出，所以也跟着乡政府一起做事，民政所没有专职的民政助理员，一般由乡干部兼任。至于其他站所，由于经费充足，他们的办公地点都设在政府大院外面，基本不参与政府的中心工作，较为轻松。

在人员分工上，乡镇党委书记主持党委全面工作兼顾招商引资；乡长在党委的领导下主持政府全面工作，主管乡财务工作；其他各副科级成员分别承包了党建、宣传、旅游、综治、信访、维稳、林业、水利、新农医、农保、民政、财务、财税、固定资产投资、纪委、监委、危房改造、精准扶贫、农业产业化、环境整治、新农村建设、教育、卫生、环保、人大、政协、库区、交通、宗教、武装、集镇管理等等工作，这些工作分给分管领导后还要划分到各普通干部。乡镇基层干部承担的工作很多很杂，包括扶贫第一书记兼队长、党建、宣传、出纳、环保、旅游、综治，除此之外还要完成领导交办的其他工作任务（汇报材料、总结材料、领导讲话稿等）。乡镇领导经常挂在嘴边的话就是"年轻人就应该多历练一下，多吃点苦"，"乡镇干部就是要学会十个手指弹钢琴，什么都要兼顾到"。

（三）乡镇政府的职能与行政任务

关于乡镇政府的职能，通俗一点讲就是乡镇工作涉及面，用一个词概括叫属地原则，除了法律法规明确规定了不归政府管的，其他大大小小事情都由乡镇政府负责，这里也就包括社会经济发展、意识形态传播、社会稳定等。

乡镇政府虽然与人民公社的"政社合一"的管理体制不同，但是，"以经济建设为中心"的指导思想依然赋予乡镇政府越来越多的经济任务、管理任务和管理职责，具体内容包括计划生育、普及义务教育、归还农业贷款、依法纳税、退耕还林、征地拆迁和交通安全等，可以说覆盖农村基层行政管理的方方面面。

1986年第六届全国人民代表大会常务委员会第十八次会议第二次修正的《中华人民共和国地方各级人民代表大会和地方各级人民政府组织法》对乡镇政府的职权作了新的规定：执行本级人民代表大会的决议和上级国家行政机关的决定和命令，发布决定和命令；执行本行政区域内的经济和社会发展计划、预算，管理本行政区域内的经济、教育、科学、文化、卫生、体育事业和财政、民政、公安、司法行政、计划生育等行政工作；保护社会主义的全民所有的财产和劳动群众集体所有的财产，保护公民私人所有的合法财产，维护社会秩序，保障公民的人身权利、民主权利和其他权利；保障农村集体经济组织应有的自主权；保障少数民族的权利和尊重少数民族的风俗习惯；保障宪法和法律赋予妇女的男女平等、同工同酬和婚姻自由等各项权利；办理上级人民政府交办的其他事项。乡镇政府的职权非常广泛，基本上具有除中央政府以外的地方一级政府所有的职权，作为最基层的政权机关，乡镇政府必须完成和办理上级人民政府交办的其他事项。

三、乡镇治理面临的问题与挑战

压力型体制最先是由荣敬本等在河南省新密市做调查时提出来的，指"一级政治组织（县、乡）为了实现经济超赶，完成上级下达的各项指标，而采取的数量化任务分解的管理方式和物质化的评价体系。为了完成经济超赶任务和各项指标，该级政治组织（以党委和政府为核心）把这些任务和指标，层层量化分解，下派给下级组织和个人，责令其在规定时间内完成。然后根据完成的情况进行政治和经济方面的奖励和惩罚"①。而任务和指标的主要评价方式是"一票否决"和目标责任制。压力型体制是特定历史条件下的产物。同时，也应看到，压力型体制对地方社会经济的发展曾起过强有力的推动作用。通过"经济刺激"手段，乡镇政府部门引进了先进的技术和雄厚的资金，使乡镇经济找到了出路，帮助农民摆脱了"洒在田野上的希望"困境；压力型体制通过"加温加压"手段，使得很多乡镇干部面对上级下达的任务不敢怠慢，整个政权体系在纵向上容易达到某种意义上的协调；在压力型体制下，通过"看政绩用干部"，对于促进各级政府工作人员的工作积极性也起到一定的作用。在整个国家"以农促工"的宏观发展环境下，身处农村社会的乡镇政府面临一系列难以解决的问题。

（一）应酬政治削弱了乡镇政府的行动能力

"应酬政治"是国务院发展研究中心赵树凯提出来的一个概念，用来描述乡镇政府长年累月穷于应付上级政府的会议、文件、接待、检查和汇报等的繁重的应酬活动。根据对河北、山西、山东、浙江、安徽、湖南、四川、甘肃、宁夏、陕西 10 个省、自治区的 20 个乡镇的调查，赵树凯认为，乡镇政府的应酬政治的主要内容包括会议、文件、接待、

---

① 荣敬本：《如何建立民主合作的新体制——关于县乡两级政治体制改革的研究报告》，载《政治中国》，今日中国出版社 1998 年版，第 324—325 页。

检查和汇报①。一是参加县里召集的各类会议。会议是接受任务和汇报工作的基本渠道。一般说来，乡镇主要领导参加县（市）召开的会议整体来说一年在 60 次左右。除了参加上级召开的种种会议之外，本乡镇自己也召集干部会议。二是接收上级文件。乡镇要接收大量上级文件。大致而言，总量为 300—500 种，这些文件主要来自县（市）领导部门，也有少量的来自地区（市）或者省级领导部门。三是接待上级来人。县（市）有关部门的人员经常下乡镇，但频率各有不同。一般而言，乡镇政府一年中 100—150 天有接待活动。在压力型体制下，乡镇政府的领导为了和上级领导拉关系，赢得上级更多的扶持，必须隆重款待上级来检查的人，从而卷入应酬政治，耗掉大量的时间和财政资源。四是检查。检查名目繁多，通常上边有什么部门就会有什么检查，或者上边安排了什么重要活动，也就有什么样的检查。一般情况下，凡是由县（市）部门负责人带队的检查，乡镇主要领导人就要出面接待。大致而言，平均一个乡镇全年接待的检查活动在 20—40 起之间。乡镇各个站所独立安排接待的检查还不在此列。五是汇报。这里的汇报是指书面形式的汇报总结材料。在这些乡镇中，通过党政办公室系统向上报送的汇报材料一年在 70—100 种之间，这还不包括计划生育系统的汇报材料。几乎凡是有检查、有考核的工作，都需要有专门的书面汇报。为了应对这个工作，每一个乡镇都有专门人员负责写材料，有的不止一个人。

（二）权责不清，管理负担沉重

在压力型体制下，乡镇政府作为国家政权体系的一级组织，对一定区域的事务负责，即行使管理"块块"的职能。作为最基层的行政组织，又要完成上级政府交办的各项政务和事务。而上级任务到最低一级的乡镇政府时，会呈几何级的增加②。正是"条条"和"块块"的双重

---

① 赵树凯：《乡镇政府的应酬政治——10 省（区）20 乡镇调查》，《中国改革》2005 年第 7 期。
② 徐勇：《乡村治理与中国政治》，中国社会科学出版社 2003 年版，第 160 页。

压力下，乡镇政府工作不堪重负。但另一方面，乡镇政府又缺乏与完成沉重的管理任务相适应的职权。

首先是乡镇政府的行政功能不断扩张，却没有与日益扩张的行政相适应的乡级财政支撑。尽管 1984 年恢复建立乡镇政府以后，建立起乡级财政，但自上而下的行政任务与分级包干的财政体制的矛盾日益突出，即行政机构和任务无限扩大，而财政供给却是相对有限。

其次，乡镇的人事权弱化。乡镇人事权的弱化，导致乡镇存在"留人难"的问题，影响了乡镇干部队伍的稳定和整体素质的提高。现在的公务员都是逢进必考，千军万马过独木桥，能够进入这个队伍的都是学历素质比较高的知识型人才，但是乡镇公务员的工资普遍较低、晋升渠道比较窄，在乡镇很难看到出路。另外，单位内部的分工不均也让年轻的公务员身心疲惫，年纪大的干部凭经验办事，擅长与人打交道，数据报表、计划总结等等这些电子类工作年纪大的干部是不做的，而这类工作又占到总工作量的百分之八十，巨大的工作量压得年轻干部喘不过气来，纷纷逃离。

可见，在我国现行的行政管理体制中，作为整个行政组织体系的末梢，乡镇政府作为一级行政组织，在与上一级行政组织即县级政府的关系方面处于责大、权小、能弱的地位。责大就是必须完成上级政府下派的各种任务，权小就是只有无条件地执行上级决定的义务，缺乏根据本级实际独立决策的权力，能弱主要指基层行政组织的财政能力弱，与其责任不相对应①。基层行政组织制度建设的重要内容就是进行乡镇行政管理体制改革，增强基层行政组织的相对自主性。放松对基层行政组织的各种目标和任务考核，基层行政组织工作的好坏由服务的基层社会决定，而不是由上级行政组织来决定。实现基层行政组织的相对自主

---

① 徐勇：《乡村治理与中国政治》，中国社会科学出版社 2003 年版，第 186—187 页。

性，并赋予作为一级行政组织的应有的责、权、能。

从 2003 年开始，中国开始在农村初步取消各种农业税费。到 2006 年，全国农村全部取消农业税。农业税费改革特别是全面取消农业税，在一定程度上导致乡镇财力的削弱，税费改革减少了由乡镇政府所提供的公共服务，减弱了乡镇政府在关键领域的管理能力，同时也削弱了乡镇政府的权力，降低了其自治权。虽然中央与省级政府增加了财政转移支付，但是仍然不能足额到位。根据我们在西部某省（自治区）的调查，乡镇政府每个月来自上级部门拨款的办公经费只有两三万元。而在经济飞速发展的今天，一个乡镇政府多则管辖十多万人口，少的也有四五万人口，每个月两三万元的办公经费远远不够开支，这严重制约了乡镇政府的治理能力。正如有些论者所指出的那样："乡镇基层政府的公共物品供给也是一个十分突出的问题。但凡做过中西部农村基层组织调查的人都会发现两个并存的现象，一方面是基层干部队伍的确有问题，如冗员甚多，人浮于事，'撞点'和'混点'现象十分严重，但另一方面农村的公共品供给却又严重匮乏。"①

总之，乡镇政府作为国家最基层的一级政权，处于压力型体制的最末端，它的任务指标覆盖辖区内国民生产总值、企业产量、招商引资、企业利润等经济工作，工商财政税收以及计划生育工作，甚至包括能够量化社会治安的发案率，信访部门的上访率等方方面面。其中，权重最大的是经济工作。在压力型体制下，乡镇政府面临巨大的治理困境。

---

① 吴毅：《转型社会的乡村政治》，中国农业出版社 2006 年版，第 154 页。

第二节 乡村关系

乡村关系是国家与社会关系在农村社会的集中体现。乡村关系的状况如何，不仅反映出国家与乡村社会关系是否稳定和谐，而且直接影响或决定农民组织化发展。

一、人民公社体制下的乡村关系

新中国成立后，随着不断向下延伸的党的农村基层组织和政权体系的建立，国家权力扩充到以前从未被深入触及的村庄之中，人民公社化运动完成了国家对乡村社会的深度介入和直接治理。从此，国家在乡村社会发展中开始扮演主导者与支配者的角色。

1958 年，全国农村普遍取消乡镇政府，实行"政社合一"的人民公社体制。20 世纪 60 年代初，以公社、生产大队和生产队三级组织为基本层级的人民公社制度建立起来。"人民公社的职权很广泛，管理着本辖区的生产建设、财政、贸易、民政、文教、卫生、治安、武装等事宜。它既是农村基层政权机关，又是农村经济单位；它不仅是劳动组织，而且是一种高度集权的、具有军事化管理性质的社会体制。"[1] 可见，人民公社是一种工农兵学商结合的全能式政权组织，其特点就在于它拥有着进行社区治理的极大权力能量和广泛的权力。

人民公社制度推行后，乡村原先的基本组织结构发生变化，人民公社建制代替了乡建制，生产大队—生产队建制代替了村组建制。从公社三级组织的职能看，公社显然体现着乡镇政权的功能，生产队则是具体组织农村生产，进行基本核算和产品分配的基本单位。生产大队尽管

---

[1] 于建嵘：《岳村政治：转型期的中国乡村政治结构的变迁》，商务印书馆 2004 年版，第 262 页。

也在农业生产计划的制订和落实上发挥重要作用，但它在这方面主要是起一种上传下达的中间桥梁的作用，原村庄范围内的公共管理仍是它的主要职能。因此，从公社三级组织之间的关系看，人民公社实行统一领导、分级管理的制度。公社和生产大队之间是行政上下级关系，生产大队并不具有对本辖区实施自主治理的全权，辖区内诸多事务的最终裁决权在公社。公社可以凭借行政权力来直接安排生产队的各项事务，生产大队及生产队必须服从公社的安排。因此，人民公社体制下的乡村关系是一种科层制关系。依据韦伯的理论，"科层制"最本质的特点在于"命令—服从"互动关系的确立。因为生产大队及生产队的权威力量来自于人民公社以及上级政府的任命，因此行政等级和服从上级命令就成为其存在的基础，其自身也完全成了人民公社的附属组织，体现着公社及上级政府的各项意图。因此，在人民公社体制下，乡村关系实现了一体化，即国家行政组织和农村经济组织合二为一，乡村关系转变为一种"科层制"的上下级关系。

二、农村改革以来的乡村关系

20 世纪 80 年代初，全国农村普遍实行家庭联产承包责任制，原人民公社体制下的基层权力组织的治理职能减少，权力能量降低，失去了全方位控制农业生产和农户生活的基本资源。为了加强国家对农村基层社会的控制，稳定农村社会秩序，1983 年，中共中央、国务院发布《关于实行政社分开、建立乡政府的通知》（以下简称《通知》），正式决定废除人民公社体制。《通知》规定：在公社的基础上成立乡镇政府，在生产大队的基础上成立村民委员会。《通知》要求乡人民政府建立后，要依法行使职权，领导本乡的经济、文化和各项社会建设，做好公安、民政、司法、文教卫生、计划生育等工作。同时规定在乡以下实行村民自治，设立基层群众性自治组织的村民委员会；村民委员会要积极办理本村的公共事务和公益事业，协助乡人民政府搞好本村的行政工作和生产建设工作。自此，中国农村治理进入"乡政村治"时代。

乡政村治的出现主要是由于家庭联产承包责任制的推行，使"国家不得不再度面临与分散的小农进行交易的局面，因此，重新铺设从县到农户家门口的权力管道，成为国家在实行了土地的家庭联产承包责任制改革以后的又一抉择"①。乡政村治体制为构建新型的乡村关系确立了基调。"按照正式的制度设计，乡镇政府被视为国家政权体系的终点，而村民委员会则属于村庄范围内的群众性自治组织，两者的法律关系是一种指导与被指导的关系，村民委员会在理论形态上具有了完整地代表行政村实施村庄治权的独立法人行动者地位，实际上履行着村庄自治政府的权力与职能。"② 村民自治制度将村委会定位于农村基层群众性自治组织，而不是一级行政机构，它与乡镇政府之间的关系是指导与被指导的关系。这意味着国家行政权与村民自治权的相对分离和国家与社会的边界的重新确定。自此，国家与乡村社会由直接控制的指令性关系向村民自治的民主关系转变。

三、取消农业税后乡村关系的重构

2006 年全面取消农业税，标志着工业反哺农业、城市支持乡村这个历史转变的开启，这为乡村关系发展变化提供了可能，揭示了中国农村改革已进入新的历史阶段，为建立新型的乡村关系奠定了基础和条件。

（一）乡镇政府治理变革

乡镇政府治理变革是实现乡村关系重构的基础和条件。"'乡政村治'制度模式建立的一开始就存在着内在的结构性矛盾，乡政管理没有

---

① 吴毅：《转型社会的乡村政治》，中国农业出版社 2006 年版，第 38 页。

② 吴毅：《转型社会的乡村政治》，中国农业出版社 2006 年版，第 38 页。

得到相应的变革，不但大大压缩了村治的发展空间，而且制约着乡村的有效治理，管理成本愈来愈高，管理成效却愈来愈低。"① 在全面取消农业税的新历史背景下，新一轮的乡镇机构改革已逐渐展开。国务院前总理温家宝指出："考虑乡镇政府职能问题，要从农村工作的现实状况出发，从农民群众的愿望出发，从社会主义市场经济条件下建立公共行政体制的要求出发。重点强化三个方面的职能：一是为农村经济发展创造环境，包括稳定农村基本经营制度，维护农民的市场主体地位和权益，加强对农村市场的监管，组织农村基础设施建设，完善农业社会化服务体系。二是为农民提供更多的公共服务，加快农村教育、卫生、文化、体育、环境保护等社会事业发展。三是为农村构建和谐社会创造条件，加强社会管理中的薄弱环节，开展农村扶贫和社会救助，化解农村社会矛盾，保持农村社会稳定。推动农村民主政治建设和村民自治，提高基层自治能力。在履行好政府职能的同时，要把不应该由政府承担的经济和社会事务交给市场、中介组织和村民自治组织。"② 因此，推进乡村关系良性互动发展，乡镇政府必须实现角色转型并发挥其主导作用。

1. 乡镇政府职能转变

政府职能是指政府作为社会中最大的公共组织在维持社会稳定、保护社会公平、促进社会发展诸方面所应该担负的职责和能够发挥的功能③。政府职能从范围上区分，可以分为政治职能、经济职能和社会职能三个方面，即维护统治秩序、促进经济发展和管理社会公共事务。政府职能从某种程度上决定了政府管理活动的方式和内容。随着中国社会

---

① 徐勇：《从村治到乡政：乡村管理的第二次制度创新》，《山东科技大学学报（社会科学版）》2002 年第 3 期。

② 温家宝：《不失时机推进农村综合改革，为社会主义新农村建设提供体制保障》，《求是》2006 年第 18 期。

③ 孙关宏等主编：《政治学概论》，复旦大学出版社 2004 年版，第 197 页。

经济的发展，中国的现代化已进入了一个新的发展阶段，即由原先的以农补工进入了"以工补农"阶段，中共中央和国务院审时度势，进一步提出"工业反哺农业、城市支持农村"的战略部署，于2006年全面取消农业税，并且增大财政转移支付力度等重大决策以支援农村发展。取消农业税，改变了乡镇政府的行政生态环境，为乡镇政府的治理变革创造了条件。随着农业税的取消，乡镇政府的主要任务是如何用好转移支付资金，为农民提供高效优质的公共服务，这就为乡镇政府职能转变提供了契机。如何定位乡镇政府的新职能，学术界有不同的观点，总的来说是由过去的管理型政府向现代服务型政府转变。具体地说，乡镇政府的新职能应着重于以下三个方面：一是服务"以工补农"，高效提供农村公共服务，在乡村振兴战略背景下，国家财政每年将有数千亿的资金转移到乡村，如何为农民提供高效的公共服务，将是乡镇政府的主要职责；二是建设小城镇，乡镇政府要承担起统筹新乡村规划与建设的任务，建设、管理、维护小城镇也将是乡镇政府的重要职能；三是管理国有的现代化后备资源，如森林、矿产、河流等①。总之，实现乡镇政府职能变革就是实现乡镇政府由发展型政府向服务型政府的转型。

2. 乡镇政府管理方式的变革

乡镇政府的治理变革，就是要实现乡镇管理方式的转变，由过去的单一的管理与控制走向多元协商与合作。根据现代治理理论，治理是各种公共或私人机构管理其共同事务的诸多方式的总和，治理就是使相互冲突的或不同的利益得以调和并且采取联合行动的持续的过程。治理离不开权力、资源和信息的相互依赖和相互补充。因此，在乡镇治理的"乡政村治"制度安排中，乡镇政府并不是唯一的乡村社会治理主体，

---

① 参见李昌平：《"零赋税"：催生乡镇新体制》，《社会科学报》2005年5月12日。

村民自治组织也是乡村社会当然的治理主体。同时，在农业市场化条件下，农村社会在市场机制的指引下获得了勃勃生机，各种经济合作组织与农村民间组织在20世纪90年代异军突起，在乡村治理实践中发挥了不可替代的作用。如何吸纳多元主体参与农村治理，也需要改变传统的乡镇政府的管制方式，除了在管理农村社会公共事务的过程中必须依法行政外，还需要尊重市场的基础性作用和各种村民自治组织、非营利性组织的公共权威。政府公共权力的运用不是自上而下的贯彻，而是在政府公共权力、社会公共权力与私人权力之间的互动与平衡。

（二）村民自治制度的发展

与乡镇治理变革相伴而来的是村民自治制度的发展与完善。村民自治既是农村村级治理的基本制度，也是农民组织化发展的一种形式。经过三十多年的发展，作为基层民主的村民自治制度取得了巨大成就。如在民主选举方面，确立了以普遍参与、差额选举、无记名投票、直接选举为基本原则的民主选举制度，构建了一整套选举程序：选举动员—选民登记—提名候选人—参与竞选—投票选举，这一系列选举程序的规范保障了村民的民主选举权的落实。2010年修订的《中华人民共和国村民委员会组织法》明确指出，年满十八周岁的村民，不分民族、种族、性别、职业、家庭出身、宗教信仰、教育程度、财产状况、居住期限，都有选举权和被选举权；但是，依照法律被剥夺政治权利的人除外；并同时规定，村民委员会主任、副主任和委员，由村民直接选举产生，任何组织或者个人不得指定、委派或者撤换村民委员会成员，对于在选举过程中存在的不正当手段，妨害村民行使选举权、被选举权，破坏村民委员会选举的行为，村民有权向有关主管部门举报。2008年中央一号文件也明确指出，要进一步规范和完善民主选举，依法保障农民群众的推选权、直接提名权、投票权和罢免权。自此之后，村民的民主选举权以法律形式得到了保障，民主选举权也在朝着公平化和程序化方向发展。

在民主监督方面，主要形成了以村务公开、财务公开、一事一议为主的民主监督制度，民主监督制度的内容得到不断完善，村民实行民主监督的范围得到了扩张，进一步稳固了民主监督权的发展。1998 年中共中央、国务院办公厅发布了《关于在农村普遍实行村务公开和民主管理制度的通知》，这一文件提出村务公开的重点是财务公开，要善于运用村务公开这种有效形式，切实加强民主监督；并同时加强群众对村干部的民主监督，村委会班子及其成员的工作，都要由村民会议或村民代表会议进行民主评议或民主测评。2004 年，中共中央、国务院办公厅制定了《关于健全和完善村务公开和民主管理制度的意见》，这一文件明确指出要进一步健全村务公开制度来保障农民群众的知情权，同时要加强对农村集体财务的审计监督，设立村务公开监督小组，并完善村务公开的内容，规范村务公开的形式、时间和基本程序。2012年，中央纪委、中央组织部、民政部等十二部委印发《关于进一步加强村级民主监督工作的意见》，这一文件提出要加快建立村务监督委员会，落实村民民主理财制度，并监督村务公开制度的实施情况；同时也要规范民主评议的形式和程序，严肃民主评议结果的运用；并通过采取健全村务档案管理制度和加强村级公共事务信息化建设等措施来完善民主监督。2017 年，中共中央办公厅、国务院办公厅印发了《关于建立健全村务监督委员会的指导意见》，明确规定村务监督委员会及其成员具有以下权利：知情权、质询权、审核权、建议权和主持民主评议权。

在民主决策方面，主要构建了村民会议、村民代表会议等民主决策制度，进一步完善了民主决策制度，维护了村民的民主决策权。2004年，中央颁布的《关于健全和完善村务公开和民主管理制度的意见》指出要进一步规范民主决策机制，保障农民群众的决策权，推进村级事务民主决策，明确村民会议和村民代表会议为村级民主决策的形式，同时也要规范村级民主决策的程序，建立决策责任追究制度。2010年，中央一号文件提出加强农村基层组织建设，进一步完善符合国情的农村基层治理机制，发展完善党领导的村民民主自治机制，规范各级民主选举、民主决策和民主监督程序，重大事宜和会议采取决议公开和结果公开等做法。随后，各地区开始推行"四议两公开一监督"制度，"四议"即涉及村庄发展和村民切身利益的重大事项，要经党支部会提议、村"两委"会商议、党员大会审议后，提交村民会议或村民代表会议进行决议；"两公开"即实行村级重大事务决议内容公开和实施结果公开；"一监督"即村重大事项的决议和决议实施全过程要自觉接受党员、村民的监督。

在民主管理方面，形成了以民主理财、村规民约、村民自治章程为主的民主管理制度，增强了村民的民主管理权和民主参政权。2004年，中央制定了《关于健全和完善村务公开和民主管理制度的意见》，明确提出要进一步完善民主管理制度，保障农民群众的参与权，推进村级事务民主管理，建立村民委员会换届后的工作移交制度，并加强村民民主理财制度建设，规范农村集体财务收支审批程序。2013年，中央一号文件提出要有序发展民事调解、文化娱乐、红白喜事理事会等社区性社会组织，发挥农民自我管理、自我服务、自我教育、自我监督的作用。2016年，中央一号文件提出要发挥好村规民约在乡村治理中的积极作用。村民会议、村民代表委员会议和农村社会组织的完善使得村民能够民主管理村庄的各项公共性事务，增强了村民的民主管理权和民主参政权。

随着基层民主制度的不断发展，村民自治作为农民组织化发展的一种形式才能得到充分发展，实现制度化和规范化，并可容纳其他农民自治组织的发展，实现农民组织化形式的多元与融合发展。

（三）县政主导下的乡政与村治的良性互动

农业税费改革以来，针对乡镇治理面临的诸多困境，如何从县政层面统筹乡村关系已成为学界关注的问题。徐勇认为，市场化、现代化和民主化发展和乡村社会转型，要求乡政村治的治理结构转换为"县政乡派村治"的治理结构，即赋予县更多的治理自主性，乡作为县级政府的派出机构专事政务和指导村民自治，村委会主要从事村民自治工作[①]。赵树凯认为，乡镇政府作为政府权力实体已经不复存在，将乡镇政府改为县级政府的派出机构可能是乡镇政府的前途[②]。郑风田等指出县、乡、村拥有着不同的优势和资源，并存在较强的互补效应，应从发展县域经济的角度出发调整农村治理结构，建立起"强县政、精乡镇、村合作"的治理模式，以发挥三者之间的经济协同作用和农村的后发优势，推动农村经济和社会的发展[③]。暴景升认为县级政府成为负责"农政"的基层政权，即县级政府的核心任务是面对农村的政府管理和服务[④]。在统筹城乡发展的背景下，吴理财等提出建立起适应城乡一体化发展的以县政服务转型为核心，乡镇官民合作为主旨，社区自治为基础的农村治理体制[⑤]。特别是农村税费改革开始以后，国家各项政策的操作层面在县级，呈现出"以县为主"的特点，县级政府地位越来越突出，乡镇与县呈现出明显的一体化趋势，县级政府成为实际意义上的农村基层政府[⑥]。县级政府不可避免地承担起农村治理之责，成为农村治

① 徐勇：《县政、乡派、村治：乡村治理的结构性转换》，《江苏社会科学》2002年第2期。

② 赵树凯：《乡镇政府之命运》，《中国发展观察》2006年第7期。

③ 郑风田、李明：《新农村建设视角下中国基层县乡村治理结构》，《中国人民大学学报》2006年第5期。

④ 暴景升：《当代中国县政改革研究》，天津人民出版社2007年版，第111页。

⑤ 吴理财、王德工、陈伟诚：《统筹城乡与县域治理创新》，《中国改革国际论坛——中国"十二五"时期的农村改革国际论坛》，2010年。

⑥ 赵树凯：《县乡政府治理的危机与变革——事权分配和互动模式的结构性调整》，《人民论坛·学术前沿》2013年第21期。

理和农村发展的强力领导者和推动者。

在县政主导下，乡镇政府职能和工作也发生了根本性的转变。乡镇政府的主要任务是实现国家政策和上级行政任务在村庄层面的落实。而完成这一任务，离不开村治的合作。从一定意义上讲，基层治理取决于村民自治组织及村"两委"干部的实际作为，也取决于村民对村庄治理的参与。但是，由于缺乏村庄集体经济，村民的治理参与积极性不高，村干部也倾向于选择"不作为"。许多村庄存在着有民主而无治理的现象。因此，要提升基层治理的绩效，当务之急是发展村集体经济，形成一种把村民聚集起来的公共利益。发展集体经济便成为乡政与村治互动的着力点。因为村级自治组织缺乏足够的治理权威和资源，很难动员足够的资金和劳动力发展村庄集体经济，乡镇政府可以结合国家对农村的资源输出，加强与村民自治组织的互动合作，使其成为国家政策的具体实施主体，引导村庄集体行动。

第三节　基层治理与农民组织化发展

基层政权建制确立了农民组织化发展的制度环境、制度条件和制度空间。在传统中国社会，"皇权止于县政"，广大农村实行乡绅自治，以宗族组织为主的民间组织甚为发达。在现代化进程中，国家政权下沉，导致农民组织化的制度空间缩小，国家政权成为农民组织化发展的主导力量。改革开放以来，国家调整了与农村社会的关系，"乡政村治"成为农村基层治理的基本制度安排，大大促进了农民组织化发展。

一、基层治理与农民组织化的历史梳理

（一）传统社会治理与农民组织化

在传统中国社会，由于财政收入、组织技术、沟通手段以及官员

来源的限制，国家的正式机构很难深入到社会基层，一般只能到县一级，正所谓"皇权止于县政"，而与中央集权相对应的是分散经营的小农经济。在相对稳定及相对封闭的社会环境中，作为乡村管理主体的乡绅士族和权贵具有较高的社会威望。因为乡土文化是稳定的，所以传统、经验在解决日常问题时是有效的。村落内生的乡绅以其学识、修养、面子，赢得尊敬，并按传统的礼俗调节乡村社会。杜赞奇指出，名副其实的乡村领袖，必须是那些能够将其在各种人际关系中积累的"象征资本"转化到宗族或宗族组织中并进一步加入保护型经纪体制的人。因此，在传统国家正式权力鞭长莫及的情况下，乡村社会的维持依靠的是乡绅主导的宗族自治。因此，这一时期的农民组织化是以乡绅主导的宗族组织化。

（二）人民公社治理下的农民组织化

新中国成立后，共产党领导的新政权对社会结构进行了重组和改造。村庄民众面对的不再是传统的地方精英和乡绅，而是国家政权机构及其代理人。

从此，国家在乡村社会发展中开始扮演主导者与支配者的角色。从 1953 年开始，农民组织化经历了从劳动互助组、初级社、高级社和人民公社的发展。1958 年，全国农村普遍取消乡镇政府，实行"政社合一"的人民公社体制。20 世纪 60 年代初，以公社、生产大队和生产队三级组织为基本层级的人民公社制度建立起来。在政治逻辑的推动下，实现了农民的高度组织化。人民公社的建成标志着分散经营的小农经济已改造成集体经济。

人民公社体制的建立，标志着国家通过政权的力量完成了对农民的政治组织化、经济组织化和社会组织化，实现了农民组织化的最高水平。人民公社这种组织化模式虽然保证了国家的资源提取和乡村社会的秩序，但不能将秩序与效率结合起来，其最终结果是走向解体。

二、"乡政村治"与农民组织化发展

(一)"乡政村治"体制的形成

所谓"乡政村治",即在乡镇建立基层政权,对本乡镇事务行使国家行政管理职能,但不直接具体管理基层社会事务;乡以下的村建立村民自治组织——村民委员会,对本村事务行使自治权①。村民自治制度是一种新型的农村社区治理制度,它的主要特点是村民群众通过"民主选举、民主决策、民主管理、民主监督"来自我管理本村的公共事务和公益事业,其他组织和政府不得干涉。根据《中华人民共和国村民委员会组织法》,村民委员会是村民自我管理、自我教育、自我服务的基层群众性自治组织。村民委员会办理本村的公共事务和公益事业,调解民间纠纷,协助维护社会治安,向人民政府反映村民的意见、要求和提出建议。乡镇政府对村民委员会的工作给予指导、支持和帮助,但是不得干预依法属于村民自治范围内的事项。乡镇政府与村民委员会之间不是行政隶属或支配、领导关系。

可见,自 20 世纪 70 年代末农村改革以来,"乡政村治"成为农村改革以来的农村治理的基本制度安排,也是农民组织化发展的制度空间。空间的大小取决于"乡政"作为。乡政既可以促进农民组织化发展,也可能成为农民组织化发展的绊脚石。乡政对农民组织化的促进作用,从积极的角度来看,乡镇政府作为农民组织化发展的具体实施者,可以对农民组织化发展采取引导、鼓励和扶持等手段。总之,乡镇政府的存在本身即构成农民组织化发展的可伸缩的边界。

(二)农民组织化发展

农村改革以来,农民在新的政治经济条件下重新组织起来,建立

---

① 参见徐勇:《论乡政管理与村民自治的有机衔接》,《华中师范大学学报(哲学社会科学版)》1997 年第 1 期。

了各种类型的农民组织。从村民自治组织到农民社会组织再到农民经济合作组织的发展，代表了农民组织化发展的主要方向。

农村改革始于家庭联产承包责任制的实行。分田到户，使农民的生产积极性迅速走向高涨。而后农民再一次面临组织化问题。由农民自发进行的分户经营，农民个体和家庭承担起农业生产及管理的职能，原来在人民公社体制下的生产大队和生产队则失去了计划和组织农业生产、从事农业收益分配的权力。由于乡村社会公共权力的缺位，导致乡村社会重新呈现出"一盘散沙"的状态，面临新的治理危机。如何克服乡村社会"一盘散沙"的状态，将村民再组织起来，成为政府与农民共同关注的问题。1980 年，广西壮族自治区宜州市合寨村的村民通过民主选举的方式，成立了中国最早的村民委员会。村民委员会的成立是实行家庭联产承包责任制以来分户经营的农民实现再组织化的第一次尝试。当这种由农民自我组织的村民委员会出现以后，引起了中央高层的高度重视与肯定。村民自治得以合法化，并成为一种统一的制度安排，以行政手段在全国加以推行。自此，"村民自治"定性为一种替代人民公社体制的现代乡村组织形态和管理体制。1998 年又依据宪法修订了《中华人民共和国村民委员会组织法》。村民自治是农民自我组织起来，克服分散状态的第一次尝试，反映了农村改革以来分散化农民再组织化的发展。农民的首创得到了中央高层的认可并加以规范和推行，从而成为一种全国性的制度安排和农民组织化的新形式。

自 20 世纪 90 年代以来，随着农村经济市场化进程的加快，受市场逻辑的推动，农民组织化再一次涌动，一种新的农民组织形式在中国广大农村如雨后春笋般蓬勃发展，这就是农村民间组织，主要包括农民社会组织等。进入 21 世纪以来，伴随着农业市场化的深入发展，农民根据自由入社、自由退出的原则，创立了各种类型的农民经济合作组织。农民经济合作组织是市场经济条件下农业市场化、农业产业化发展的内在需求所引致的自发性创新。农民经济合作组织主要有两种形式，一种是农村专业经济协会，另一种是农民专业合作社。关于农民专业经济协会的定义存在着争议，各地的称谓也不统一。根据民政部《关于加强农村专业经济协会培育发展和登记管理工作的指导意见》的定义，农村专业经济协会是："采取会员制方式，吸收从事同一专业的农民作为会员，由协会提供产、供、销过程中的服务，组织会员在产前、产中、产后等环节上进行合作。它集科技推广、技术服务、信息提供、农产品产供销服务为一体，以市场为导向，进行专业化生产、一体化经营。"从组织性质上看，农村专业经济协会属于行业协会中的一种，是提高农民组织化、科技化和专业化的一种新的、有效的组织形式。从管理归属上看，农村专业经济协会作为一种非营利性组织，由民政部门核准登记。农民专业合作社是在农村家庭承包经营基础上，同类农产品的生产经营者或者同类农业生产经营服务的提供者、利用者，通过自愿联合、进行民主管理的一种互助性经济组织。根据《中华人民共和国农民专业合作社法》，专业合作社以农民为主体，以服务成员为宗旨，谋求全体成员的共同利益；采取自由加入与退出原则，成员地位平等，实行民主管理的原则以及按盈余分红的原则。农民专业合作社作为一种农民经济合作组织，主要在国家工商管理部门登记注册成立。

三、"乡政"与农民组织化发展的困境

农村改革以来，"乡政村治"成为当代中国农村治理的基本制度安排。"按照正式的制度设计，乡（镇）政府被视为国家政权体系的终点，而村民委员会则属于村庄范围内的群众性自治组织，两者的法律关系是一种指导与被指导的关系，村民委员会在理论形态上具有了完整地代表

行政村实施村庄治权的独立法人行动者地位，实际上履行着村庄自治政府的权力与职能。"[1] 村民自治制度将村委会定位于农村基层群众性自治组织，而不是一级行政机构，它与乡镇政府之间的关系是被指导与指导的关系。

一般而言，衡量农民组织化的标准主要有三个：一是农民组织化的程度，农民组织化程度反映了区域内农民总人口中有多少人实现了政治、经济、文化等领域的组织化；二是农民组织化能力，农民组织化能力反映了农民对于组织的依赖程度，即农民与组织的互动程度；三是农民组织化的效度，农民组织化是否实现了农民的各项权益。

关于农民组织化的程度。一些学者认为，当代中国农民组织化程度很高，依据是村民委员会作为一种全国性的农村基本制度安排，实现了中国农民的完全组织化。但是，也有一些学者指出，村民委员会并没有真正地把农民组织起来，也就无法真实反映农民组织化程度的高低。或者说，村民委员会的出现及存在，并不能说明农民的组织化程度提高了。原因是村民委员会作为村民自治的组织载体主要是作为村级管理机构而出现的，它与建制村相对应而存在，是一种天然的、地域性的组织，农民并没有选择的权利。农民天生就是其中的一员，无所谓加入不加入[2]。事实上，村民自治在一些地方落实得比较好，而在另一些地方则效果不佳便是明证。在农业市场化条件下，农村自组织体系虽然有所发展，但农民组织化程度总体偏低。农民组织化程度可以依据成立的农民经济合作组织包括农民专业合作社、专业协会的数量、参与人数来得出初步结论。

根据相关资料显示，就全国而言，2014 年中国农村有 27053.25 万

---

[1] 吴毅：《转型社会的乡村政治》，中国农业出版社 2006 年版，第 38 页。

[2] 魏洪秀：《农民组织化的政治学思考》，《烟台大学学报（哲学社会科学版）》2012 年第 4 期。

户①。到 2017 年，全国乡村人口 57661 万人，占全国总人口的 41.48%。乡镇数量超过 3.1 万个②。2016 年，我国农民专业合作社和龙头企业分别已达 179.4 万个（此数据为在工商部门注册的农民合作社总数）和 13 万个，比 2012 年分别增长 160.4% 和 8.6%。农民专业合作社、家庭农场、龙头企业和新型职业农民等大量涌现，成为建设现代农业的主导力量③。

就笔者调研的广西而言，据自治区工商局统计，到 2012 年上半年，全区农民专业合作社发展到 10281 家，其中，桂林市登记的农民专业合作社共 2024 家，居全区第一，其次依次为玉林市（1918 家）和南宁市（1246 家），成员总数十多万人。尽管农民专业合作社发展迅速，但加入农户还是比较少。

关于农民组织化能力。农民组织化能力可以根据农民经济合作组织的复杂程度、组织的范围、组织的管理、组织的生成机制、组织形成与外部的关系等来衡量。首先，农民经济合作组织发展的地域性强，没有脱离行政区域的界限。如某某镇香蕉协会或者某某村用水协会。其中一些专业合作社往往只看到本地的情况，满足于现状，对外地合作社的发展经验了解很少。其次，一些农民专业合作社的管理普遍不完善，大部分停留在家庭式的管理模式。有的专业合作社完全没有财务人员，利益分配方面在运行过程中不够规范，造成部分社员不关心组织的发展，合作意识不强。组织存在好则合、不好则散，有利则合、遇险则散，只愿利益共享、不愿承担风险的现象。第三，在农民经济合作组织的生成

---

① 中华人民共和国农业农村部官网：http://zdscxx.moa.gov.cn:8080/misportal/public/dataChannelRedStyle.jsp。
② 国家统计局编：《中国统计年鉴（2018）》，中国统计出版社 2018 年版，第 31 页。
③ 国家统计局农村社会经济调查司编：《中国农村统计年鉴（2018）》，中国统计出版社 2019 年版，第 9 页。

机制上，除了能力带动外，更多地依靠地方政府的指导。尽管地方政府对农民组织化的发展给予了相应的政策支持，但是一部分农民在是否加入组织的问题上仍然持保守态度。他们片面地认为加入组织的程序过于复杂、浪费成本，与自身种植收益与所耗费的时间和精力比较起来并不合算，他们也不愿意为增加那样的收益去劳心费力。因此，在农业市场化条件下，农民的自组织能力较低，大多数农民经济合作组织依靠政府推动和指导。

关于农民组织化的效度，即农民组织化是否实现了农民的各项权益而言，无论是村民自治组织，还是具有经济合作性质的农民专业合作社，效果都不尽理想。首先，村民自治组织本身面临行政化的压力，而农民经济合作组织特别是合作社由于内部治理结构不完善，在利益分享与风险共担等方面也存在诸多问题，导致农民对是否加入合作社持无所谓的态度。

第二章　村民自治与农民组织化
发展的初始路径

自农村改革以来，伴随着人民公社制度解体和村庄社会的公共权力"真空"而导致治理的困境，分散经营的农民再一次经历了再组织化进程。村民自治开启了农民组织化发展的新的历程，实现了农民自我组织、自我管理和自我服务。

第一节　村民自治与乡村治理研究

自20世纪70年代末开始，中国农村再次成为中国社会巨变的发源地。首先，农村率先进行了自发的非集体化的分田到户运动，突破了人民公社时期的"三级所有，队为基础"的集体经济，实现了"包产到户"，从而最终导致了人民公社制度解体。其次，由于人民公社制度的解体，农村社会面临治安恶化、公共资源大量流失的困局。为了填补人民公社制度解体形成的乡村权力"真空"和治理危机，一种新的乡村治理制度——村民自治便应运而生。村民自治是20世纪70年代末农民的首创，是对人民公社制度解体后农村治安恶化、公共资源大量流失的一种补救，首先出现在个别地区（广西壮族自治区宜州市合寨村），随后被中央政府认可，并加以推广，至 1982 年底正式被载入《中华人民共和国宪法》。至此，村民自治得以合法化，并开始在全国广泛推广。

一、村民自治的兴起与乡村治理概念的提出

作为一种乡村社会的基本制度安排，村民自治制度"引发了新的社会历程和想象"。徐勇教授指出："正是通过村民自治，愈来愈多的学者进入乡村社会；正是村民自治研究的深化，乡村治理才作为一个沉寂多年的问题重新为学者所提及并关注；正是由于村民自治的发展，才激发起学者们对整个乡村社会特性、结构以及更宏大问题的思考。"[1] 华中师范大学中国农村研究中心的创始人张厚安教授最早提出了"乡政村治"概念来概括中国当代农村的基本制度安排，其中，"村治"一词主要是指"村民自治"。乡村治理研究的第一阶段主要是对以村民自治为核心的"村治"的研究。这一时期最具有代表性的成果主要有：徐勇的《中国农村村民自治》（华中师范大学出版社 1997 年版），王振耀、白钢、王仲田的《中国村民自治前沿》（中国社会科学出版社 2000 年版），白钢、赵寿星的《选举与治理：中国村民自治研究》（中国社会科学出版社 2001 年版）以及大量的学术论文。

随着研究的深入，学者们经由村民自治制度的实践深入到农村社会本身的运作逻辑，关心农村社会是如何自下而上地去接应那些自上而下的制度的过程及其发展。这时，"村民自治"便难以概括学界的研究。在很短的时间内，"村治"的含义就以"村民自治"为主变成了以"村级治理"为主[2]。村级治理研究关注一个个村庄或村落，具有代表性的

---

[1]　徐勇：《乡村治理与中国政治》，中国社会科学出版社 2003 年版，第 223 页。

[2]　贺雪峰、董磊明、陈柏峰：《乡村治理研究的现状与前瞻》，《学习与实践》2007 年第 8 期。

有项继权的《集体经济背景下的乡村治理》（华中师范大学出版社 2002
年版），张厚安、徐勇、项继权等的《中国农村村级治理》（华中师范大
学出版社 2000 年版），徐勇、项继权主编的《村民自治过程中的乡村关
系》（华中师范大学出版社 2003 年版），肖唐镖的《村治中的宗族：对
九个村的调查和研究》（上海书店出版社 2001 年版），于建嵘的《岳村
政治》（商务印书馆 2001 年版），吴毅的《村治变迁中的权威与秩序——
20 世纪川东双村的表达》（中国社会科学出版社 2003 年版），郭正林的
《中国农村权力结构》（中国社会科学出版社 2005 年版），王铭铭的《村
落视野中的文化与权力：闽台三村五论》（生活·读书·新知三联书店
1997 年版）。

　　乡村治理概念的提出反映了治理理论在乡村研究领域的应用。事
实上，乡村治理概念之所以被引入乡村研究，与治理理论在国内学
术界的流行是分不开的。治理本是一个古老的概念，在英文中，治理
（Governance）源于拉丁文和古希腊语，原意是控制、引导和操纵。长
期以来与"统治"（Government）一词交叉使用，主要用于与国家的公
共事务相关的政治和管理活动。但是，自从 20 世纪 90 年代以来，西方
政治学家和经济学家赋予治理以新的含义，不仅其涵盖的范围远远超出
了传统的经典意义，而且其含义也与统治相去甚远。它不再只局限于政
治学领域，而被广泛应用于社会经济领域；不再在英语世界使用，并且
开始在欧洲各主要语言中流行。在治理概念的基础之上，形成了一种新
的理论即治理理论。作为治理理论中的治理概念，从一开始就是建立在
与政府统治概念相区别的基础之上。具体地说，治理具有以下几个方面
的不同于统治的本质特征：首先，治理是一个互主体间的管理活动。在
治理理论中，并非只存在着一个唯一的管理主体，而是存在着多个管理
主体。政府、公民团体甚至个人都可以有效地参与涉及自身利益和公共
利益的公共事务，进行管理。因此，治理不存在唯一的有效权力或权

威。也可以说，统治的主体是国家，而治理的主体则不一定是政府，可以是政府、社会或个人，或者三者的合作形式。治理并不存在一个专职的治理阶级或阶层，而统治则必然产生一个统治阶级。其次，治理还是一个互动的过程。英国学者格里·斯托克揭示了涉及集体行为的各个社会公共机构之间存在着权力依赖。所谓权力依赖，指的是：(1) 致力集体行动的组织必须依靠其他组织；(2) 为求达到目的，各个组织必须交换资源、谈判共同的目标；(3) 交换的结果不仅取决于各个参与者的资源，也取决于游戏规则以及进行交换的环境。因此，在治理过程中，虽然需要权力或权威，但由于存在着权力依赖，因而权力或权威的行使不是自上而下的运行，而是一个上下互动的过程。它主要通过合作、协商、伙伴关系、确立认同和共同的目标等方式实施对公共事务的管理。再次，治理还意味着社会自主管理。在现代政治所形成的国家与社会的二元结构分化与互动的过程中，社会凭借二元结构所提供的制度空间在不断地积累力量，社会权力不断增长。治理意味着较少的政治性。也就是说，人类对社会公共事务的管理越来越较少地借助于国家权力机构，而是更多地运用社会自身的结构和力量。

治理作为一个政治学的分析概念，对于中国问题的研究也有其独到的价值。以徐勇教授领衔的华中师范大学中国农村研究中心吸收了治理理论，提出了乡村治理的新概念，并试图运用这一更具包容性的概念来解释和分析乡村社会①。同时，乡村治理概念的提出，也反映了乡村研究发展的一个新阶段，使乡村社会的研究突破了政治学的学科局限，越来越多的相关研究被纳入乡村治理研究的范围。乡村治理研究的视野逐步由开始的政治学跨入到社会学、人类学、法学、历史学乃至经济学等学科之中。自乡村治理的概念提出来以后，乡村治理在大量的乡村研

---

① 徐勇：《乡村治理与中国政治》，中国社会科学出版社 2003 年版，第 235 页。

究文献中得到了广泛的回应和应用，乡村治理研究进入了一个繁荣期。乡村治理不仅是一种有用的分析概念，而且还体现为一批学者的研究方向。

二、乡村治理的分析路径

乡村治理是治理理论运用于乡村研究中产生的一个新的分析概念。治理涉及主体、权力、方式、问题和目标等不同维度，决定了乡村治理的内涵非常丰富。再加上目前的乡村治理研究集合着不同学科、不同地理区域和不同学术流派和师承的一大批学者，这就决定了在有关乡村治理的研究文献中，乡村治理概念的外延与内涵并没有一个明确的、共同的界定。乡村治理更多地体现了一大批学者的研究方向。同时，对乡村治理内涵的界定也反映了乡村治理研究的不同路径。

（一）公共权力导向的乡村治理

徐勇教授认为，"治理是对公共事务的处理、以支配、影响和调控社会。而要达到治理的目的，必须借助于公共权力。因此，在治理的逻辑结构中，公共权力是最为核心的概念。"[1] 乡村治理就是公共权力对基层社会公共事务的管理。在这种治理研究中，乡村治理研究的焦点集中在公共权力问题上。根据公共权力的配置方式和公共权力的运行向度，又可把乡村治理区分为不同的模式，如传统治理模式/现代治理模式或控制型治理/自治型治理。传统治理模式主要表现为政府垄断公共权力的配置，公共权力的运用呈现出自上而下的单向性运行，而现代治理模式则是一个上下互动、权力双向运行的过程。在控制型治理/自治型治理的分析模式中，前者主要是指一种自上而下的单向度的政治统治方式，后者则是以一定社会或群体为对象而相对独立地组织起来的公共权

---

[1]　徐勇：《GOVERNANCE：治理的阐释》，《政治学研究》1997 年第 1 期。

力管理方式。

把治理界定为一种围绕公共权力而展开的活动，忽视了治理中的私权力维度。事实上，私权力在公共事务的治理过程中一直发挥着公共权力不取替代的作用。在帝制中国，"皇权止于县政"，在县以下的广大乡村地区，基本上实行的是没有政府的治理。国家对乡村社会的治理主要表现为规则—遵守关系。国家主要通过法律及以强制力为支撑的意识形态，而不是直接的行政命令的方式治理乡村社会，只要乡村社会遵守国家意志，政府一般不直接干预乡村生活。应该说，在传统乡村社会，存在着丰富的治理元素，嵌在杜赞奇所说的"权力的文化网络"中。所谓的"权力的文化网络"，包括不断相互交错发挥影响作用的等级组织和非正式相互关系网。诸如市场、宗族、宗教和水利控制的等级组织以及诸如庇护者与被庇护者、亲戚朋友间的相互关联，构成了施展权力和权威的基础①。在传统社会的乡村治理中，国家公共权力并没有深度渗入乡村社会，乡村治理所依托的更多的是建立在地位、财富和功名基础上的一种社会公共权力，这种社会公共权力相对于国家公共权力属于私权力的范畴。在现代化过程中，由于国家权力下沉，破坏了乡村社会的原有的社会公共权力，从而实现了国家公共权力治理乡村社会的过程。从这个意义上说，治理并不是一个现代现象，治理理论却是一种新的理论，但这种新理论只不过是对传统社会管理的一种重新的阐释而已。

（二）目标导向的乡村治理

目标导向的乡村治理以问题的存在为前提，以问题的解决为目的。贺雪峰认为，"乡村治理是指如何对中国的乡村进行管理，或中国的乡

---

① ［美］杜赞奇：《文化、权力与国家：1900—1942 年的华北农村》，王福明译，江苏人民出版社 2010 年版，第 15—25 页。

村如何可以自主管理，从而实现乡村社会的有序发展。"① 在这种乡村治理解释中，主体、工具、方式都被遮蔽了，目的或问题的解决被突出。由此导致了研究视角由外向内的转换，由外在制度研究转向关注乡村社会本身。要发现乡村社会的问题所在，必须深入乡村社会内部，从而确定乡村治理的目标。对乡村治理的研究从公共权力转向乡村社会本身的必要性，徐勇教授作了说明："只有对乡村社会的特性和变化有了充分的了解和认识，才能运用公共权力进行有效的治理，并达到在现代化进程中重建乡村的目的。"②

这种研究路径并不是没有问题的。中国乡村地域广袤，既具有相似的特征，又具有鲜明的地域特征。"中国的乡村区域之间存在明显的非均质性特征，即横向的异质性与纵向的发展不平衡性，而且异质性与发展不平衡性互相交织，错综复杂。"③ 中国非均质化的乡村社会，使得乡村治理所面临的问题呈现出多元化，如在不同时期，不同地域的村庄，需要解决的问题是不同的，从征税收费、社会治安、经济发展到公共物品的供给等。正是因为这种问题的多元化和区域化，使得目标导向的乡村治理研究，没有或很难形成明确的问题意识。

（三）主体导向的乡村治理

主体导向的乡村治理研究强调乡村治理的主体结构及其特征。郭正林指出："乡村治理，就是性质不同的各种组织，包括乡镇的党委政府、'七站八所'、扶贫队、工青妇等政府及其附属机构，村里的党支部、村委员会、团支部、妇女会、各种协会等村级组织，民间的红白喜事会、慈善救济会、宗亲会等民间群体及组织，通过一定的制度机制共

---

① 贺雪峰：《乡村治理研究的三大主题》，《社会科学战线》2005 年第 1 期。

② 徐勇：《乡村治理与中国政治》，中国社会科学出版社 2003 年版，第 235—236 页。

③ 蔺雪春：《当代中国村民自治以来的乡村治理模式问题》，《当代世界社会主义问题》2007 年第 3 期。

同把乡下的公共事务管理好。"① 从治理理论来看，治理主体不仅是指国家正式的权力结构，还包括村庄社会内部的权威性结构。由于治理资源的多元性，导致乡村治理的多元治理主体的存在。在这种治理理论的分析框架中，乡村治理研究除了关注乡村社会的正式国家权力安排外，更加关注乡村社会各种正式的和非正式的权威结构。这种路径取向的乡村治理研究更加关注乡村治理的主体，特别是乡村社会权威性结构。

但是，中国的现代化过程一直是一个由政府主导和推动的制度变迁过程。就乡村治理而言，国家权力一直发挥着主导作用。在国家力量过强的情况下，乡村治理无法摆脱乡政与村治之间的结构性矛盾。同时，由于社会的发育不足，原子化的村民无法形成集体一致的行动。因此，乡村治理实际上是一种政府主导的乡村治理。主体导向的乡村治理研究是否能有效地消解政府治理的单向度是一个值得探讨的问题。

（四）以村庄为载体的乡村治理

20 世纪 80 年代以来，由于国家在农村实行村民自治，并于 1987 年通过和颁布了《中华人民共和国村民委员会组织法（试行)》，有关村委会选举、村民自治制度、农村权力结构等问题引起了学者们的关注，作为这一基本制度安排的载体的村庄引起了特别的关注。在乡村治理研究中，自然村庄构成研究的一个"初级地方单位"和核心内容。乡村治理基本上以村庄为单位，乡村治理就是村庄治理或村治。吴毅认为，乡村治理就是村庄治理，"它是指运用公共权威构建村庄秩序，推动村庄发展的过程"。② 这种路径的乡村治理研究关注于一个个具体的村庄和村落。乡村治理研究事实上等同于村庄治理研究。

---

① 郭正林：《乡村治理及其制度绩效评估：学理性案例分析》，《华中师范大学学报（人文社会科学版)》2004 年第 4 期。

② 吴毅：《村治变迁中的权威与秩序——20 世纪川东双村的表达》，中国社会科学出版社 2002 年版，第 12 页。

但是这种以村庄为主体的研究受到了海外汉学研究者，特别是美国的中国研究学者的警告。美国学者施坚雅认为，村庄并非理解中国农村的恰当单位，基层市场才是理解中国农民生活和中国农村社会最重要的单位①。为此，施坚雅以"基层市场"为单位，把乡村治理研究的关注目光由一个具体的村庄，扩展到一片地域。在施坚雅的市场体系理论的基础上，杜赞奇吸收市场体系理论中的合理成分，进一步提出了跨越自然村庄的区域性分析概念——"权力的文化网络"。无论是施坚雅的"基层市场"还是杜赞奇的"权力的文化网络"，乡村治理研究已突破了村庄研究的狭隘性。受海外汉学研究特别是美国的中国研究的影响，20世纪80年代以来兴盛的区域经济社会史研究把乡村治理的地理范围大大地扩展了。乡村治理研究必须突破村庄或村落的范围，把区域作为乡村研究的主要对象。在这个方面，最值得一提的是曹锦清的《黄河边的中国》（上海文艺出版社2000年版）把乡村治理研究的单位拓展到黄河的河流区域。在曹锦清的研究中，乡村治理研究完成了以村庄为单位向以区域为单位的转换。

总之，农村改革以来，乡村研究经历了从村民自治的起步到村级治理再到乡村治理三个阶段。每个阶段都产生了一大批有代表性的学术人物和学术成果。就乡村治理研究而言，存在着公共权力取向、目标取向、主体取向和内容取向四种理想类型的研究路径。它们构成乡村研究的大致脉络。它们构成乡村治理研究的四种理想类型。乡村治理研究的四种理想类型都存在一定程度的问题，由此决定了乡村治理研究未来的发展方向。

_____

① 贺雪峰：《乡村治理研究的进展》，《贵州社会科学》2007年第6期。

三、乡村治理的前瞻

乡村治理作为一个分析概念和学术研究，仍然存在一定的限度。针对乡村治理研究存在的问题，我们认为，作为一种实务的乡村治理必须寻找新的治理资源，关注农民组织化、引入私权力治理的维度，实现乡村治理主题的转换和扩大乡村治理的范围。

（一）关注农民组织化问题

在乡村治理中，村民自治无疑是一个重要的治理主体。但村民自治必须关注农民组织化问题。由于国家权力上移，给农民自我组织预留了空间。事实上，村民自治是村民自我组织起来的自治组织。随着农业市场化的深入发展，各种类型的农民组织必将兴盛起来。农民组织曾经是传统乡村治理的资源，也是现代乡村治理重建的基础和必须面对的现实。在当前的乡村治理中，各种类型的农民组织发挥着不可替代的作用，有效地弥补了乡镇治理的不足。但是，农民组织发展仍然面临一系列的障碍，概括起来主要有农民自身的因素、体制因素以及经济因素几个方面。农民思想观念的落后、文化素质的低下以及农村社区成员的异质性阻碍了农民组织化发展；体制因素涉及农民组织发展的政治空间问题；而经济因素则涉及农业经营规模和农村财力有限等，制约农民组织化的发展。在农村治理中如何提高农民的组织化水平，仍是一个值得进一步关注的问题。

（二）引入私权力治理的维度

针对乡村治理偏重于公共权力的局限性，我们认为，乡村治理应该发挥私权力的治理功能。私权力是相对于公权力而言的，是自律的社会组织及个人掌握和行使的治理私人事务的权力，它包括社会自治权力与财产权力。马克思曾经区分了两种不同性质的权力，即政治权力与财产权力①。在他看来，这两种权力存在于不同的人类社会领域，政治权力主要存在于国家政治领域，表现为国家权力；而财产权力是一种私人权力，主要存在于社会经济领域，表现为社会经济权力。所谓社会经济权力是指在社会生产领域即"生产、交换、分配和消费过程中，以所有权为基础，通过经营管理权、产品和财产分配权等多种权力形式表现出来的控制、支配乃至统治他人的权力"。② 近代社会的政治国家与市民社会的二元分立格局，形成了两种不同的权威治理结构，即以公权力为主导的国家治理与以私有财产权为基础的市民社会的私权力治理。在马克思看来，资产阶级之所以成为现代社会的统治阶级，就在于其拥有生产资料的财产权力。在资产阶级尚未成为政治上的统治阶级时，资产阶级要求实现政治国家与市民社会的二元分立，把国家权力的作用范围限制在公共领域，实现市民社会的自治，而市民社会的自治实际上提供了以一种以私人财产权为核心的社会治理模式。

　　运用私权力治理乡村公共事务，一直是古代中国乡村治理的一种悠久传统。在传统中国的皇权国家与乡村社会的二元框架下，"皇权止于县政"，使得传统中国的治理结构有两个不同的部分。它的上层是中央政府，并设置了一个自上而下的官制系统，它的底层是地方性的管理单位，由族长、乡绅或地方名流掌握③。这两个结构虽然存在着隔层，但并非人为阻断。儒家的意识形态构成联系上下结构的文化纽带，国家的强制性权力既保证同时也限制地方精英对乡村社会的控制。而地方精

---

① 在1847年的《道德化的批判和批判化的道德》一文中，马克思指出："无论如何，财产也是一种权力。例如，经济学家就把资本称为'支配他人劳动的权力'。可见，在我们面前有两种权力：一种是财产权力，也就是所有者的权力；另一种是政治权力，即国家的权力。"参见《马克思恩格斯选集》第1卷，人民出版社1972年版，第170页。

② 王沪宁主编：《政治的逻辑——马克思主义政治学原理》，上海人民出版社1994年版，第231页。

③ 王先明：《近代绅士——一个封建阶层的历史命运》，天津人民出版社1997年版，第21页。

英获得地方权威的途径主要有三个：学位、财富和公共身份。学位就是科举进考后所获得的功名，可以增加学位者的社会声望；财富具有家庭或私人财产的性质，构成了地方权威的经济基础；公共身份是地方精英介入地方事务活动而产生的一种政治资源。① 在传统中国，无论是学位还是公共身份，都是建立在财富基础上的。财富在地方权威的构成中处于基础和核心地位。在从近代走向现代的过程中，国家权力的下沉恶化了乡村社会的政治生态，导致地方精英的大量流失，使乡村社会落入"赢利型经纪"手中②，农民进一步分化，乡村统治秩序进一步恶化，为中国共产党在农村重建权威创造了条件。黄宗智的研究揭示了私权力在古代中国乡村治理中的地位和作用。在他看来，在传统中国的"国家与社会"的二元框架中，乡村社会的治理正是依靠处于第三领域的准官吏——乡村绅士的帮助，正式的国家机构才能实现对全社会的控制③。杜赞奇则提出了"权力的文化网络"这一分析工具揭示私权力治理的运行机制。可以说，在传统中国的乡村治理中，私权力发挥着巨大的治理功能。传统士绅的上下沟通是中国传统基层社会权力结构的基本构架，只是在现代化过程中，公共权力大举下乡，破坏了乡村社会固有的私权力治理结构。到 20 世纪前期，传统士绅阶层的衰落和知识分子的城市化，传统乡村治理结构遭到破坏，从而最终导致乡村的败落。

---

① 张静：《基层政权：乡村制度诸问题》，世纪出版集团、上海人民出版社 2007 年版，第 18—20 页。

② "赢利型经纪"是美国学者杜赞奇提出来的一个分析概念，他把官府借以统治乡村社会的中介人分为两类，一类为保护型经纪，他代表社区的利益，并保护自己的社区免遭国家政权的侵犯；另一类的经纪视乡民为榨取利润的对象，这类经纪他称之为赢利型经纪。参见《文化、权力与国家：1900—1942 年的华北农村》，王福明译，江苏人民出版社 2010 年版，第 6 页。

③ ［美］黄宗智：《中国的"公共领域"与"市民社会"——国家与社会间的第三领域》，载邓正来、［英］J. C. 亚历山大编：《国家与市民社会：一种社会理论的研究路径》，中央编译出版社 1999 年版，第 420—443 页。

(三) 实现乡村治理的主题转换

乡村治理有两个主题，一是村庄秩序或乡村稳定，二是乡村发展。在 20 世纪八九十年代，村庄秩序或乡村稳定一直构成乡村治理研究的主题，但是这一主题并不能囊括乡村问题的全部。乡村问题说到底就是农民、农村和农业问题即所谓的"三农"问题。在不同的历史时期，"三农"问题的重心是不同的，改革开放初期的农村经济社会的急剧变革，农村社会秩序和公共事务管理的真空，迫切需要寻找一种替代农村人民公社的治理模式，再加上提取和转移农业剩余的税费需要和改善社会治安状态的需求，使得以村民自治为核心的乡村治理获得了长足的发展，成为统领乡村研究的一个中心概念。但是，乡村社会最大的问题仍是发展，或者说"三农"问题的核心是农村经济发展问题。一些学者指出中国农村将在相当长一个时期处于"温饱有余，小康不足"的状况，这种状况，无法支撑起各种现代的乡村治理制度。生产发展才是解决"三农"问题的根本出路。而在经济发展问题方面，治理要么无用武之地，要么能力有限。同时，乡村治理离不开对城市化的观照。当代中国正处于一个工业化、城市化的发展时期。城市化和市场化的进程导致大量农村青壮年劳动力进城务工，农村空壳化现象严重，成为一个老年人与儿童的留守地。再加上农村各种资源都通过不同方式流入城市，使乡村治理面临主体缺位、资源短缺的困境。在这种情况下，乡村建设已进入决策者的议事日程。同时，要提高乡村治理的绩效，必须加强乡村建设。中共十六届五中全会正式提出建设社会主义新农村的重大历史任务，乡村问题开始由治理转向建设，同时带来了乡村问题研究由治理主题向建设主题的转换。党的十九大再次吹响了乡村振兴的号角，正式提出了乡村振兴战略。乡村振兴并不是对乡村治理概念的替代，而是乡村治理的深入，它本身包括在乡村治理的研究范式之中，构成乡村治理研究的新的课题。

（四）扩大乡村治理的范围

目前乡村治理的对象主要聚焦于自然村庄，乡村治理在某种程度上可以等同于村庄治理。尽管自然村庄构成乡村社会的基本生产和生活单位，也是农民集体行动的基本单位。但是，这种以自然村庄为单位的乡村治理，虽然实现了对村庄的微观治理，却无法解决乡村社会的整体问题。因为对于中国这样一个广大的国家，乡村治理必须是区域化的治理。

在实践上，以村庄特别是自然村庄为单位的乡村治理同样面临实践上的困境。以农民专业合作组织为例，农民专业合作社的服务半径仅为一个自然村，最多辐射到一个行政村。这也是我国大多数合作社普遍存在的现象。由于土地经营的高度分散，善分不善合的小农意识根深蒂固。由于行政区划的分割，由于长期以来（2007 年以前）缺乏法律支撑，我国农民专业合作的发展很不成熟，没能成为市场经济中强有力的竞争主体。尽管在当前的"乡政村治"的行政管理体制下，村民自治尚不能突破行政村的范围，但引入私权力维度，乡村治理却可以实现从自然村庄治理到区域治理的转变。

第二节　村民自治的内涵与治理逻辑

一、内生与外赋：村民自治的制度内涵

村民自治，作为乡村秩序的一种新的制度安排，具有行政嵌入和村庄内生两方面的因素。这是因为，村民自治作为人民公社体制解体后在乡村社会面临治理危机的情况下由村民自发形成的一种新的乡村治理模式，反映了人民公社体制解体后村庄社会对公共权力的需求。这一公共权力包括规定村民的权利与义务，决定乡村公共资源的分配和利用，

以及提供秩序等基本公共产品。而一些村庄精英（包括老党员、以乡村教师为主的乡村知识分子和原先人民公社体制下的生产队干部）起而满足村民的这种需求，产生了村民委员会这种新的乡村社会组织形态和管理体制①，这就是村民自治的内在生成机制。当这种由农民首创的自治型治理模式出现以后，立刻得到了中央政府的高度重视与肯定。彭真在1982年7月22日的全国政法工作会议上指出："村民委员会过去是有的，中间一个时期没有，近几年有些地方又建立起来了，是群众性自治性组织，大家订立公约，大家共同遵守，经验是成功的，应普遍建立。"② 在1982年由彭真主持的宪法修正案中把村委会写入了宪法第一百一十一条，并强调村民委员会的群众自治组织性质。自此，村民自治得以合法化，并以行政手段向全国推广而定型为一种替代人民公社体制的现代乡村组织形态和管理体制。1987年又依据宪法制定了《中华人民共和国村民委员会组织法（试行）》。由此可见，村民自治的出现，除了是村庄自发产生外，也是一种国家自上而下的制度安排。国家行政权力参与了村民自治制度的形塑。村民自治成为乡村社会的基本制度，离不开国家行政权力的支持和扶持。但在这种支持的背后，体现的是另一种权力生成和合法性逻辑，即没有党和国家的承认，村民自治并不具有合法性。依此逻辑，党和政府也开始积极探索如何规范村民自治制度。在这一过程中，一方面村民自治制度由个别地区的群众始发性行动，迅速转化成全国乡村社会的统一的组织管理模式；另一方面，村民自治又被赋予了超出村务自治范围的政务功能，从而多受同级村党支部和上级行政主要

---

① 白钢和赵寿星认为，乡村社会的组织形态和管理体制主要有三种，即宗法组织型、行政权力支配型和现代基层自治型。村民自治无疑属于第三种类型即现代基层自治型。参见白钢、赵寿星：《选举与治理：中国村民自治研究》，中国社会科学出版社2001年版，第1页。

② 《彭真文选（一九四一——一九九〇年）》，人民出版社1991年版，第430页。

是乡镇政府的控制和指导。根据 1998 年修订的《中华人民共和国村民委员会组织法》的规定，村民委员会是基层群众自治组织，农民通过村民委员会实现自我管理、自我教育和自我服务。但《中华人民共和国村民委员会组织法》又规定了村民委员会接受党和政府的"指导、支持和帮助"，并协助乡政府开展工作。据此规定，乡镇与村落（行政村）虽然分别属于基层政权和地方自治组织，但事实上二者之间也构成行政上的上下级关系。① 这就意味着，作为一种乡村社会组织形态和管理体制，村民自治的制度安排具有两个目标，一是通过村民自治实现乡村公共事务的治理（村务），二是通过村民自治完成国家下派的各种行政任务（政务）。这种制度安排，是与整个中国现代化过程中国家权力下沉和加强对乡村社会的控制是分不开的。

村民自治的民主内涵也同样具有内生和外赋双重性。村民自治作为一种内生的村庄秩序，它不同于传统的村庄自治的地方在于其生成的方式不同。村庄内生秩序有几种生成方式，一是传统社会自然村的礼治秩序，村庄治理主要是由那些并没有正式职位和上级授权，也不经由村民选举，而是由村庄自然而然产生出来的领袖人物（如宗族头人、宗教领袖、乡村士绅等）来完成的。二是依习惯法，如宗族制度也是村庄内生秩序的一种方式。三是村庄自然形成的精英控制，形成村庄秩序。由于"规划的社会变迁"和现代因素的输入，行政村代替了自然村，现在的乡土社会越来越不同于传统的乡土社会了。在经历现代化洗礼之后，习惯法不再具有刑事法的强制力，传统的村庄精英大部分消失，而现代化过程中由于农村的凋谢，农村社会分化程度不高，不足以形成一个有效的村庄精英阶层。这样，村庄内生秩序就有了第四种方式即民主自治。这可由中国第一个村民委员会的产生过程来加以说明。"过去的村

---

① 参见王铭铭：《国家与社会关系视野中的中国乡镇政府》，载马戎、刘世定、邱泽奇主编：《中国乡镇组织变迁研究》，华夏出版社 2000 年版，第 66 页。

庄领导人由上级任命，新的组织没有人任命，也不能自己宣布自己为领导人，村民也不会承认，经讨论，决定由群众自己选举村领导。"① 村民自治这种村庄内生秩序的生成由于导入了村民选举的因素，因而其民主内涵具有内生的性质。1998 年，第九届全国人大常委会第五次会议修订通过了《中华人民共和国村民委员会组织法》，具体规范了村民委员会的选举程序，使之更加充分体现民主选举的精神，也更具有操作性。自此，村民自治的民主内涵得以确立。

二、民主与治理：村民自治的价值限度

从内部来关注村民自治，村民自治的中心词是治理。从村庄社会内部来关注村民自治的民主价值就是关注作为一种民主化村级治理的制度安排的价值及其限度②。从治理的角度来看，存在着多种治理模式，包括传统中国乡村社会的乡绅自治或村庄自治。尽管从理论上讲，民主化的治理模式要优越于各种非民主的治理模式。但是由于中国乡村社会地域广泛，人口众多，各种村庄的社会基础存在着深刻的差别，使得这种民主化的村级治理的制度安排也显现出完全不同的景观。一些村庄借由村民自治获得了良好的治理，另一些村庄则出现了治理乱象。

村民自治的民主内涵主要表现在民主选举、民主决策、民主管理和民主监督四个方面。从实践上看，民主选举经过了十多年的发展和完善，已成为草根民主最为耀眼的事件。农民在村委会选举中还出现了许多制度创造，如发源于吉林省梨树县的"海选"、竞选演说、秘密划票

---

① 徐勇：《乡村治理与中国政治》，中国社会科学出版社 2003 年版，第 7 页。

② 从内部来关注村民自治，就是关注村民自治的治理方面。一些学者把村民自治看作是一种民主化的村级治理的制度安排。村民自治的民主价值与限度主要表现在这种制度安排对于解决当前农村实际存在问题的能力。参见贺雪峰：《论民主化村级治理的村庄基础》，《社会学研究》2002 年第 2 期。

间、"函投"，具有代议制性质的村民代表会议、村务公开等等。但是，民主决策、民主管理和民主监督却在实践中落实不好，不如民主选举普遍落到实处。即便就民主选举来看，由于原子化的村民缺乏集体行动的能力，再加上村委会作为正式的村庄权力安排得到了来自代表国家权力的乡镇政府的支持，使得村民对当选的村干部缺乏约束能力，使有些村干部以权谋私、吃喝盛行、生活腐化、作风专横。一方面，使由农民自发产生和自上而下的制度安排相结合的村委会丧失了对村民的凝聚力和吸引力；另一方面也使村民对村委会失去了依赖感。从理论上讲民主选举能提高村级公共权力的合法性，但有关的调查表明，大量经过严格民主选举产生的村委会并不具有实际的合法性。从治理效果来看，村委会没有因为是由村民选举就得以高效运作。一些学者更是指出部分经由民主选举产生的村干部越来越失去治理乡村的能力①。

村民自治虽然是一种内生的具有民主性质的乡村组织形态和管理体制，但作为一种国家正式认可的村级组织，是国家从外面嵌入的，具有自上而下的制度供给的特征。在一个亿万农民处于分散孤立的状态下，没有政府的有效领导、组织，甚至没有行政法律的干预，民主是很难进入农民的实际生活之中的。但这种指导型的民主，又使村庄政治多受上级行政权力的控制和指导。

三、参与与组织：村民自治的提升路径

民主的核心是选举，这几乎成为一个常识。但如果把民主选举看作是草根民主的核心，我们便犯了一个常识性的错误。首先，民主的模式有多种，而非一种②。其次，民主作为一种制度安排，既可发生在宏观层面的国家领域，也可发生在微观层面的村庄社会。国家范围内的宏

---

① 赵树凯：《政府应该怎样管理乡村》，《社会科学报》2005 年 7 月 7 日。

② 参见 [英] 戴维·赫尔德：《民主的模式》，燕继荣等译，中央编译出版社 2004 年版。

观民主不同于村庄领域的微观民主。国家层面的宏观民主的实现不可能通过人民直接参与的方式，而必须经由代表来进行。现代宏观民主基本上是一种代议民主，人民并不直接行使政治权力，而是经由选举赋予政治权力合法性，并经由选举监督政治权力的运行，并使政府承担政治责任；村庄领域的微观民主主要存在于一个狭小的地域或组织，这是民主的发源之地。微观民主是更直接的民主。再次，从民主的性质来看，民主还可以分为政治民主和社会民主等。不同性质的民主具有不同的内涵和功能。政治民主主要表征为一系列制度和程序。所谓制度，就是规定各种政治主体的产生方式、行为方式及其相互之间的稳定的关系模式。而社会民主虽然有一套制度和程序安排，但缺乏强制实施的能力。这就决定了社会民主关注一种具有宽容和遵守规则的社会和文化心理，在一个没有宽容精神和规则意识的民族或社会群体中，是不可能培育民主精神的。

目前，有关村民自治的民主讨论多停留在村委会选举这一事件上。把选举看作是草根民主的核心，这已成为众多学者的共识。民主一旦被程式化，化约为某种简单的东西，学者们看到的将是一种理想化的、乌托邦式的民主，而非真实的民主。在许多中国人的观念里，民主就是选举，选举的方式就是投票。但民主并非仅仅是选举，选举仅仅是民主的一种手段或技术安排。这种把民主等同于选举的认识一方面没有区别微观层面的民主与国家宏观层面的民主，另一方面是对当代西方主流民主理论的生吞活剥。当代西方主流民主理论把民主看作是在全国层次上的一种政治方法或一套制度安排，这种方法中，民主的核心就是领导者在定期的自由选举活动中通过竞争获得人民的选票。因此，对于民主而言，选举是关键性的。把选举当作草根民主的核心就等同于把应用于国家层面的代议民主直接应用于村落社会，使得草根民主只关注投票选择"当家人"，决定由谁来治理村庄，村庄治理越来越取决于村干部个人的品质和个人能力。

草根民主作为社会民主和微观民主，应属于参与型民主而非选举型民主或代表型民主。"参与型民主是微观民主的本质，因为参与的强度即它的真实性和有效性同参与者的数量成反比，参与者的人数越多，每个参与者的作用就越小。"① 参与型民主更适合于村庄社会的民主制度安排。草根民主的基本单位是村落，它不是传统社会自然形成的自然村落，而是由原人民公社时期的大队转化而来的行政村。如果说自然村落是一个熟人社会的话，那么，由几个自然村落组合而成的行政村则相当于一个"半熟人社会"②。在熟人社会是不需要民主的，一方面，村民与村民之间彼此了解，谁的才干如何、品质如何，大家都了然于心，所以不需要选举；另一方面，因为大家彼此熟悉，而自然而然发生信用及规矩，没有谁会或谁敢越出这种信用和规矩，否则他会受到大家的强有力的惩罚。在一个行政村内，村民之间虽然有共同的公共空间，但各自日常生活范围受地域上的限制，只能发生在自然村落里。由于存在着村庄公共事务和解决这种公共事务的公共权力，从而为村庄政治的产生提供了舞台和机会。从这个意义上说，政治生活正始于行政村这种半熟人社会。在行政村实行村民自治，必须打碎整全性的权力，使最大多数村民参与公共事务的管理。除非每个人直接参与村庄公共事务的管理，在一定程度上对自己的生活和周围的环境进行控制，村民才能真正具有政治

---

① 陈尧：《从参与到协商：当代参与型民主理论之前景》，《学术月刊》2006 年第 8 期。

② 熟人社会是传统中国乡村社会的一个重要特征，在一个自然形成的村落里，"我们大家都是熟人，打个招呼就是了，还用得着多说么？"参见费孝通：《乡土中国　生育制度》，北京大学出版社 1998 年版，第 9—10 页。而由于"规划的社会变迁"而产生的行政村，"虽然为村民提供了相互脸熟的机会，却未能为村民相互之间提供充裕的相互了解的公共空间"。因此，对于这类行政村，不可以称为"熟人社会"，却可以称为"半熟人社会"。参见贺雪峰：《论半熟人社会——理解村委会选举的一个视角》，《政治学研究》2000 年第 3 期。

效能感。只有把民主建立在参与的基础上，才能最终提高村民自治的草根民主品质。

参与型民主关注民主的内容和实质，它除了要求参与者具有公共德性之外，还必须借由村民自由结合之组织，才能具有政治行动的力量，参与公共事务的治理。因而，参与型民主实践必须回应马克思在一百多年前关于小农的政治影响的著名论断。马克思认为农民的生产和生活方式决定了小农是"一盘散沙"，无法形成一致的集体行动。由此决定了"他们不能代表自己，一定要别人来代表他们。他们的代表一定要同时是他们的主宰，是高高站在他们上面的权威，是不受限制的政府权力，这种权力保护他们不受其他阶级侵犯，并从上面赐给他们雨水和阳光。所以，归根到底，小农的政治影响表现为行政权力支配社会"①。如果不能解决由原子化的个人集合而成的一袋马铃薯的状态，每个村民对村庄公共事务持一种"各人自扫门前雪，莫管他人瓦上霜"、"事不关己，高高挂起"的态度，那么即便有村民自治这样的制度安排，民主也没有进入乡土社会的深处，而仅仅是停留在表面的一道亮眼的风景线。在现代化过程中，传统的社会关系遭到致命性的破坏，不只宗族已近彻底的消失了，而且由于现代化所带来的人际关系理性化趋势，乡村社会基本上已丧失一致行为的能力。

如何克服村民的原子化状态，实现村民自治由选举型民主向参与型民主的转型的关键，也是草根民主所需要解决的一个中心问题，这是一个比选举而赋予内生权力合法性更加迫切的问题。只有解决了这个问题，才能从根本上防止村庄内生公共权力的异化问题，并最终克服行政吸纳政治的困局。提升村民自治的民主品质，由选举型民主上升为参与型民主，村民的集体行动能力是关键，而这种集体行动能力取决于村民

---

① 《马克思恩格斯选集》第 1 卷，人民出版社 1995 年版，第 678 页。

之间的社会关联、组织化程度和组织化水平。组织是农村社区内的主要行动单位，组织化的力量是社区精英参与公共权力分配的主要因素。通过组织化，形成村庄社会的多元权力格局，改变过去"一盘散沙"的局面，才能形成一致的共同行动。所以，要提升草根民主的品质，关键是提高农民的组织化程度和组织水平。

一般来说，乡村组织有两种发展方向：一是自组织，二是被组织。自组织是乡村社会自发产生的组织类型。在传统中国，由于"皇权止于县政"，乡村社会基本上形成了自治格局。乡村社会存在着多种组织体系以及塑造权力运作的各种规范构成，包括宗教、市场等方面形成的等级组织或巢状组织类型。这些组织既有以地域为基础的有强制义务的团体（如某些庙会），又有自愿组成的联合体（如水会和商会），它们共同构成杜赞奇所提出的"权力的文化网络"①。因而，传统中国社会并非只有家、国二元组织结构②，而是存在着众多的介于家与国之间的自组织体系和规范，为乡村自治提供丰富的组织资源。在现代化过程中，由于"规划的社会变迁"，一方面摧毁了传统社会的许多自组织，另一方面由于外部政治势力的介入，乡村社会出现了许多政治和经济组织，但这种组织都不是农民自发建立起来的，而是利用行政力量自上而下地把农民组织在各种政治和经济合作组织中。这些组织承担着一定的经济和

① [美] 杜赞奇：《文化、权力与国家：1900—1942 年的华北农村》，王福明译，江苏人民出版社 2010 年版，第 11 页。

② 一些学者认为，中国传统社会是一种家国同构型社会，中国社会的组织形态分化为特征各异的两极：一极是建立在无数小块土地所有制基础之上的家庭组织，一极是高度统一集权的国家政权组织。由于传统中国只有"家"与"国"两种组织资源，这种传统组织形态决定了村民的基本思维和行为模式，即尊重和服从自然尊长（家长、兄长、族长和皇权）及其意志的习惯，而缺乏对公共事务的议事、决事习惯，缺乏联合团体生活所必需的、尊重和服从自觉制定的制度、纪律和选举产生的领导及其意志的习惯。参见张敦福：《村级组织及其与乡镇组织的关系：回顾与前瞻》，载马戎、刘世定、邱泽奇主编：《中国乡镇组织变迁研究》，华夏出版社 2000 年版，第 336 页。

政治功能，却不是乡村社会的自组织。随着农村经济体制改革，这些组织相应地就不再承担原有的功能了。现代化的乡村需要一种新的乡村自组织。起自 20 世纪 70 年代末的农村改革缩小了国家在农村的控权范围，为农村自组织的生长提供了制度空间。现代化过程中产生的这种介于"国"与"家"之间的乡村合作组织，是提高农民的集体行动能力，推进草根民主品质提升的一个重要力量。村民只有通过这种乡村合作组织形成集体行动的能力，才能改善在村庄政治中的地位，真正实现村庄公共事务的治理。

第三节　行政吸纳与村民自治制度的运行困境

从政治与行政的分析框架来看，"乡政村治"的制度安排实际上就是乡镇行政体系与村庄政治的并存格局。村民自治制度的运行困难主要来自于行政吸纳所导致的村庄政治问题。重建村庄政治生活需要扩大村民自治的范围、重建乡村社区、强化村民权利。

一、问题与框架

自 20 世纪 90 年代以来，村民自治逐渐成为学术研究的热点问题，并产生了大量具有影响的学术成果。

村民自治为什么会失灵呢？国家政权建设理论因其所具有的国家权力下沉和基层社区权威的国家化这两个方面的内涵而成为主流的阐释框架。在这一阐释框架中，村民自治作为一种国家政权建设的形式，成为国家治理乡村社会的一种重要工具。因此，村民委员会并不是纯粹的自治组织，而是具有"准政权"的性质[①]。由此，村民自治的行政

---

① 吴理财：《村民自治与国家重建》，《经济社会体制比较》2002 年第 4 期。

化、官僚化问题便得以合理的解释。但是这种阐释框架存在一些难以克服的理论矛盾。首先，把村民自治作为国家政权建设的重要形式，无法解释从人民公社到村民自治的乡村治理模式变迁。村民自治并不是一种国家政权建设的形式，也不是一种国家有目的的策略行为。其次，即便把村民自治看作是国家政权建设的重要内容，国家政权建设所具有的官治并不排斥自治，更谈不上实现自治组织行政化、官僚化。学者们在运用国家政权建设理论来解释村民自治的困境时，过分强化了官治与自治的对立关系，而忽视了它们之间的互赖关系①。最后，构成村民自治运行困境的"两委"矛盾也无法用国家政权建设理论来解释。在这里，我们尝试从政治与行政的关系入手，具体运用"行政吸纳政治"这一理论分析工具来探讨村民自治的困境。自 1887 年美国著名政治家、行政学家威尔逊在其著名的《行政学研究》一书中提出政治与行政的两分法以来，政治与行政的关系成为学术研究最为基础的范畴和分析工具。本书运用政治与行政的分析框架来解释当代中国乡村社会的基本制度安排——"乡政村治"。其中"乡政"主要是指以乡镇政府为代表的国家政权体系，它是国家权威在乡村社会的表达。以乡镇政府为代表的国家政权体系属于行政的范畴，因为行政化是当代中国政治体制的显著特征，正如徐勇教授所指出的那样："中国的政治体制以行政为主导，国家治理权更主要的是为行政政府（广义行政，党组织处于中心地位）所执掌。"②"村治"原意是指村民自治，在本书中被定位为一种村庄政治。村民自治的运行困境主要源自以乡镇政府为代表的行政对村庄政治的吸纳而导致的村庄政治出现的问题。

---

① 张静：《村庄自治与国家政权建设——华北西村案例分析》，载黄宗智：《中国乡村研究（第一辑）》，商务印书馆 2003 年版，第 186—217 页。

② 徐勇：《村民自治的成长：行政放权与社会发育——1990 年代后期以来中国村民自治发展进程的反思》，《华中师范大学学报（人文社会科学版）》2005 年第 2 期。

二、村民自治：村庄中的"政治"

村庄是一种自然形成的社团形式，它是在家庭的基础上扩大而成的。亚里士多德指出：村庄是"为了适应更广大的生活需要而由若干家庭联合组成的初级形式"①。在托克维尔看来，村庄或城镇是"一群人聚居地中唯一完全自然的社团，以致似乎是自身组成的"。这种小规模社团可以看作是社会中集体行动的初级地方单位。在这种初级地方单位，是否存在"政治"，取决于我们对"政治"的理解。一般认为，政治起源于人类社会生活的需要，也是解决人类共同生活所面临的种种难题的一种方式。"政治是参加属于一群人的一般安排的活动，就他们共同承认一种参加它的安排的样式而言，这些人构成了一个单一的共同体。"②人类共同生活离不开公共权力，从某种意义上讲，政治就是围绕公共权力展开的一切活动。在现代语境中，我们总是把公共权力等同于国家权力，政治往往被看作是"君主、国会、部长们的活动，还包括那些帮助或阻碍这些人物取得权力的政治参与者的活动"③。政治的范围一般限定在国家、政府等宏观层次，是"安邦治国之道，是发生于高城王宫之事"。依这种理解，小小的村庄是不存在政治的。事实上，公共权力可以分为社会公共权力和国家公共权力两种，由此可以区分两种政治形态，即广义的社会政治和狭义的国家政治。村庄政治以权力为中心，但村庄政治中的权力属于一种社会公共权力而非国家公共权力，由此决定了村庄中的政治属于广义的社会政治范畴，具有不同于国家政治的草根

---

① ［古希腊］亚里士多德：《政治学》，商务印书馆1965年版，第6页。

② ［英］迈克尔·欧克肖特：《政治中的理性主义》，张汝伦译，上海译文出版社2003年版，第48页。

③ ［英］肯尼斯·米诺格：《政治的历史与边界》，龚人译，凤凰出版传媒集团、译林出版社2008年版，第7页。

性和自治性等特征。

社会政治是国家政治的根基。在《论美国的民主》一书中，托克维尔正是从社会政治的路径来探讨美国式民主的政治大厦的。在他看来，"政治生活始于乡镇"，乡镇自治正是美国政治的根基。"新英格兰的居民依恋他们的乡镇，因为乡镇是强大的和独立的；他们关心自己的乡镇，因为他们参加乡镇的管理；他们热爱自己的乡镇，因为他们不能不珍惜自己的命运。他们把自己的抱负和未来都投到乡镇上了，并使乡镇发生的每一件事情与自己联系起来。他们在力所能及的有限范围内，试着去管理社会，使自己习惯于自由赖以实现的组织形式，而没有这种组织形式，自由只有靠革命来实现。他们体会到这种组织形式的好处，产生了遵守秩序的志趣，理解了权力和谐的优点，并对他们的义务的性质和权利范围终于形成明确的和切合实际的概念。"① 在盛赞了乡镇自治之后，托克维尔进一步指出，"县的建制纯系于行政考虑……严格说来，县里并没有政治生活。"②

在传统中国社会，中国的乡村社会就是一个相对独立的社会系统，存在于帝国行政体系之外，实行乡绅自治。围绕乡村社会中的公共权力而展开的村庄政治由来已久。传统乡村生活中的许多活动——诸如祭祖、续谱、游行和纪念仪式等，往往具有和现代政治类似的宣传、动员、组织、巩固权力和团体内聚等象征意义③。由于乡村权力运行于乡村社会的文化网络之中，从而促进人们在文化网络中追求领导地位④。在现代化进程当中，国家政权建设导致国家权力下沉，传统的乡村政治

---

① [美] 托克维尔：《论美国的民主》（上卷），董果良译，商务印书馆 1989 年版，第 76 页。
② [美] 托克维尔：《论美国的民主》（上卷），董果良译，商务印书馆 1989 年版，第 77 页。
③ 张静：《基层政权：乡村制度诸问题》，世纪出版集团、上海人民出版社 2007 年版，第 201 页。
④ [美] 杜赞奇：《文化、权力与国家：1900—1942 年的华北农村》，王福明译，江苏人民出版社 2010 年版，第 15 页。

逐步瓦解。新中国成立后，中国社会的重新组织化问题成为执政的中国共产党的重要任务。在 1949 年 9 月 30 日的中国人民政治协商会议第一届全体会议上，毛泽东发出了"组织起来"的号召。他指出："我们应当进一步组织起来。我们应当将全中国绝大多数人组织在政治、军事、经济、文化及其他各种组织里，克服旧中国散漫无组织的状态。"[①] 重新组织化成为中国现代化运动的一个重要内容。在农村，主要通过阶级斗争、合作社到人民公社的方式实行农村社会和农民的高度组织化。在人民公社管理体制下，农村日益成为一个高度组织化、行政化的社会，其行政化强度并不亚于中国的城市社会。人民公社体制解体后，中国乡村社会面临着由权力"真空"而导致的村庄治理困境，集中表现为乱砍滥伐和公共资源的滥用、偷盗成风和治安恶化、公共产品的短缺和乡村社会矛盾的增多等。村庄农民不得不在同无序和混乱的争斗中重建乡村的政治秩序。1980 年，广西壮族自治区宜州市合寨村村民经过民主选举方式产生了中国最早的村民委员会。村庄政治的生成机制是这样的：一方面，村庄社会的公共权力的缺位导致村庄治理危机，这种治理危机产生了对村庄公共权力的社会需要；另一方面，村庄社会的精英分子包括老党员、人民公社时期的村庄干部、民办教师等起而满足这种需要。村民委员会的产生，使得村庄以权利为内涵的公共生活成为农民的日常生活。

村庄政治以村庄为范围、以村民为主体、以村民自治为主要内容、以解决村庄公共问题为目的。以村民自治为主要内容的村庄政治，包括民主、自治、治理三个方面的政治内涵。

首先，村庄政治的民主内涵反映了村庄公共权力的来源和产生方式。一般说来，村庄公共权力的产生主要有两种方式，一种是行政方式，另一种是政治方式。行政方式就是通过国家政权下沉，在乡村建立

---

① 《建国以来毛泽东文稿》第一册，中央文献出版社 1992 年版，第 11—12 页。

起权威性的行政权力机构，实施对乡村社会的管理。如人民公社时期的生产大队与生产队，就是国家政权下沉建立起来的村庄行政权力结构。这种村庄权力来源于上级权力机关的授予，代表上级权力机关管理村庄公共事务。政治方式则是指由村民通过民主选举的自下而上的方式产生村庄公共权力，建立村庄公共权力机构，其本质特征是民主。村民自治落实了我国宪法中"一切权力属于人民"的原则。人民主权是近代以来确立的基本政治原则，它强调一切公共权力来源于人民，其重要的制度显示就是人民选举公职人员。因此，在村庄中，村民们通过选举的方式产生村庄公共权力的村庄选举，本身就是一个发生在村庄中的政治事件。1998 年 11 月 4 日，第九届全国人大常委会第五次会议修订通过了新的《中华人民共和国村民委员会组织法》，对村民自治的民主内涵进行了进一步完善，在民主选举的基础上，实现民主决策、民主管理和民主监督，使村民自治成为当代中国基层民主政治的一项基本制度安排。

其次，村庄政治的另一个本质内涵是自治。根据《中华人民共和国村民委员会组织法》的规定，村民委员会是村民自我管理、自我教育、自我服务的基层群众自治性组织。"所谓自治，就是自己的事自己去治。"① 村民自治属于具有中国特色的群众性自治。第一，自治的主体是农村广大群众，而不是地方；第二，自治的决策内容是村民根据国家法律自主管理本村事务，其范围是与自治单位人民群众利益直接相关的村务，而不包括政务，即国家的政令法规和政策；第三，自治组织本身不是政权机关，不向国家承担财务责任，只行使单一的自治职能；第四，群众自治组织的领导人不属于国家公职人员，而是从自治体成员中直接选举产生，且不脱离生产劳动，只能根据协商享受一定的经济补贴②。

最后，村庄政治的第三个政治内涵就是治理。村民委员会的主要

① 沈延生：《村政的兴衰与重建》，《战略与管理》1998 年第 6 期。

② 徐勇：《中国农村村民自治》，华中师范大学出版社 1997 年版，第 45 页。

任务就是负责管理本村公共事务，兴办公益事业，调解民间纠纷，协助维护公共秩序和社会治安，以及代表本村村民向政府提出意见、建议和要求，维护村民的合法权益。村民自治中的民主必须服务于村庄治理目标。特别是在市场经济条件下，村庄政治不能仅限于民主选举，尽管民主选举是村庄政治中的一件大事。事实上，在村庄政治场域中，如何使自己的生活日渐改善，如何能挣到更多的钱这些俗事，才是村民心目中最大的政治。在这种"生活即政治"的逻辑支配下，村民对于诸如"民主"、"选举"这些现代性构成可能是重视的，但也很可能是有隔膜的。即使是重视，也更可能是基于宗族与经济利益的现实考虑，而非某种抽象的权利理念使然①。因此，村庄政治具有强烈的经济功能导向，特别是在市场经济条件下，村庄政治必须解决农民面临的困难。组织农民成立各种农民经济合作组织，提供生产服务，包括产前产中产后服务，如播种、灌溉、植保、销售等，通过经济合作，农民才能在市场上挣得生存权和发展权。村庄政治必须改善农村社区的生产和文化环境，通过村民会议集中全村村民的意见和智慧，制定村规民约、村民自治章程，办理本村的公共事务和公益事业，如修桥铺路、兴办托儿所和敬老院、发展教育、开展公共卫生、举办群众性的文化娱乐活动等，提升村庄农民的生活质量。

三、如何完善村庄"政治"

（一）完善村民自治的治理结构

党的十七大报告明确指出："要健全基层党组织领导的充满活动的基层群众自治机制，扩大基层群众自治范围。"村庄政治以村庄为范围，以村民为主体，意味着在村庄范围内的村民、由村民自发组织的各种农

---

① 吴毅：《记述村庄的政治》，湖北人民出版社 2007 年版，第 26 页。

民组织都应该是村庄政治的主体。因此，村民自治并不局限于村民委员会，还应该包括农村党组织和农民经济合作组织以及合法的农村民间组织。首先，农村党组织需要将自己纳入到村民自治的框架下获得和证明自己的先进性，并发挥其政治整合作用①。根据《中华人民共和国村民委员会组织法》，农村党组织在村民自治制度中处于"领导核心"的地位。此外，根据《中国共产党农村基层组织工作条例》的规定，村一级的决策权分成两大类，属于本村经济建设和社会发展中的重要问题，需由党支部讨论决定，其他事务则交由村民委员会、村民会议或集体经济组织决定。因此，农村党组织本身就是村民自治制度的范畴。其次，农民经济合作组织是当前村庄的经济实体，它具有服务于农村经济发展和农民致富的村庄治理目标。村庄政治主要受农民日常生活逻辑支配。村庄政治离不开经济实务，离开了农村经济发展和农民致富，村务还有什么内容呢？因此，农民经济合作组织也应成为村民自治的治理结构的一部分。事实上，在很多农村，村民委员会、村党支部以及农村经济合作社已实施了"三合一"，即"三块牌子，一套人马"，建立和完善了村民自治的治理结构。

（二）重建乡村社区，推动农村公益事业发展

根据世界卫生组织的界定，社区（Community）"是指一固定的地理区域范围内的社会团体，其成员有着共同的兴趣，彼此认识且互相来往，行使社会功能，创造社会规范，形成特有的价值体系和社会福利事业。每个成员均经由家庭、近邻、社区而融入更大的社区"。社区的形成具有四个方面的要素：一是因人聚集与互动，满足彼此需求的一定的人口；二是一定的地方或地理疆界；三是社区内居民由于生活所需彼此产生互动，特别是互赖与竞争关系；四是社区认同，社区居民习惯以

---

① 宫银峰、刘涛：《乡村社会的变动与村民自治的实践——国家与社会视角下的乡村政治解析》，《长白学刊》2010 年第 1 期。

社区的名义与其他社区的居民沟通，并在自己的社区内互动。同时社区居民形成一种社区防卫系统，居民产生明确"归属感"及"社区情结"。因此，社区通常指以一定地理区域为基础的社会群体。面对行政村范围过大的困境，需要按共同居住、相互联系、有共同的认同感和归属感的标准建设乡村社区，进行社区重建①。按照"地域相近、产业趋同、利益共享、规模适度、群众自愿"原则建立农村社区，有利于农村公益事业的发展，从而为村庄政治搭建一个真正的平台。

---

① 徐勇：《村民自治的深化：权利保障与社区重建——新世纪以来中国村民自治发展的走向》，《学习与探索》2005 年第 4 期。

第三章　农民组织化发展的动力机制

在中国现代化进程中，农民组织化经历了由政治逻辑到市场逻辑的转变。农民组织化的政治逻辑强调依靠外部力量将农民组织起来，而农民组织化的市场逻辑则强调农民自发组织发展，通过市场力量促进农民组织化发展。自 20 世纪 90 年代以来，各种规模大小不一、发育程度各异、组织形态多样的农村民间组织在乡土中国得以迅猛发展，涉及农村经济发展、公共服务、农民精神文化生活等各个领域。截至 2018 年 2 月，全国社会组织共计 805891 个，其中民政部登记的社会组织数量为 2315 个①。农村民间组织的"绿色"崛起，引起了国内学术界的广泛关注②。

---

① 黄晓勇主编：《社会组织蓝皮书——中国社会组织发展报告（2018）》，社会科学文献出版社 2018 年版，第 7 页。

② 有关农村民间组织的研究，除了大量的学术论文外，最值得一提的是两部有分量的论文集，一部是由中央编译局俞可平教授等著的《中国公民社会的兴起与治理的变迁》（社会科学文献出版社 2002 年版）；另一部是由仝志辉等著的《农村民间组织与中国农村发展》（社会科学文献出版社 2005 年版）。其共同的特点是围绕一个主题，由独立的基于案例研究的研究报告或论文组成。前者主要从公民社会的视角出发，考察民间组织（包括农村民间组织）的兴起及其对治理与善治的影响；后者则从农村发展的视角展开对农村民间组织的研究，通过对某类农村民间组织与农村发展的关系进行具体的阐释以加深对这类组织的组织形式的认识，分析其发展现状和存在的问题，并提出促进其发展的思路或对策。

第一节　农民组织化发展的政治逻辑与市场逻辑

新中国成立以来，以改革开放为分水岭，可以把农民组织化发展分为两个阶段，改革开放前的农民组织化更多的是贯彻一种政治逻辑。改革开放以来，在市场逻辑的推动下，农民组织化发展经历了从村民自治、农民社会服务组织到农民组织合作组织的发展进程。

一、政治逻辑与农民组织化发展

新中国成立以来，以改革开放为分水岭，农民的组织化经历了两个阶段，由两种不同的逻辑推动，由此产生了两种组织化类型，即分别由政治逻辑推动的和由市场逻辑推动的。

（一）把农民组织起来

新中国成立后，中国社会的重新组织化问题成为执政的中国共产党的重要任务。由"先夺取政权，然后运用政权的力量建立全新的生产关系的社会主义革命逻辑"决定了革命后重新组织社会的首要力量，不是经济上的力量，而是政治上的力量，即通过政权对社会结构和组织进行变革和改组来重新组织社会①。在这种政治逻辑的推动下，农民的组织化经历了由互助组、初级合作社、高级合作社向人民公社的发展。

新中国成立后的农民组织化的展开以政治理想为蓝图。新中国成立以后，中国共产党推动了全国农村的土地改革，为新政权的巩固打下了政治基础。土地改革，实现了中国共产党在革命时期提出的"耕者有

① 林尚立：《集权与分权：党、国家与社会权力关系及其变化》，载陈明明主编：《革命后社会的政治与现代化》，上海辞书出版社 2002 年版，第 154—155 页。

其田"的政策目标。但土地改革仅仅具有工具价值。黄仁宇指出：共产党通过平分土地"翻转"了中国基层，而且通过土地改革将共产党的组织渗透到农村，彻底改变了中国历代王朝政府力量无法下沉而依靠地主士绅间接治理农村、农民的格局①。中国共产党的理想是实现建立在公有制基础上的社会主义。因此，土地改革仅仅实现了土地所有权由地主所有转变为农民个体所有，但没有改变土地所有权的私有性质，土地仍然掌握在个体小农的私人手中，以此为基础的经济仍然是小农经济。同时，这种土地权属形式至少存在以下两个方面的缺陷：一是无法适应现代工业和国防发展的需要；二是将会导致新的阶级分化在乡村产生②。1953 年，中共中央提出了过渡时期的总路线，在过渡时期，"党在农村工作的最根本任务，就是要善于用明白易懂，而为农民所能够接受的道理和办法去教育和促进农民群众逐步联合组织起来，逐步实行农业的社会主义改造，使农业能够由落后的小规模生产的个体经济变为先进的大规模生产的合作经济，以逐步克服工业和农业这两个经济部门发展不相适应的矛盾，并使农民能够逐步地摆脱贫穷的状况而取得共同富裕和普遍繁荣的生活。"③

（二）从互助组、合作社到人民公社

从 1953 年开始，农民组织化运动主要围绕着农村土地所有制改革而展开。农民组织化过程经历了劳动互助组、初级社、高级社和人民公社四个发展阶段。

劳动互助组是农民生产合作的最初的农业生产合作组织，一般由几个或十几个农户组成，土地等生产要素仍归农户个体所有，但针对个

---

① 黄仁宇：《中国大历史》，生活·读书·新知三联书店 1997 年版，第 324—342 页。

② 徐勇、赵永茂主编：《土地流转与乡村治理——两岸的研究》，社会科学文献出版社 2010 年版，第 23 页。

③ 张乐天：《告别理想——人民公社制度研究》，上海人民出版社 2005 年版。

体农户存在的劳力、农具、牲畜、资金等不足的情况，采取劳动、农具、牲畜等生产要素的合作与互助。劳动互助组一般分为临时互助组和常年互助组。前者根据农户生产的需要临时组织起来，一旦农活干完就自行解散。有所谓"春组织，夏垮台，明年春耕重新来"的说法。在国家政权的推动下，劳动互助组在全国范围内被推广，常年互助组取代临时互助组，成为劳动互助组的主要形式。随着互助组的数量的增多，初级农业生产合作社也发展起来。初级农业生产合作社（以下简称"初级社"）以土地所有权和使用权的分离为基本特征，土地的所有权仍归各户所有，但土地的使用权则转让给合作社。初级社统一安排作物种植计划，统一调配劳动力和生产资料，统一进行生产经营和管理，统一收益分配。"如果说互助组接近于村落传统，那么初级社是朝着背离传统的方向跨出的重要一步。"①所遇到的阻力也相当大。一些劳动力强、家里土地多或占有好地块的人以及农业生产经验丰富的人，很少会自愿入社。没有政权力量的强力推进，初级社不可能普遍建立起来。总之，初级社"存在着集体生产、统一经营和土地、耕畜等主要生产资料私人占有之间的矛盾"。克服这个矛盾的办法就是建立完全社会主义性质的高级农业生产合作社（以下简称"高级社"），把土地和主要生产资料归合作社集体所有。高级社的规模较大，其区划基本上与行政村相吻合。高级社成立了社管理委员会负责统一管理生产与分配。在分配方式上，高级社取消了土地分红，统一组织生产与交换，实行按劳分配。到1956年合作化高潮之后，农村基本完成了高级合作社。在此基础上，中共中央进一步把高级合作社引向"一大二公"的人民公社，掀起了"大跃进"运动。1958年3月，中共中央政治局成都会议讨论并通过了《关于把小型的农业合作社适当地合并为大社的意见》，揭开

---

① 张乐天：《告别理想——人民公社制度研究》，上海人民出版社 2005 年版。

了人民公社化运动的序幕。半年后，中共中央政治局在北戴河召开扩大会议，通过了《中共中央关于在农村建立人民公社问题的决议》，决议下达后，广大农村迅速形成了人民公社化运动的高潮。人民公社成为中国广大农村农民组织化的基本形式。值得一提的是，由政治逻辑推动的农民组织化运动，仍然离不开新兴的农村社会精英。在如何把农民"组织起来"的问题上，新政权借鉴土改时的做法，采取了"紧紧依靠了土改中的骨干和积极分子，策动积极分子去串联、组织"的做法①。

二、农民组织化发展的市场逻辑

包产到户使得农村再次回到了以分户经营为主的分散化生产状态。分田到户，使农民的生产积极性迅速走向高涨。随后，农村再一次面临组织化问题。

（一）村民自治制度的产生

由农民自发进行的分户经营，农民个体和家庭承担起农业生产及管理的职能，原来在人民公社体制下的生产大队和生产队则失去了计划和组织农业生产、从事农业收益分配的权力，从而从根本上瓦解了人民公社的组织体系。由于乡村社会公共权力的缺位，导致乡村社会重新呈现出"一盘散沙"的状态，面临新的治理危机。如何克服乡村社会"一盘散沙"的状态，将村民再组织起来，成为政府与农民共同关注的问题。1980年，广西壮族自治区宜州市合寨村的村民通过民主选举的方式，成立了中国最早的村民委员会。村民委员会的成立是实行家庭联产承包责任制以来分户经营的农民实现再组织化的第一次尝试。当这种由

---

① 陈益元：《革命与乡村——建国初期农村基层政权建设研究：1949~1957》，上海社会科学院出版社 2006 年版，第 198 页。

农民自我组织的村民委员会出现以后，引起了中央高层的高度重视与肯定。村民自治得以合法化，并成为一种统一的制度安排，以行政手段在全国加以推行。自此，"村民自治"定性为一种替代人民公社体制的现代乡村组织形态和管理体制。1998 年又依据宪法修订了《中华人民共和国村民委员会组织法》。村民自治是农民自我组织起来，克服分散状态的第一次尝试，反映了农村改革以来分散化农民再组织化的发展。农民的首创得到了中央高层的认可并加以规范和推行，从而成为一种全国性的制度安排和农民组织化新形式。

（二）农村民间组织的兴起

自 20 世纪 90 年代以来，随着农村经济市场化进程的加快，受市场逻辑的推动，农民组织化再一次涌动，一种新的农民组织形式在中国广大农村如雨后春笋般蓬勃发展，这就是农村民间组织。在 2000 年左右，中国农村民间组织（包括已经登记和未经登记的乡村两级的民间组织）的数量已达 300 万个以上，占中国民间组织总数的 2/3 以上[1]。由于中国自下而上的民间组织绝大多数没有登记注册，而是散布在社会生活的各个领域，因而无法获取其准确的统计数据。大多数学者估计，中国草根民间组织的数量在 100 万个到 150 万个之间[2]。从民政部公布的数据来看，截至 2018 年 3 月，中国社会组织总数为 805418 个，其中民政部登记的社会组织数量为 2312 个。从类别来看，社会组织中最多的是民办非企业单位，共有 419674 个，占社会组织总数的 52.46%；其次是社会团体，共有 373953 个，占 46.74%；最少的是基金会，共 6421 个，占 0.8%。从登记注册级别上看，县级社会组织最多，超过 60 万个，占社

---

[1] 俞可平：《中国农村民间组织与治理的变迁——以福建省漳浦县长桥镇东升村为例》，载俞可平等：《中国公民社会的兴起与治理的变迁》，社会科学文献出版社 2002 年版，第 30 页。

[2] 参见邓国胜：《中国草根 NGO 发展的现状与障碍》，《社会观察》2010 年第 5 期。

会组织总数的 41%；其次是市级社会组织，超过 15 万个，占 29.72%；再次是省级 4 万多个，占 22.71%；最少的是部级占 6.57%①。在中国众多民间组织中，县级社会组织超过 60 万个，占比 41%。这还是在县级民政部门登记注册的，还多大量的农村民间组织没有登记注册。因此，基本可以判断，农民自发建立起来的农村民间组织占据了中国民间组织的半壁江山以上。

（三）农民经济合作组织的涌现

进入 20 世纪以来，伴随着农业市场化的深入发展，小农经济与大市场之间的矛盾日益突出。在市场逻辑驱动下，在农村社会，又涌现出一种新的农民组织化形式，即农民经济合作组织。农民经济合作组织是市场经济条件下农业市场化、农业产业化发展的内在需求所引致的自发性创新。农民经济合作组织主要有两种形式，一种是农村专业经济协会，另一种是农民专业合作社。关于农民专业经济协会的定义存在着争议，各地的称谓也不统一。根据民政部《关于加强农村专业经济协会培育发展和登记管理工作的指导意见》的定义，农村专业经济协会是："采取会员制方式，吸收从事同一专业的农民作为会员，由协会提供产、供、销过程中的服务，组织会员在产前、产中、产后等环节上进行合作。它集科技推广、技术服务、信息提供、农产品产供销服务为一体，以市场为导向，进行专业化生产、一体化经营。"从组织性质上看，农村专业经济协会属于行业协会中的一种，是提高农民组织化、科技化和专业化的一种新的、有效的组织形式。从管理归属上看，农村专业经济协会作为一种非营利性组织，由民政部门核准登记。

农民专业合作社是在农村家庭承包经营基础上，同类农产品的生

① 参见匡存强：《社会转型期非政府组织存在问题及发展趋势》，《管理观察》2018 年第 26 期。

产经营者或者同类农业生产经营服务的提供者、利用者，通过自愿联合、进行民主管理的一种互助性经济组织。根据《中华人民共和国农民专业合作社法》，专业合作社以农民为主体，以服务成员为宗旨，谋求全体成员的共同利益；采取自由加入与退出原则，成员地位平等，实行民主管理的原则以及按盈余分红的原则。农民专业合作社作为一种农民经济合作组织，主要在国家工商管理部门登记注册成立。

据工商总局最新统计，全国农民专业合作社数量达 193 万多户。入社农户超过 1 亿户。合作社覆盖面稳步扩大，平均每村有 3 户。入社农户占全部农户的 46.8%[①]。在农业市场化条件下，要实现小农户与现代农业发展有机衔接，必须通过组织化路径，提供现代农业服务，突破小农户弱势。而农民专业合作社作为小农组织化核心载体的农民合作社无不扮演着重要角色，无疑是一种非常适用且合意的主体和载体[②]。

第二节　市场逻辑下农民组织化发展的动力机制

自 20 世纪 90 年代以来，农村民间组织"绿色"崛起，是市场与政府两种力量共同作用的结果。从组织类型学和发生学的角度来看，政府与市场代表两种不同的组织类型和组织生成模式。哈耶克在考察人类社会秩序时，首先区分了两种不同类型的秩序：一种是组织秩序，另一种是自生自发秩序[③]。前者是通过人的意志作用，为了某一目的而设计和创造出来的，是一种人为制造并且从外部强加进来的秩序；后者是指

---

① 参见中华人民共和国中央人民政府官网，http://www.gov.cn/index.htm，2017 年 9 月 5 日。
② 徐旭初：《合作社是小农组织化的核心载体》，《中国农民合作社》2019 年第 3 期。
③ 参见 [英] 弗里德利希·冯·哈耶克：《自由秩序原理》，邓正来译，生活·读书·新知三联书店 1997 年版。

一种慢慢成长的、来源于内部建立起来的均衡的秩序，它产生于体系内部，并没有特定的目的，是在人们使自己的行为互相适应的过程中产生出来的、进化而来的自发秩序。在哈耶克看来，市场秩序是自发秩序的最典型的例子，"最普遍的自发秩序是市场秩序"。尽管哈耶克没有明确指出政府是人为秩序的典型例子，但根据其古典自由主义的基本立场，政府确实是一种人造秩序①。由于这两种秩序生成的机理不同，又可以称为外部秩序和内部秩序。外部秩序所导致的社会秩序样式依赖于"一种命令与服从的关系或等级结构，上级的意志，从而最终是某个最高权威的意志，决定着每一个人所必须做的事情"。②在这个秩序中，个体要素应该如何行动及占据什么位置，整个秩序的目标和结果，都是由一个统领的命令所造成的。内部秩序的形成是社会成员遵循特定规则行动以回应他们所面临的环境的结果。哈耶克认为，自生自发秩序是社会成员在遵守共同的一般行为规则时回应其具体环境的结果，自生自发秩序比等级结构组织能够更好地运用广为分散的实践性知识。哈耶克关于两种秩序的理论实际上也涉及两种类型的组织生成机制及其行动逻辑。一种类型的组织是经由权威意志指导下建立起来的，因而其组织结构完全是一种命令与服从的关系或等级结构，其行动完全依赖于上级的意志或命令，另一种类型的组织是在自发秩序下建立起来的，其组织结构则是一种完全平等的契约关系，其行动遵循一般性规则的约束，并回应具体的环境。在哈耶克的社会理论中，政府与市场既代表两种不同的社会秩

---

① 古典自由主义思想家一般认为政府是经由社会契约建立起来的"人造物"，完全是人为的产物。这种观点集中体现在霍布斯、洛克的政治思想当中。哈耶克是古典自由主义的当代最伟大的阐释者，也是有限政府的捍卫者，他当然会继承古典自由主义的政府理论。因此，在哈耶克的组织秩序理论中，可以把政府作为一种人为秩序的典型例子来看待。

② Hayek, *Law Legislation and Liberty*: *Rules and Order* (I). The University of Chicago Press, 1973, p.36.

序即组织类型，也代表组织的两种不同的生成机制即市场机制与政府机制。

当代中国是一个以发展为导向的发展中国家，政府一直是在发展中起主导力量。市场化改革以来，引入市场力量参与到发展进程中来，成为促进发展的基础性力量，但政府的主导地位并没有因市场力量的引入而改变。就民间组织的发展来看，农村民间组织在20世纪90年代的迅速崛起是市场与政府两种力量共同作用的结果。

农村民间组织种类繁多，根据俞可平教授对福建省漳浦县长桥镇东升村的调查，农村民间组织主要包括村民委员会、老年人协会、计划生育协会、团支部、妇代会、治保会、调解会、经济合作社、粮蔗研究会和果树研究会、村民兵营、基金会以及其他组织如"村民代表会议"、"村务公开民主管理工作小组"、"村民理财小组"、"能人会"和"庙会"等不定期的临时性组织等18类①。根据政府与市场关系的分析框架，我们可以把农村民间组织分为三类。

第一类是政府主导的农村民间组织，包括村民委员会及相关机构、共青团、妇联、计划生育协会。这类民间组织是国家规划下的统一制度安排，具有较强的国家化色彩以及具有正式权威的"准政权"性质。如村民委员会是个别地区村民的首创，具有典型的内生型农村民间组织的特色，但经由国家认可并加以规范成为全国性的制度安排，村民委员会被赋予了自我管理、自我教育、自我服务的群众性自治组织的自组织功能外，还被赋予了协助乡政府完成国家各种政务任务的外生功能。共青团属于中国共产党的外围组织，从一开始就具有较强的政治色彩，并且，农村共青团组织的成立最早可追溯到新中国成立初期，并不是非集

---

① 俞可平：《中国农村民间组织与治理的变迁——以福建省漳浦县长桥镇东升村为例》，载俞可平等：《中国公民社会的兴起与治理的变迁》，社会科学文献出版社2002年版，第33页。

体化改革以来兴起的农村民间组织。总之，村委会、妇联、共青团等这些准政权性质的组织是国家正式的制度安排，并不是市场化改革以来新成立的农村民间组织①。

第二类是市场主导的农村民间组织，一般包括老年人协会、村红白喜事会、妇女禁赌协会、各种庙会等临时性组织、农村宗族组织和宗教组织。这类农村民间组织具有自生自发的自组织特征和较强的社会化色彩，是一种纯粹的农民自组织。老年人协会是村中自发成立的老年人文化娱乐组织。村红白喜事会一般以自然村庄为单位，承担村庄婚丧事务。在村庄中，婚丧事是村庄的公共事务，"谁家有喜，谁家举丧，事主不需要发出邀请，凡知道消息的人家大都会自觉地派代表参加。"② 无论是办喜还是举丧，都需要大量的桌椅板凳以及锅盆瓢碗，这些东西的置办需要一大笔费用，且效用不高，一些村庄通过成立红白喜事会，通过集体购置，由各家借用，则可以节省大笔费用。在农村，由于生产的季节性强以及农民文化生活的匮乏，"黄赌毒"现象比较严重，从而产生妇女禁赌协会这样的民间妇女禁赌组织。但这类组织一般规模很小。这类民间组织在满足农民的文化娱乐和精神需求方面作用甚巨，且基本处于自主生存和发展状态。

第三类是介于政府与市场之间的农民经济合作组织，这类组织占农村民间组织的三分之一以上，构成农村民间组织的发展的主流。据农业部不完全统计，截至 2003 年，我国各类农村专业合作组织已达 100万余个，其中有一定规模、运作基本规范的有 14 万个③。可见，农民经济合作组织占到 300 万个中国农村民间组织总量的三分之一，且具有广

---

① 村委会的产生是一个例外。最早的村委会是农民自发建立的，但经由国家的认可并加以推广，进而成为一种全国性的农村制度安排，从而具有准政权的性质。

② 吴毅：《记述村庄的政治》，湖北人民出版社 2007 年版，第 15 页。

③ 蒲文忠：《蓬勃兴起的农村民间组织》，《中国改革（农村版）》2003 年第 5 期。

阔的发展空间。农民经济合作组织的生长和发育集中体现了政府与市场的两种力量的作用。农民经济合作组织是市场经济的产物，随着农业市场化进程的加快，农村经济体制改革以来确立的以分户经营为特征的小农经济与千变万化的市场的矛盾日益突出，农民经济合作组织便应运而生，成为联系农民与市场的纽带和桥梁。在农民经济合作组织的生成和发育过程中，市场的基础性作用比较明显。农民经济合作组织以"追求农村经济活动效率和农民社会福利为目标"，致力于促进农村经济发展、增进农民的社会福利、改善农村公共服务。正是因为农民经济合作组织具有服务于农村社会经济发展的组织功能，往往得到地方政府的积极支持，政府力量的引入又促进农民经济合作组织的进一步发展。因此，在农民经济合作组织的发育和发展过程中，市场起基础性作用，而政府力量则发挥了主导作用。但是，政府力量的引入，又可能使这类农村民间组织缺乏自发、自觉、自治和集体行动能力。考察政府与市场两种力量在农民经济合作组织发育和发展过程中的作用，对于促进农村民间组织的发展具有重要的作用。

第三节　市场逻辑下农民组织化发展的困境与出路

农村改革以来，农民组织化发展是在政府和市场两种力量的推动下进行的。从村民委员会到农民经济合作组织，是农民组织化发展的两种组织形式。这两种组织形式适应农村不同阶段的发展要求，发挥了不同的作用，同样也面临不同的发展困境。

一、政府力量与村民委员会的行政化

村民委员会是农村市场化改革以来，面对村庄权力真空导致的一系列公共管理问题而由农民自发组织起来提供公共产品和公共服务的自

治组织。根据《中华人民共和国村民委员会组织法》的规定：一方面，村民委员会是基层群众自治组织，农民通过村民委员会实现自我管理、自我教育和自我服务；另一方面，村民委员会又必须接受党和政府的指导、支持和帮助，并协助乡政府开展工作。由此可见，村民委员会具有两个目标，一是作为乡村社会的一种组织形态实现村庄公共事务的自我治理（村务），二是作为一种乡村社会的管理体制，协助乡镇政府完成国家下派的各种行政任务（政务）。这两个目标反映了经由政府力量建立起来的村民委员会必须遵循行政逻辑，即服从乡政的控制和行政管理目标。但村民自治制度本身遵循自治逻辑，在平等、合作的基础上，通过谈判、协商的方式解决村庄公共事务和公共问题。

二、市场力量与农民经济合作组织的发展困境

农村改革以来，农村社会经济生活的进一步市场化，导致一种新的农民组织化模式——农民经济合作组织在全国农村迅猛发展。但是由于分户经营的小农经济特点，以及国家宏观制度环境的限制，存在着进一步发展的困境。

（一）组织规模狭小

在市场逻辑下，农民组织化发展困境主要表现为农民经济合作组织规模狭小，是由农业生产经营规模和农村行政区划的碎片化两个因素共同作用的结果。农村改革后，以家庭为单位的小生产方式仍然是农业生产的主导形式。我国目前的农村土地制度属于土地集体所有，家庭承包经营的统分结合的双层经营体制。在现行土地双层经营体制下，土地经营的高度分散，农业生产规模很小。改革开放以来，尽管人民公社的集中管理模式被取消，取而代之的是乡镇一级政权，实现了政、社分离，但是，乡镇政府仍然沿袭了人民公社时的三级管理体制，即乡镇（原公社）、行政村（原生产大队）与自然村（原生产队）。因此，整

个农村管理体制仍然呈现出碎片化状态。农村行政管理体制的碎片化主要表现为县以下乡镇之间的碎片化、乡镇之下行政村之间的碎片化、行政村之下自然村之间的碎片化。农村改革以来形成的家庭联产承包责任制形成的个体经济与农村行政区划的碎片化呈现出互为强化的关系。分散化的小农生产方式强化了这种碎片化的行政区隔，而碎片化的行政区隔反过来强化了分散化的个体经济。这两个方面的因素合谋大大压缩了农民经济合作组织发展的空间。受这两方面因素的共同影响，农民经济合作组织规模普遍偏小。其横向活动范围或服务半径仅局限于一个自然村，而其纵向一体化程度则没有全面覆盖产供销的链条。跨行政村的很少，跨乡、跨县的则更少。农民经济合作组织的规模偏小，难以成为一种有组织的力量，也难以产生组织的规模效应，更没能成为市场经济中强有力的竞争主体，这也是我国大多数合作社普遍存在的现象。

（二）组织功能单一

目前，农民经济合作组织存在的另一个问题就是功能单一。各种农业专业协会主要是以某种农产品的生产、销售为主体组建起来的。其服务范围基本上没有超出生产与销售两个环节，至于信贷、保险事业、医疗卫生、政治参与等基本没有涉足。从组织发展的角度来看，组织的复杂性与组织的适应性是正相关关系。所谓组织的复杂性是指拥有完整而明确的职能体系，组织下属组织具有高度的专门化。而组织的适应性则是指组织适应环境的能力和存活能力。越是复杂的组织，其适应性就越强；越是简单的组织，其适应性就越弱。组织功能单一决定了农民经济合作组织的适应性差，受市场波动的影响较大，为农民提供保护的能力较弱。

（三）组织自主性弱

组织的自主性是指组织独立于其他社会团体和行为方式而生存的程度。组织自主性越强，组织的内聚力就越强，反之亦然。组织的内聚力是指组织参与者内部必须具有基本的意见共识。在农民经济合作组织的发展中，由于农村经济、人才和组织资源的缺乏，导致农民经济合作组织内生动力不足。由于农民经济合作组织具有促进经济发展的功能，为政府力量的介入提供了动力。事实上，农村各种农民经济合作组织多是由政府的推动而建立起来的。政府的推动，既是促进农民经济合作组织生长的有效途径，又削弱了农民经济合作组织自身的民间性和自主性，使农民经济合作组织这内生型组织演变成具有外生型特征的民间组织。

三、以农民经济合作组织推动农民组织化发展

在当下，随着农业产业化和市场化的进一步发展，农民经济合作组织在沟通政府、市场与农民过程中将发挥日益重要的作用，也将成为推动农村土地流转和实现农业规模化、产业化发展的重要组织力量。大力发展农民经济合作组织，扩大组织规模、增强组织的自主性，扩展组织功能，增强组织的复杂性，将成为提升农民组织化发展水平的主要方向。

（一）金龙农业专业合作社概况

金龙村隶属 G 省（区）G 市南木镇，位于 G 市城区北面，全村住户共有 630 户，3600 多人，下辖 12 个自然屯。全村总面积 9 平方公里，可耕地面积 10730 亩，实际耕地面积 4800 多亩。金龙村历来以传统种养业为主，在实行家庭联产承包责任制以前，由于该村地处偏僻，交通不便，生产条件差，经济十分落后，是有名的"穷山村"，也是全镇的"三靠村"。改革开放以来，金龙村农业生产处于全市中等水平。大部分农民外出务工、经商。进入 20 世纪以来，农民一家一户分散生产经营越来越不适应市场经济的发展形势，加上基础薄弱，农民文化素质不高等原因，致使农民收入增长缓慢。到 2006 年全村农民实际年纯收入仅

1800 元左右。该村党支部书记骆国信之前长期在外做生意，该村当时的党支部书记多次动员其回乡，组织合作社，带动村民共同致富。2007 年，骆国信回村担任村支书，发起成立 G 市第一家农业专业合作社，探索农业综合开发发展道路。合作社制定了合作章程，设立了理事会、监事会及理事长、副理事长、监事长等组织治理结构。合作社实行成员入社自愿、退社自由、地位平等、自主管理、自主经营、自负盈亏、利益共享、风险共担的原则。合作社以股份式入社，自愿入股。每 1000 元为一股，既可以现金入股，也可以耕地入股，还可以协议投工投劳入股，形式多样。目前，合作社已有 205 户农民自愿入股，入股耕地面积 1800 亩，入股资金达 420 多万元①。合作社采用项目形式运作，实行项目经理制。每个项目的实施，由股民推选一名大股东或懂技术、有经验且工作积极、组织能力强的村民担任项目经理。如果项目利润达到 50%，则从项目利润中提取一定的金额作为项目管理费用或奖励。如投资 10 万元，利润达 5 万元，则提取 2% 的利润作为管理费，超过部分的利润，则提取 50% 作为项目管理费。

（二）提升农民组织化水平的有益经验

一是能人带动，增强组织的自主性和凝聚力。农民组织化发展受制于村庄组织资源缺乏的约束。正如一些论者所指出的那样："在农村社区公共生活贫乏、权威资源稀缺的条件下，是难以自然地发育出民间组织的。"②市场化改革以来，农村新的精英阶层已经成长起来，这主要表现为农村经济能人的出现。农民经济合作组织的发展，离不开农村经济能人的带动。能人带动，一方面可以在组织草创时期提供权威性资

---

① 何海良、廖燕萍：《关于金龙村土地流转经营新模式的调查报告》，《南方国土资源》2009 年第 5 期。

② 楚成亚、陈恒彬：《新时期农村民间组织生长机制研究——基于张高村民间组织建设实验观察》，《东南学术》2007 年第 1 期。

源；另一方面，还可以增强组织的自主性和凝聚力。二是整合资源，扩展组织功能，增强组织复杂性。农村存在着众多的农民组织，这些组织基本上只具有单一功能，如村委会、农民经济合作组织，以及专门从事农村社会服务的公益性民间组织等。组织众多、功能单一成为农村民间组织的一大特色。如何实现组织资源的整合，实现组织由单一功能向综合功能的转型，目前还处在不自觉的探索当中。金龙农业专业合作社的成立，并不是在村委会之外另起炉灶，而是实现与村委会的资源整合。目前的普遍做法是"两块牌子，一套人马"。如金龙农业专业合作社的创始人骆国信在政府与村委会动员回乡之后，担任金龙村党支书，他把自家的住宅拿出来作为金龙村村民委员会的办公场所。两种组织资源的整合，有力地推动了农业专业合作社的发展。如针对一部分农民不愿加入农业专业合作社，可以通过村委会的集体决议，实现承包地的调整。三是通过土地流转，扩大组织规模。农业生产规模偏低一直是影响农业现代化发展的重要瓶颈，也是农民组织化程度不高的制约因素。如何通过土地流转实现规模经营，提高农民组织化程度？金龙农业专业合作社提供了一个成功的案例。金龙农业专业合作社运作模式可以归纳为"土地流转＋项目"模式。合作社主要经营土地，对外跑市场、对内搞协调。成立合作社的目的就是通过土地流转实现土地集中，形成大片整体土地，如有农户不参加，则经村委会集体讨论决定以地换地，合作社购买农业机械进行土地平整。如2009年的养牛场项目，就是主要以合作社名义与公司洽谈，确立合作社所占股份，再拿出来向村民招股。合作社成功的关键是土地流转，没有土地流转，合作社就无法进行。2007年，金龙农业专业合作社的第一个冬瓜项目，流转土地20亩，利润率达400%。到2010年，合作社共流转土地1800亩。一亩地的租金是300—500元，土地租金年递增10%。土地流转不改变土地用途，在没有项目或项目接不上时，土地免费给村民耕种。金龙农业专业合作社的案例为我们提供了通过合作社的形式，实现土地流转，突破农民经济合作组织发展的行政区划的限制，扩大合作社的规模和覆盖范围，以提高农民组织化程度的有益借鉴。

（三）如何正视市场逻辑

现代社会是一个"组织化"的社会，任何人都无法离开组织而有效地争取和维护自身的权益。从离散走向组织化是现代化进程的一个重要内容。农民组织化是解决现代化进程中"三农"问题的重要途径之一。如何促进农民组织化发展，既是一个实务问题，也是一个学术问题。由市场逻辑推动的农民经济合作组织是农民组织化的重要途径之一。农民组织是农民组织化的重要标志，只有促进农民组织的进一步发展，才能真正提高农民组织化的水平和程度。但是，农业生产规模的狭小和农村行政区划的碎片化构成了当前的农民组织进一发展的体制障碍。突破这种体制障碍的因素本身就存在于市场逻辑当中。

第四章 农民组织化发展的主体分析

农民组织化发展的主体是指由谁来组织农民的问题。乡村精英、龙头企业、地方政府在农民组织化发展中都可以发挥主体作用。由不同主体主导的农民组织化具有不同的发展逻辑。本章通过案例分析，主要从农民组织化发展的主体角度深入探讨农民组织化发展的路径和条件。

第一节 乡村精英与农民组织化发展

在组织的生成发展中，精英是一个重要角色。农民组织化离不开乡村精英，而农民组织也是乡村精英追求自身利益以及发挥对村庄影响的重要载体或平台。通过对乡村精英与农民组织化发展内在逻辑的揭示，可以寻找农民组织化发展的现实路径。

一、文献与问题

组织与组织化是两个既相区别又关联密切的概念。组织是组织化的载体，而组织化则是组织的生成过程。西方学者有关组织的研究文献既丰富又多样，并形成了组织理论、组织行为和管理理论三个既相互区分又紧密关联的学术研究领域①。经典的组织理论主要研究组织特别是复杂组织如何以及为何如其所是的行动，却较少关注组织化问题，即组织是怎么建立起来的。事实上，组织化是组织理论研究的重要内容之一，组织生长是组织发挥社会作用的前提。在现有的为数不多的组织化研究中，最具代表性的是科斯的交易成本理论和制度经济学的制度变迁理论。根据科斯的分析，任何一种组织的建立都是为了节省"交易成本"，亦即在市场上订立不同生产和销售合同所需要的成本。农业企业公司之所以存在，就是为了把这些不同部分整合于一个公司，借此来节省交易成本。而其规模则取决于进一步扩大公司与分别在市场上交易间的不同边际成本。根据科斯的交易成本理论，我们之所以需要组织，是因为要尽可能降低交易成本②。但是，科斯的交易成本理论模型仅仅解释了组织生长的原因，却没有揭示组织到底是怎样形成的。除了科斯的交易成本理论外，制度经济学主要从制度角度研究组织的生长。在制度经济学看来，制度概念包括组织的含义。因为一个组织所接受的外界给定的行为规则是另一组织的决定或传统的产物，因此制度和组织在某种意义上是等同的。制度变迁理论提供了组织生长的两种方式，即强制性制度变迁与诱惑性制度变迁。但制度变迁理论关注组织的成长，却没有揭示初级组织的生长过程。同时，无论是交易成本理论还是制度变迁理论，都没有从微观角度观察和分析组织生长的过程，特别是忽视组织生成中的精英因素。事实上，现代组织的产生，一方面源于社会的需要，另一方面离不开社会精英。现代企业是现代企业家的制度创新，而国家这种大型组织的产生既反映了社会对公共权力的需求，也反映了社会精

---

① ［美］乔纳森·R. 汤普金斯：《公共管理学说史——组织理论与公共管理》，夏镇平译，上海译文出版社 2010 年版，第 2—3 页。

② Coase R. H. (1990)，*The Firm*，*the Market*，*and the Law*. Chicago：University of Chicago Press.

英对公共权力的追求。因为组织是权威存在和施展的基础。任何追求公共目标的个人或集团都必须建立并依赖组织的发展。

在国内学术界，有关组织化的研究主要针对农民组织化这一具体的论域，并产生了大量学术成果。根据农民组织化的组织主体的不同，学者们提炼出有关农民组织化发展的三种不同的生长机制，即政府机制、市场机制和自组织机制。农民组织化发展的政府机制强调政府是促进农民组织化发展的一种重要力量，主张通过政府引导组建各种农民经济合作组织。而市场机制则主张通过龙头企业来促进农民组织化发展。在农业产业化经营中，龙头企业采取不同形式的联合方式与农民结成经济利益关系，农民通过龙头企业这个中介实现组织化。无论是政府机制还是市场机制，在促进农民组织化发展方面均发挥了十分重要的作用，但是也存在诸多问题。以市场机制为例，由于企业以追逐盈利最大化为组织原则，尚未与农民形成利益共享、风险共担的机制，未能向农民提供及时、廉价、有效的农业社会化服务。因此，由龙头企业带动的农业组织化过程中，农民组织化程度不高，特别是农民尚不能成为真正的市场主体。与政府、企业这些外在于农业生产的组织主体不同，自组织机制强调乡村精英（俗称经济能人）在农民组织化发展中的主体作用。自组织机制即由农民自己（通过经济能人）实现自我组织和自我发展，即实现农民从分散状态走向集体行动的过程。因而具有明显的内在性，也具有比其他主体更为明显的组织意义。

现有的文献过于从宏观层面分析组织问题，主要把农民组织本身作为基本的分析单位，而非微观的观点——即以农民个体作为基本的分析单位，揭示农民为什么要组织起来以及农民如何组织起来，因而无法提供一个农民组织化的动力学分析。本书在检讨有关组织理论研究存在的问题的基础上，着重从农民个体角度分析农民组织化问题，主要分析乡村精英与农民组织化的内在关系。探讨的问题包括：（1）乡村精英为什么需要农民组织?(2)乡村精英如何推动农民组织的生成?(3)在农民组织的生长中,乡村精英发挥了什么作用?

二、乡土社会、差序结构与乡村精英

农民组织化存在于特定的村庄场域中,中国乡土社会的社会结构构成农民组织生长的社会环境,了解中国乡土社会及其社会结构,有助于我们诊断并解决农民组织化发展中的真正问题。

费孝通认为,中国乡土社会的社会结构是一种不同于西方团体结构的差序结构。"西方的社会组织像捆柴,他们常常由若干人组成一个个的团体。团体是有一定界限的,谁是团体里的人,谁是团体外的人,不能模糊,一定得分清楚。"[①] 而中国乡土社会的基层结构是一种"差序结构"。在差序结构中,社会关系是逐渐从一个一个人推出去的,是私人联系的增加,社会范围是一根根私人联系所构成的网络。在同一地域生息劳作的家族依靠地缘关系组成村落共同体,构成以共同习俗和规范为纽带的自治群体,这是一个一切以传统为准绳的封闭、自律的社会生活组织[②]。从组织生成角度来看,中国乡土社会的差序结构孕育了中国农民特有的组织化模式,即以"己"为中心的组织化发展模式,其实质就是一种按照亲属关系的远近向外扩展的亲属关系网。因此,组织生成具有个人性、伦理性和地域性等特征。个人性是指经济能人对于组织生成具有绝对的意义。伦理性强调组织内部的人际关系伦理本位结构。正如梁漱溟所指出的那样,"以伦理组织社会"。[③] 地域性是指由于个人的亲属关系的局限性,决定了农民组织的边界往往没有超越地域的范围。

在中国乡土社会的差序结构中,乡村精英是理解农民组织化发展

---

① 费孝通:《乡土中国 生育制度》,北京大学出版社 1998 年版,第 25 页。
② 苏国勋:《理性化及其限制——韦伯思想引论》,上海人民出版社 1988 年版,第 153 页。
③ 梁漱溟:《中国文化要义》,学林出版社 1987 年版,第 79—80 页。

的关键因素，是农民组织化的推动者。在传统中国，存在着两种不同的治理结构，它的上层是中央政府，并设置了一个自上而下的官制系统；它的底层是地方性的管治单位，由族长、乡绅或地方名流掌握①。这些族长、乡绅或地方名流构成传统中国的乡村精英。乡村精英并非任何人都可以胜任，财富、学识及其他在地方群体中的公共身份构成乡村精英的必要条件。也就是说，必须同时拥有这三种资源，才能成为乡村精英②。正是由于乡村精英的存在，在传统中国的"官府—民间"架构下，民间社会基本上形成了自治格局，各种基于宗族、市场的等级组织或巢状组织等民间组织极为发达。这些组织、规范和非正式人际关系网构成国家权威存在和施展的基础③。在现代化进程中，革命将农村的权力结构翻转过来，乡村也丧失了起码的自我组织、自我调节的功能，所有的活动都得依赖于国家政权的推动④。而伴随着乡村精英流失而来的，是乡村社会各种自组织的瓦解。

新中国成立以后，为了克服旧中国"一盘散沙"的状态，重新组织化成为中国现代化运动的一个重要内容。国家政权在农民组织化发展中发挥了重要作用。在消灭了传统的乡村精英的同时，新政权着力培养新型乡村精英。新型乡村精英依靠阶级出身、政治忠诚获得新政权的认可和培养，而新政权也正是依靠这些新型乡村精英得以进入乡村社会，推动农民建立互助组、成立合作社，推动农业集体化运动。

---

① 王先明：《近代绅士——一个封建阶层的历史命运》，天津人民出版社1997年版，第21页。

② 张静：《基层政权：乡村制度诸问题》，世纪出版集团、上海人民出版社2007年版，第18页。

③ [美] 杜赞奇：《文化、权力与国家：1900—1942年的华北农村》，王福明译，江苏人民出版社2010年版。

④ 张鸣：《乡村社会权力和文化结构的变迁（1903—1953）》，陕西人民出版社2008年版，第5页。

农村改革以来，伴随着农业市场化发展，乡村精英经历了由"政治"精英到经济精英的完美转型。那些在市场经济条件下率先致富起来的新一代农民构成乡村精英的主流。在市场逻辑的推动下，分散的农民经历了一次再组织化过程，即农民基于自由、自愿的原则，根据国家法律、法规，为了更好地实现、保护和促进自身利益而联合起来建立各种农民组织。从村民自治组织到农民经济合作组织，乡村精英发挥了重要的组织作用。目前，农民经济合作组织成为农民组织化的新载体和发展方向。根据相关资料显示，就全国而言，我国的农民经济合作组织目前虽已超过了 15 万个，农民专业协会占 65%，农业专业合作社占 35%；但参加合作组织的农户仅有 2363 万户，占全国总农户数的 9.8%[1]。就 G 省（区）而言，据 G 省（区）工商局统计，到 2012 年上半年，全区农民专业合作社发展到 10281 家，其中，桂林市登记的农业专业合作社共 2024 家，居全区第一，其次依次为玉林市（1918 家）和南宁市（1246 家），成员总数 10 多万人[2]。在农民经济合作组织的生成模式上，主要存在政府组建、企业组建和能人组建三种模式。农村经济能人组建是农民经济合作组织生成的主要模式，由经济能人带动的农民经济合作组织占到整个农民经济合作组织的 60% 以上。可以说，农民组织化发展离不开乡村精英的推动。乡村精英是农民经济合作组织的发起者、管理者和经营者。

三、乡村精英与农民组织生长

农村改革特别是农业市场化发展，农村社会结构出现的一个最大变化就是乡村精英阶层的兴起。一般而言，精英是相对于普通民众而

---

① 上官酒瑞：《从差序格局走向团体格局——农民组织化与乡村和谐社会建设的政治学视野》，《政治与法律》2009 年第 1 期。

② 资料来源：G 省（区）工商局。

言的，其区别就在于可供分配的社会价值中所占的份额。这些可供分配的社会价值包括权力、财富、地位和声望等。"取得价值最多的人是精英，其余的人是群众"①。乡村精英是指那些在乡村中具有相对资源优势，其社会影响力超过一般村民平均社会影响力的那类村民②。根据乡村精英与体制的关系，一般可以分为体制内精英和体制外精英两种类型。体制内精英是指获得国家政权体系认可的治理精英，主要包括村干部，广义的村干部还包括村党支书和自然村屯的村（组）长；而体制外精英则是指活跃在私领域中的由私营企业主、个体劳动者、乡镇集体企业管理者、农业经纪人等组成的非治理精英③。体制内精英主要依靠体制支持获得治理权威和利益，而体制外精英主要依靠农民组织来获得权威和利益。正是由于乡村精英的权威获取和利益获取方式不同，导致了这两种不同类型的乡村精英对农民组织化发展产生不同的影响。

（一）G市农民组织化发展的基本情况

G市位于G省（区）东南部，是一个农业大县（县级市），是全国农林牧渔业总产值百强县，2011年获评国家"全国粮食生产先进单位"。全市耕地面积127万亩，但人均农业资源十分稀缺。G市是G省（区）第一人口大县，截至2010年末全市总人口183.7万人，人地关系十分紧张。自2007年7月《中华人民共和国农民专业合作社法》（以下简称《合作社法》）施行以来，G市农民专业合作社发展迅猛，组建了一大批涉及种植业、林果业、畜牧水产养殖、农产品加工销售、农机服务等领域的专业合作社，带动了农业优势产业发展和促进农民收入增

---

① ［美］哈罗德·D.拉斯韦尔：《政治学：谁得到什么？何时和如何得到？》，杨昌裕译，商务印书馆1992年版，第3页。

② 贺雪峰：《新乡土中国》，广西师范大学出版社2003年版，第159页。

③ 陈潭等：《治理的秩序——乡土中国的政治生态与实践逻辑》，人民出版社2012年版。

加。从 G 市工商局获得的合作社台账来看，2012 年，G 市注册登记成立的农民专业合作社达 230 家，发展社员户 6 万多户，涉及全市 26 个乡镇的 350 多个村，辐射带动农户 20 多万户。

表 4–1　2007—2011 年 G 市农民专业合作社发展状况

(单位：家)

年份	数量	比上年增加
2007	1	—
2008	29	28
2009	122	93
2010	178	56
2011	209	31

数据来源：G 市工商局。

从表 4–1 我们可以看出，《合作社法》出台以后，G 市农民专业合作社出现了迅猛发展的势头，从《合作社法》出台当年的 1 家增加到四年之后的 209 家，2009 年发展最为迅猛，比上年增加了 93 家，随后增速慢慢递减。《合作社法》刚出台时，酝酿已久的获得合法地位的巨大需求与基层政府的极大热情相结合，使合作社迅猛增加；随着需求得到了满足，新的需求需要积累，使合作社发展速度放缓。

农民经济合作组织的产业分布情况能反映该地区农民经济合作组织的发展与本区域农业产业是否契合，也可以反映其发展程度。根据 G 市农业局提供的全市农民专业合作社的发展数据，我们对 G 市农民专业合作社发展的产业分布绘制如表 4–2 所示[①]：

---

① 我们手头上有两个不同的数据，一个是贵港市农业局提供的全市合作社的台账资料，一个是 G 市农业局的政府工作汇报中提供的数据，本表采用的数据是贵港市农业局的台账，得出的结果与 G 市农业局政府工作汇报中的有细微的差别，部分原因是分类上的不同，因此本表的数据是可靠的。

表 4–2　G 市农民专业合作社产业分布表

产业	养殖业	种植业	林业	农机	加工业	合计
数量（家）	81	95	9	36	3	224
占比（%）	36.2	42.4	4.0	16.1	1.3	100

数据来源：G 市农业局（截至 2012 年 5 月）。

从表 4–2 我们可以看出，G 市的农民专业合作社绝大多数分布在种植业和养殖业上，两大产业占比达 78.6%，农机合作社占比达 16.1%，林业中占比只有 4%，而加工业最少，只占 1.3%。由此我们可以看出，G 市农民专业合作社发展主要还是分布在传统的种植业和养殖业，农机合作社的发展有着十分突出的表现。

我们根据 G 市的地理区位及农业特点选择了 6 个乡镇 6 个村庄的 6 个合作社作为调研对象。我们将通过对这 6 个合作社的分析，主要关注乡村精英与合作社成立的动力、合作社的规模、合作社成立以后的发展状况、合作社取得的成效和经验、合作社发展过程中遇到的困难、政府在合作社发展过程中的作用等方面来认识 G 市农民经济合作组织的发展状况。

（二）乡村精英与农民专业合作社发展

1. 乡村精英是农民组织化发展的内生动力。通过对这 6 个合作社（见表 4–3）的访谈来看，这些合作社都是由乡村精英牵头成立的。农民组织的生成一般都遵循这样的路径：农业市场化发展导致的大市场与小农生产的矛盾形成了农民组织化发展的客观需要，乡村精英包括体制内的治理精英（村"两委"委员）和体制外的非治理精英（种养大户、经济能人）带领农民成立农民专业合作社。合作社成立后，地方政府及其职能部门提供公共服务，办理登记注册，并制定规章制度，实现农民组织的规范化发展。这说明这些农民经济合作组织的成立基本都是农民自发成立的，其中，一个非常重要的条件就是带头发起的力量，即经济能人，也就是乡村精英起了关键作用。6 个合作社基本上都是由经济能人、种养大户牵头成立的。可见，乡村精英是农民组织化发展的内生动力。这种由乡村精英牵头成立的合作组织比由外力力量（农业企业或地方政府）推动的农民组织更具有内生性，也更具有自我发展的能力。

表 4-3　6 个分析样本的基本概况

发起人	精英类型	地域分布	组织名称	组织类型
覃某某	体制外	石龙镇石龙村	振龙农机合作社	合作社
骆某某	体制内	南木镇金龙村	金龙农业专业合作社	合作社
潘某某	体制外	木乐镇广仁村	南华种植专业合作社	合作社
黄某某	体制内	麻垌镇大上村	上鸪荔枝专业合作社	合作社
黄某某	体制外	金田镇彩村	丽泉黄沙鳖养殖经济专业合作社	合作社
覃某某	体制外	马皮乡祝兴村	丰登种养专业合作社	合作社

资料来源：实地调查（截至 2012 年 8 月）。

2. 为什么乡村精英热衷于组建农民组织呢？一方面，这是因为乡村精英（种养大户）本身有着这方面的需要，通过合作社，他们可以扩大自己的种养规模，提高自身的竞争能力；另一方面，农民组织化也需要以种养大户和经济能人为主的乡村精英，因为种养大户和经济能人不仅具有较强的经济、技术和经营能力，而且在"一盘散沙"的农村地区具有较高的地位和威望，得到了群众的认可，因而具备了比较强的组织能力，能够把其他的农户凝聚起来。据 G 市农业局统计，G 市已有 172 家专业合作社是由种养大户或经济能人组建的，占专业合作社总数的 85.2%，呈现出一个经济能人牵办一个合作社、搞活一个特色产业的良好局面。

相对于体制内精英，体制外精英更热衷于建立农民组织。体制外精英一般是指农村经济能人，但这些经济能人并没有结合进村级准"政权"组织。由于体制外精英不掌握村庄公共权力，缺乏权威资源，在农村公共资源的利用上不占优势。但相较于体制内精英，体制外精英有更为强大的经济实力与经营能力，他们无论是要参与村庄治理，还是要扩大自己的种养规模以便获得更大的利益，都更热衷于建立农民组织。体制外精英建立的农民组织一般集中在养殖业，如丽泉黄沙鳖养殖经济专业合作社的创办人黄某某，是 G 市最早一批黄沙鳖养殖专业户，1997 年开始养殖黄沙鳖，最初建设养鳖池 0.2 亩，养殖黄沙鳖 400 多只，2003 年庭院养殖黄沙鳖 45 亩，年产值 293 万元，年利润 217 万元，2008 年养殖规模达 230 亩，产值 2470 万元，实现利润 1640 多万元。在从事黄沙鳖养殖过程中，为了扩大规模，稳定市场，他带动其他养殖户成立了 G 市金田黄沙鳖养殖协会，2008 年改为合作社。合作社主要为会员提供种苗、技术、市场等服务。石龙镇振龙农机合作社的覃某某，本身是一个农机大户，对农机经营服务已有近二十年的经验，精通农机服务、农机维修、机务管理业务，头脑精明灵活，为人公道正直，有奉献精神，深受社员信任，在村里和乡里都享有很高的威望。在他的组织带领下，合作社社员团结互助，向心力、凝聚力都很强，经过四年多时间的成功运作，合作社不断发展，社员的收入不断增加，合作社社员间信任度和凝聚力也越来越大。

3. 精英类型与农民组织化发展绩效的关系。农民组织化是乡村精英推动的结果，但是，不同类型的乡村精英对于农民组织化发展又具有不同的影响。在我们调研的 6 个分析样本中，G 市的金龙农业专业合作社、麻垌镇上鸪荔枝专业合作社是由村级组织引领兴办的。也就是说，这两个合作组织的带头人都担任村干部，由于体制内精英具有正式权威，更容易获得组织资源，可以通过村级组织来发动和组织农民专业合作社。以 G 市第一家农民专业合作社——金龙农业专业合作社为例，该社就是村党支部书记骆某某发起成立的。体制内精英依托村"两委"

的合法权威，使得合作社发展具备了良好环境，能够解决合作社发展过程中面临的土地、农田水利、道路设施建设等种种问题。该社最先开展土地流转入股，通过发动群众入社，以土地入股方式，推进农村土地经营权的流转，开展集约化经营。合作社经过三年多运作，入社农户由成立初的 23 户发展到目前的 297 户，集约土地由原来的 25 亩发展到现在的 2500 多亩，各个种养项目蓬勃发展。2011 年，合作社社员人均纯收入 5870 元，比上年增长 34.8%，入社社员比普通农户人均纯增收 800元。该社以联合社员土地入股来拉动土地承包经营权流转，是农民经济合作与土地流转协调发展的成功经验，得到了自治区各级政府的认可，成为自治区土地流转的试点村。而另外 4 家合作社则是由体制外精英牵头成立。以丽泉黄沙鳖养殖经济专业合作社和马皮乡祝兴村的丰登种养专业合作社为例，丽泉黄沙鳖养殖经济专业合作社由养鳖能人黄某某牵头成立，会员人数和覆盖范围很广，甚至有广东的养殖户入社，但是合作社主要为会员提供种苗、技术、市场等服务。而马皮乡祝兴村的丰登种养专业合作社理事长覃某某是一个种粮能手。由于与广东、香港的稻谷收购商有销路上的联系，按他们的要求进行类似订单农业式的生产，便在木圭、木乐、马皮三个乡镇总共租赁 1200 多亩土地种植早晚稻与冬种马铃薯，并从水田耕作、插秧到收割环节实现了全程机械化生产，其所组建的丰登种养专业合作社并没有实际的运作。

四、乡村精英与农民组织化发展存在的问题与对策

（一）乡村精英与农民组织化发展存在的问题

1. 乡村精英的个人素质问题。农民经济合作组织一般由乡村精英创办，符合中国乡土社会的差序格局下农民组织化发展模式。因为差序格局就是一种以"己"为中心的组织化发展模式。乡村精英对于农民组织的生成具有绝对的意义。乡村精英是农民组织化发展的带头人，但带

头人的个人素质往往决定了农民组织发展的成败。好的带头人往往能带动农民经济合作组织和村庄事业的发展。如振龙农机合作社和上鹄荔枝专业合作社，它们的剩余资金不是简单地用来给社员分红，而是发挥资金集中的优势用于村庄的公共事业，促进村庄水利道路等基础设施的改善，这在公共资源匮乏的村庄是十分难得的。因为合作社作为一个社区性质的组织，通过对村庄的反哺，不仅能够起到凝聚社区、建设社区的作用，而且也为自己的发展赢得了更多的群众支持，改善了自身的发展环境，形成合作社发展与村庄建设共同促进的良好局面。但是，由于农民很难克服自身的狭隘性和自私心，也有一些带头人为了自己的利益难免损害社员的利益，最终导致人心涣散，合作社发展停滞。可见，个人素质好的乡村精英往往能带活一个合作社，而个人素质差的乡村精英则会导致合作社运转不起来，名存实亡。

2. 农民经济合作组织的规模问题。由乡村精英组建的农民经济合作组织规模偏小，是当前我国农民组织化的普遍问题。我们可以根据入社人数、带动农户数和覆盖范围三个指标来分析农民经济专业合作社的规模问题。

表4-4　6个分析样本的规模分析

评价指标	最少	最多	平均
入社人数（个）	5	280	104
带动农户数（户）	5	2335	670
覆盖范围	自然村	跨区县	

资料来源：实地调查（截至2012年8月）。

由于6个分析样本异质性程度比较高，涵盖种植、养殖和农机，决定了6个分析样本的规模差别比较大，很难得出一个统一的结论。但仔细对比，我们可以发现，类似于养殖方面的合作社组织规模比较大，但合作社主要是以提供技术服务和销售为主要业务；而种植类型的合作社比较容易受到村社范围和土地边界的制约，因此规模比较小。但不管规模大小，它们都有一个共同的特点，就是以村庄为基本的依托。

3.农民经济合作组织的规范问题。尽管从硬件来看，这6个分析样本都具备了组织成立的法律要件，包括依法登记注册、具备办公场所、成立了组织机构等，但是，在组织运行上，仍存在着不同程度的规范问题。

表4-5　6个分析样本的规范问题

组织名称	是否注册	有无章程	有无固定办公地点	有无内部治理结构
振龙农机合作社	✓	✓	✓	✓
金龙农业专业合作社	✓	✓	✓	✓
南华种植专业合作社	✓	✓	✓	✓
上鸪荔枝专业合作社	✓	✓	✓	✓
丽泉黄沙鳖养殖经济专业合作社	✓	✓	✓	✓
丰登种养专业合作社	✓	×	×	×

资料来源：实地调查（截至2012年8月）。

如在6个样本合作社中，有5个合作社具有完整的组织结构，包括社员大会、理事会、监事会，但是很少运行。重大决策往往由组建的经济能人或带头人说了算。关于合作社负责人的产生办法，更是没有一个合作社通过会员大会选举产生，往往都是由带头人的威信自然形成。有关合作社的内部治理，大部分仍停留在家庭式的管理模式阶段，办公地点在经济能人的家中，专业合作组织的财务人员往往由经济能人的家人或亲戚担任，合作社的利益分配不规范也不透明。同时，在由经济能人带动的专业合作社中，入社社员往往很难参与合作社的管理活动，各种规范制度沦为具文。

（二）提升农民组织化发展的对策

1.培育乡村精英。在农业市场化条件下，涌现出一大批农村经济能人，农村经济能人在村庄中享有较高的声望和号召力。但是，经济能人并不能自动转型为乡村精英。乡村精英除了具有经济能人的一般属性外，还必须具有公共性，公共性是乡村精英的内在要求。乡村精英是指活跃在村庄的公共领域，具备一定科学文化素质和管理技能，具有一定的社会资源，并利用这些资源积极地参与村庄公共事务和公共管理的人才，俗称村庄领袖，主要包括农村公共部门的村干部、基层党组织成员、农村民间组织负责人、农民经济合作组织负责人等。

由于农民很难克服自身的狭隘性和自私心，一些经济能人基于自身及家庭利益很少关注村庄公益事业。在一些比较发达的农村地区，经济能人的出现并没有带动村庄经济社会的发展，其从事的经济活动如大规模养殖、资源消耗型的加工制造业反而带来了农村整体生态恶化和环境破坏。培育乡村经济能人，关键是实现经济能人向乡村精英的角色转变。为此，首先需要为经济能人提供推动村庄公益事业的公共身份，推动经济能人公共德性的成长。同时，还需要为经济能人向乡村精英的转化提供保障和鼓励，通过财政补贴以减弱私人提供准公共物品的利益耗损和吃亏心理，以各种表彰承认和支持经济能人的公益行动，促进经济能人的公共性成长。当经济能人成为村民的意见领袖的时候，赋予经济能人以公共身份，即选拔经济能人担任村庄公共职位。通过培养，克服经济能人的私人性，增强其公共性，实现经济能人向乡村精英的转型。另外，需要加强对乡村精英组织能力的培养。乡村精英是农民组织化发展的内生动力，但乡村精英的素质参差不齐，好的带头人往往能带活一个合作社，差的带头人会导致合作社运转不起来，名存实亡。所以挖掘和培养乡村精英，是农民组织化发展面临的一大要务。

2.体制吸纳。体制内精英对农民组织化的发展发挥了巨大的作用。

在农村中，村"两委"是受到政府部门认可的最有权威的农村正式组织，通过吸纳体制外精英进入村"两委"，一方面可以提升乡村精英的治理权威，发挥其在农民经济合作组织中的独特作用；另一方面，由于乡村精英获得公共职位，可以增强乡村精英的公共性，除了带动村庄经济发展，增加农民收入，还可以解决村庄治理中的诸多难题。吸纳经济能人担任村干部也是一个互利共赢的过程。村干部的身份代表了村庄其他岗位所不具备的政治资源，担任村干部的人可以方便、合法地使用该政治资源，从而增加其组织能力。在村民自治的制度框架下，乡村精英通过选举、入党等途径进入村庄公共权力领域，各地方政府在具体政策上也形成了对乡村精英的吸纳机制。比如，"将党员培养成为致富能手，将致富能手培养成为党员，将党员致富能手培养成为村干部"三项培养活动。再比如，浙江省委组织部和省民政厅早在1995年发出的《关于认真做好村党组织换届选举工作的意见》就要求将那些能带领群众共同致富的人选为村领导人。基于乡村精英在农民组织化发展中的作用及存在的问题，需要各地方政府和基本组织改变观念、广开渠道，打破地域、身份、职业、经历等条件限制，面向农村经济能人、种养大户、退伍军人、外出务工返乡优秀农民、私营企业主等优秀群体择优培养、重点培养，通过体制吸纳机制，实现体制外精英向体制内精英的转变。

3. 发挥政府的作用。尽管乡村精英在农民组织化发展中发挥了动力作用，但是，这种由农村经济能人组建的农民组织存在着规模小、地域性强、规范化程度低、内部治理混乱、个人色彩强烈、农民入社意愿低下等问题。克服这些农民组织化发展中存在的问题，需要发挥地方政府的作用。一是扶持。在农民组织化发展过程中，必须坚持"农民为主、政府扶持、多方参与"的原则。农民经济合作组织的建立最初是一种农民自发的行为，为的是抱团共同应对变幻莫测且竞争激烈的外部市场，提高自身的市场谈判能力和争取更多的利益。实践证明，尽管农民对经济合作有着充分的客观需求和强烈的主观需求，但没有政府的认可和扶持，农民经济合作组织是很难发展壮大的。政府的宣传、推动、服务以及支持在农民组织化发展中也发挥了巨大作用。二是规范。在农民组织成立之初，地方政府相关部门要加强农民组织的规范化引导，包括注册登记、帮助制定组织章程、完善农民组织的内部治理结构，加强对农民组织活动的有效监管。三是整合。针对农民组织规范小、服务半径短、功能单一等问题，地方政府各部门需要引导各类农民组织实现从资源整合到组织整合的过程，促进农民组织朝向更大规模、更加完善的结构和功能方面的发展。

中国农村在经历了去组织化之后又重新回到组织化的发展轨道。研究农民组织化问题，具有理论与实践上的双重价值。改革开放以来，中国农民经历了一次再组织化过程，但由于农民组织化程度低下，无论是在化解市场风险，还是在增强谈判能力方面都处于弱势地位。研究农民的组织化问题，提升农民组织化程度和水平，增强农民集体行动能力，无疑对于农村社会经济发展具有重要的实践价值。

农民组织化是农民在市场经济条件下自我组织、自我管理、自我发展的过程。在农业市场化的推动下，中国农村社会结构出现的一个重大变化就是乡村精英群体的崛起。乡村精英是推动农民组织化发展的重要力量，也是农民自组织发展的动力机制。研究乡村精英与农民组织化发展的互动关系，一方面可以揭示中国乡村社会差序格局下的农民组织化发展的本土化路径，另一方面也可以丰富已有的组织理论，为组织生长提供一种更为精致的社会学视角。

第二节　资本下乡与农民组织化发展

资本下乡，建立现代农业经营模式，是推动农民组织化发展的一项重要机制。自农村改革以来，农村经济社会发展始终面临资金、人才和农业组织等资源约束。随着农民进城和农业经营环境的改善，资本下乡即外部资本进军农村从事现代农业经营活动成为一种新的社会现象。基于资本下乡的负面影响以及农村社会稳定，中央政府刚开始时采取一种谨慎的态度。早在 2001 年《中共中央关于做好农户承包地使用权流转工作的通知》（中发〔2001〕18 号）中就已经指出，为稳定农业和农村，中央不提倡工商企业长时间、大面积租赁和经营农户承包地。但是，要实现传统农业向现代农业发展转变，推动农业规模经营，建立现代农业经营体系，资本投入是一个重要的促进因素，也是一种必然选择。2013 年中央一号文件明确指出鼓励和引导城市工商资本到农村发展适合企业化经营的种养业，试图通过培育壮大龙头企业，以提供农业产业化资金和创新农业生产经营体制。由于得到了国家的认可与肯定，"资本下乡"将成为新一轮农村改革与发展的外生变量，为农业经济社会发展注入强劲动力。正如徐勇教授指出的，传统家庭承包经营只有土地和劳动两个简单的生产要素，难以实现农业规模效益。资本下乡给农村增加了资金、技术、知识等新的生产要素，具有扩张特性的资本与传统生产要素进行最优化配置，使传统农业经济向现代农业经济转型①。

一、资本下乡与农民组织化发展问题的提出

首先，自农村改革以来，以家庭经营为主的农业发展始终面临资金的约束，社会资本、工商资本等外来资本进入农业将有助于改变农业资金投入不足的局面，也可以改变农业基础设施建设和管理所面临的困境。其次，资本下乡还将带来农业经营理念和方式的巨大转变。相对于传统的家庭经营而言，资本下乡将有助于建立现代农业经营管理体系，

---

① 徐勇：《现代国家乡土社会与制度建构》，中国物资出版社 2009 年版。

实现农业生产要素的横向整合和农业经营的产加销纵向一体化，更好地适应农业市场化发展的要求。不可否认，现代农业离不开资本，在农业内部无法积累足够的农业资金以启动农业产业化经营的背景下，资本下乡无疑是现代农业发展的必然趋势。

但是，资本下乡也带来了另一个问题，即资本与农民的关系问题。相关的研究成果可以反映出学者们对资本下乡的两种不同态度。在舒尔茨看来，改造传统农业，必须加强对农业的资本投入，同时必须"向农民进行特殊的投资，使他们获得新技能和新知识，以实现农业经济增长"[①]。黄宗智指出，小农与资本结合后反而使小农家庭生产更加稳定[②]。但也有部分学者持否定或不支持态度。贺雪峰指出，政府因为"大农情结"推动资本下乡而进行大规模的农地流转，不利于粮食生产、农民增收和农村基本秩序的维护[③]。陈锡文认为，资本下乡租赁土地，易导致侵犯农民利益和部分失地农民难以就业的问题[④]。在仝志辉、温铁军看来，农业市场被农村外部资本主导，资本作用增强及其作用半径增大造成农户分化，必将形成"大农吃小农"的局面[⑤]。总之，资本下乡可能带来对农民权利的侵害问题，从而导致资本与农民的冲突[⑥]。而农民对自身权利的维护同样带来外部资本从事农业经营管理的成本问题。因此，无论对外部资本而言还是对农民来说，出路都在于促进农民组织化发展。农民组织化既可以为外部资本提供良好的经营环境，也可以克服农民家

---

① ［美］西奥多·W.舒尔茨：《改造传统农业》，梁小民译，商务印书馆 1987 年版。

② ［美］黄宗智：《华北的小农经济与社会变迁》，中华书局 1986 年版。

③ 贺雪峰：《论农地经营的规模——以安徽繁昌调研为基础的讨论》，《南京农业大学学报（社会科学版）》2011 年第 2 期。

④ 陈锡文：《工商资本下乡后农民从业主蜕变成雇工》，《共产党员》2010 年第 17 期。

⑤ 仝志辉、温铁军：《资本和部门下乡与小农户经济的组织化道路——兼对专业合作社道路提出质疑》，《开放时代》2009 年第 4 期。

⑥ 吴杰：《河南一农民在承包地内被铲车碾死》，《南方周末》2013 年 3 月 29 日。

庭经营带来的农民原子化、分散化的生产生活状态，为农民的利益维护和表达提供了秩序性的组织路径。

资本下乡，为农民组织化发展提供了外生变量。那么，外部资本通过什么机制促进农民组织化发展？这是本节主要探讨的问题。资源吸纳是本节提出的一个重要的分析概念，不同的资源吸纳机制，形成了不同的农业经营模式，而不同的农业经营模式对于农民组织化发展具有不同的影响。本节第二部分主要构建一个资源吸纳的分析框架，第三部分通过一个县域经济发展的个案，分析资本下乡对农村资源的吸纳，以及资本对农民组织化发展的影响。最后一部分提出相应的对策。

二、资本下乡、资源吸纳与农业经营模式

资本下乡，首先必须实现与农村内部各种生产要素的结合，农村内部生产要素主要包括农村土地资源、劳动力资源和组织资源等。由于外部资本是一种组织化力量，而农村内部各种资源往往处于分散状态，因此，这种结合主要采取资本吸纳的方式来实现。在农地集体产权制度背景下，家庭承包责任制使农村内部各种生产要素处于分散状态，这种分散状态不利于现代农业发展。现代农业与传统农业的重大区别表现在农业发展方式、农业组织形式、农业产业体系和农业科技进步与创新等几个方面。现代农业，意味着农业生产的规模化、集约化、标准化、社会化和组织化。其中，组织化是现代农业生产规模化、集约化、标准化、社会化的组织基础。因此，在现代农业发展过程中，组织化构成现代农业发展的关键。资本本身就是一种组织化力量，资本下乡，就是要实现农业组织化发展。所谓农业组织化就是在农业生产过程中，以提高农业生产效率为目标，实现农业生产各要素的功能整合，使之构成一个相互联系、相互依赖的有机整体的过程。包括农业生产过程中的组织化、农产品销售过程中的组织化、农业服务过程中的组织化。可见，农

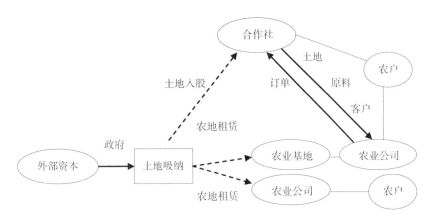

图 4-1　资本下乡与农民组织化发展示意图

业组织化是农业经营活动的组织化，其实质就是农业生产中各种资源要素的合理、优化配置。外部资本通过对农业生产各要素的吸纳，实现各种生产要素的合理、优化配置，实现农业的组织化。

以农村土地为例，资源吸纳主要通过土地租赁和土地入股两种方式加以实现。一是通过土地租赁成立农业公司，实现农业经营的横向一体化，形成公司经营模式；或建立农业基地，实行"公司＋基地＋农户"的农业经营模式。二是通过农户土地入股成立合作社，建立"公司＋合作社＋农户"的农业经营模式。这几种农业经营模式对于农民组织化发展具有不同的作用。

（一）公司经营模式

传统农业是一种自给自足的自然经济占主导地位的农业，其发展存在明显的边际报酬递减现象。而现代农业发展需要以现代生产要素为依托，这离不开农村外部资本的融入和助推。在城镇工商行业竞争激烈、成本上升、利润空间不断压缩的形势下，农村外部资本迫切需要开拓新领域，寻求逐利机遇。农村外部资本正是基于自身发展的困境，在顺应国家政策和经济发展趋势的形势下而投资农业。它们或抢占农村特色农业资源，或实现产品品类创新，或发展流通渠道，或开拓新市场，助推农业发展转型。而资本下乡首先必须实现与农村土地的结合，因为土地不仅是一种在农村普遍存在的与生俱来的资源，而且是人们的生产资料和劳动对象，是农业发展的基础性资源。在家庭承包经营的制度框架内，农地流转是农村外部资本获取土地资源的唯一途径。虽然农村外部资本通过农地流转把农村土地集中起来，但是无论是进入农业领域，还是农业观光、绿色旅游等非农领域，都面临着土地经营和管理的主体选择问题。众所周知，现代资本运营的主体是公司，外部资本下乡的一个重要载体是成立农业（分）公司。农业公司是一种农业生产横向一体化模式，这种模式通过运用公司制度，把农户组织在一个统一的经济组织之内进行管理，实质是一种将公司与农户的外部关系内部化的过程。同时，许多农业公司采取现代农业科技手段和生产工具，所需农业劳动力较少。因而，公司经营模式通过土地租赁从而把农民排斥在农业组织化体系之外，因而公司经营模式并不是农民组织化发展的有效模式。

（二）"公司+基地+农户"模式

在自由市场中，农村外部资本与农户进行农产品交易时是一种不持续的临时契约关系，双方承担了很强的市场风险。"公司+农户"组织形式的出现，一定程度上抵御了市场风险。但两个不同利益主体的交易成本很高，无法形成风险共担和利益共享的机制，存在大量的违约现象。外部资本为了降低交易成本和农户违约率，摆脱农户提供的农产品原料质量参差不齐的困境，期望建立标准化生产的农业基地。"公司+基地+农户"模式，是指由公司、农产品生产基地和农户家庭经营三个层次组成的经济联合体，按照农村主导产业或拳头农产品兴办农业公司（企业），以公司企业为龙头，以基地为依托，把广大农户组织起来从事某一专业农副产品的生产。"公司+基地+农户"模式，并不改变以承包责任制为内容的家庭经营，但由公司对农户经营加以组织和引导，形成一种农工商结合、产工贸一体化的新型农业经营体系。这种农业经营体系以公司为龙头、以基地为依托，以农户为基础。

基地是连接公司与农户的中介，农户的承包地转化为公司的基地，但仍然由农户经营管理，农户负责农产品生产，公司负责农产品加工和销售。这种模式，一方面节约了双方的交易成本，减少了市场风险，提高了农业效率；另一方面，公司通过农业基地向农户提供农业服务、组织和协调农户进行生产，把分散的农户组织起来。在"公司＋基地＋农户"的农业经营模式中，公司虽然可以把分散的农户组织起来，但主要是一种以资本为中心、以效率为目标的纵向组织化，而不是一种农民之间的横向组织化，即"参与主体主要由农民构成，是为了更好地实现农民的政治、经济利益或完成某种社会保障功能而组建民间团体的行动和过程"[1]。事实上，由于缔约各方信息不对称，通常会引发农户契约履行中的道德风险和公司契约签订中的逆向选择，而且农业基地的法律地位和法人资格不明确[2]。并且，公司掌握了基地的生产和运作的主导权，农民的权益无法得到保障。因此，通过农业基地来组织农民，不是农民组织化发展的路径选择。

（三）"公司＋合作社＋农户"模式

外部资本吸纳农村土地资源的第三种方式，就是通过组织农户以土地入股成立合作社，建立"公司＋合作社＋农户"的农业经营模式。对于外部资本来讲，其下乡经营农业是基于土地资源的经济供给具有稀缺性的特点，目的是获取有利可图的农村土地资源。如果直接租赁农户

---

[1] 程同顺等：《农民组织与政治发展——再论中国农民的组织化》，天津人民出版社2006年版。

[2] 牟大鹏、姚毓春、刘凌波：《"公司＋基地＋农户"的农业生产经营模式探析》，《经济纵横》2005年第9期。

的土地，公司势必会承担较高的交易成本和经营成本。在农户以土地直接入股公司会面临法律纠纷和失地风险的背景下，合作社作为农村互助型的经济组织，成为土地承包经营权入股的最佳载体。因此，公司凭借自身雄厚的资金、畅通的信息和先进的技术、成熟的销售渠道和品牌等优势，为节约获取土地的成本，往往成立合作社，并要求农户以其农地承包经营权入股，而自身则以资金等入股，并向农户承诺获得合作社的就业机会或以高于市场价格收购农产品，并保证不低于单个农户经营时的土地租金收益①。在"公司＋合作社＋农户"的农业经营模式中，农户以土地入股合作社，可以获得保底租金和股金分红。公司通过合作社这个载体，既可以将土地集中起来进行规模化的经营管理，也可以通过合作社方式与农户建立纵向的合约联结机制，公司为合作社提供订单等，合作社按照公司的标准提供原材料或客户。以土地入股合作社实际上成为外部资本进行农地流转的载体。通过合作社，不仅可以提高农村土地经营的效益，促进民主管理，符合国家政策精神，而且建立了合理、有效的利益联结机制，能保证农民从土地上获得长久、稳定的收益。因此，这种模式是资本下乡和土地结合的有效方式，也是农民组织化发展的重要载体。

三、资本下乡与农民组织化发展：个案分析

B县位于G省（区）中南部地区，有2100多年的发展历史。目前辖16个镇，192个行政村，1742个自然村，总人口105万人，属于典型的农业大县和人口大县。为了推动农业产业化发展，构建"北蔗、南桑、东菜、中粮、西部特色种养"的农业产业区域布局，积极推进城乡产业融合，县政府通过减免税收、土地出让优惠和财政扶持政策等招商

---

① 苑鹏：《中国特色的农民合作社制度的变异现象研究》，《中国农村观察》2013年第3期。

引资，积极引导资本下乡，推动现代农业产业化、规模化经营。2013年全县农户家庭承包耕地流转面积约为8.93万亩，比上年增加1.2万亩，增长16%，约占全县家庭承包耕地总面积的13%，流转出承包耕地的农户数约为1.75万户，约占全县总农户数的9.3%。在农地流转方式方面，土地流转有出租、入股两种方式。其中，2013年以股份合作方式流转的土地有5000亩，约占流转总面积的5.6%。而出租的约有5.24万亩，约占流转总面积的58.7%，成为B县农村土地流转的主要方式。2013年全县200亩以上的适度规模经营户有68户，多为农业公司、农民专业合作社和种植大户，面积3.6万亩，占流转总面积的40%，其中农业公司基本以租赁的方式流转耕地，面积约为1.6万亩，约占44.4%（见表4-6）。在林地流转方面，外部资本也基本以租赁方式流转耕地，租赁土地近10万亩种植速生桉。全县逐步形成以种植大户、农民专业合作社和农业龙头企业为主的现代农业经营主体，实现了农业经营体制创新。

表4-6　2013年B县农地流转情况

（单位：亩）

单位	承包耕地流转去向				承包耕地流转方式及其面积						
	流转入农户	流转入合作社	流转入公司	流转入其他	合计	转包	转让	互换	出租	股份合作	其他形式
各镇合计	56742	8587	16076	7879	89284	24484	0	6000	52448	5000	1352

资料来源：B县农业局。

（一）公司经营模式

土地租赁是外部资本下乡的一种重要方式。B县政府立足特色农业产业，通过招商引资，吸引一大批外部资本投资农业。如G省（区）

荷香人间现代农业科技发展有限公司、B 县吉祥园农业发展有限公司、G 省（区）永凯农业发展有限公司、B 县祥富源农业发展有限公司、南宁市英德肥业有限责任公司等 9 家农业公司，逐步形成了种养工厂化、农民工人化的特点。

荷香人间是 B 县政府重点招商引资项目，是由温州资本投资建设的万亩荷田休闲旅游观光农业生态园建设项目，位于 B 县 LT 镇东南约 2 公里处。项目计划总投入 2.36 亿元，规划总面积为 1 万亩，其中，稻、藕（荷）生产基地 5000 亩、旅游休闲农业生态示范园 2700 亩、旅游休闲农业体验园 2000 亩，其他设施用地 300 亩。项目从 2011 年开始实施，截至 2014 年 3 月，已经流转土地 1122 亩。其中，2012 年流转土地 192 亩，2013 年流转土地 600 亩，2014 年上半年流转土地 330 亩。在土地流转中，B 县政府发挥了重要作用。由于土地流转涉及基层稳定和项目能否顺利开展的问题，所以，在本项目与农户就土地流转问题开始接触之时，地方政府及相关部门就积极参与其中，通过地方政府工作人员进村入户召开座谈会、讨论会等形式，解答农户关于土地流转政策方面的疑问，使得相关工作能够顺利开展。对于有意向开展土地流转的农户，项目所在地镇政府积极为其与项目开发公司牵线搭桥，使得农户降低自行开展土地流转中的搜寻、谈判、履约等成本，让农户通过快捷准确的信息获得更多的利益和保障。由于土地流转涉及利益者众多，所以制定一个行之有效的规定是必然的事情。为此，镇政府积极参与到《土地流转租赁协议书》等规则的制定之中，从法律等角度予以指导，确保参与其中的企业和农户的利益得到充分的保障。尽管有了各种规则的制定，但是在实际土地流转过程中，总会因为各种原因导致某一参与方宁愿违反也不愿意执行规则的问题，比如一些农户尽管签订了协议，却因为某些突发的原因不愿意将土地经营权交出，或是企业拖欠租金等。此时，镇政府就会严格按照相关规则，协商解决这些问题，促使土地流转行为的顺利执行。近 3 年来，B 县政府共计扶持外来投资公司流转土地面积 12357 亩。

荷香人间聘请当地失地农民等各类工作人员 17 人，积极探索实行绩效考核、土地入股等现代企业制度。荷香人间除了发展现代休闲、观光农业外，还是全国优质莲藕生产基地和稻藕套种生产技术示范基地。目前，基地年产莲藕 12500 吨，稻谷 150 万公斤，实现农业总产值 3600 万元。荷香人间虽然能把分散的农户组织起来，一定程度上增加了农民的经济收入，但是，公司的容纳能力不足，决定了以雇工形式组织农民的数量十分有限。特别是像荷香人间这样科技含量较高的公司，聘用的员工多为专业技术人员和管理人员，大部分农民难以被雇用。也就是说，农业公司主要吸纳了农民的土地，进行规模化经营，但对失去土地的农民，公司并没有作出安排，也无法解决失地农民的再就业问题。正因为如此，公司在日常经营过程中，面临村民的诸多制约。

（二）"公司＋合作社＋农户"模式

资本下乡的另一种方式是成立专业合作社，建立"公司＋合作社＋农户"的农业经营模式。这种模式是公司让农户以土地入股，成立农民专业合作社，利用合作社把农户组织起来。

农业公司以农户承包土地入股成立合作社，实现对土地的吸纳。近年来，B 县合作社发展趋势迅猛，达到 226 家，主要围绕主导产业和特色优势农业产业发展。如表 4-7 所示，B 县的农民专业合作社主要集中在种植业和畜牧业，分别占该县农民专业合作社总数的 47% 和 17%，其分布区域也基本在特色农业资源地所在镇区。合作社年经营收入在 500 万元以下的占 85%，但年经营收入在 500 万元以上的也有 15%。服务内容为产加销的占 79%，加工服务仅占 3%。领办人基本是农村精英的占 92%，非农有 8%。这 8% 的领办人基本为农业公司，2013 年农业公司以农户土地入股的方式流转土地5000亩，约占流转总面积的5.6%，以合作社的方式组织农户900多人。合作社成员股金分红1350万元，比上年增长17%；盈余返还成员3317万元，占年度盈余总额5350万元的62%；合作社成员户的年人均纯收入为7260元，比年度全县农民人均纯收入7014元高出246元。

表4–7　B县农民专业合作社发展情况

	2009年56家	2010年33家	2011年38家	2012年47家
行业类型	种植业47%	畜牧业17%	农机服务11%	其他25%
服务内容	产加销79%	加工服务3%	其他18%	无
区域分布	LT镇	WL镇	BZ镇	GL镇
身份类型	农村精英92%	非农8%	无	无
年经营收入	500万元以下占85%	500—1000万元占12%	1000万元以上占3%	无

资料来源：B县农业局。

2007年，三禾农民专业合作社是李某等6位外地投资商投资180万元，带领该镇青山村和潘山村等村的18位农民以承包土地入股的形式成立的，属于产供销一体化的农民专业合作社，是"G省（区）自治区农民专业合作社示范社"。合作社以LT镇的胡萝卜为依托，农户、合作社、公司三方合作经营土地。公司为合作社提供订单、胡萝卜种植技术和国外优质胡萝卜品种，合作社按照公司的标准提供原材料和劳动力。截至2012年，合作社社员发展到160多人，拥有81亩机器化清洗包装点2个、13座3200吨/次的冷库等。还辐射到周边的HJ镇、YQ镇、WL镇等8个乡镇及GG市，建立了1600多亩的胡萝卜示范基地，辐射种植面积约1.6万亩，亩产量从4000公斤提高到7000公斤左右，使种植农户年人均纯收入增加800元以上，年均增长20%左右。同时，合作社每年还可常年安排500人、不定期安排农闲劳动力就业3000多人次。公司以农民承包土地入股的形式成立合作社，公司以合作社为依托和农户建立纵向的合约联结机制。合作社改变了过去农民分散种养的小农经济模式，发挥合作社在横向组织农民方面的优势，引导农民增收致富。因此，农民专业合作社是资本获取土地资源和推动农民组织化发展的最佳载体。

（三）"公司+基地+农户"模式

在 B 县，外部资本下乡采取的第三种方式是建立农业基地。农业基地是由外部资本凭借其资金、农业科技、农产品流通等优势投资兴办的农业产业化基地。这种模式是以公司兴建的农业基地为中介组织来组织农民，实现农民组织化发展。例如，B 县蚕丝有着 30 多年的发展历史，因其透气除湿、细腻洁白等优势成为 GL 镇特色资源。为此，县政府引导茧丝工贸有限责任公司下乡，该公司是一家主要从事蚕茧加工以及蚕丝被产品销售的市级重点龙头企业。在政府的引导下，公司通过农地经营权流转先后在 GL 等乡镇，把农户承包地经过平整以及农业基础设施建设，建立了 9 个 4000 多亩的桑蚕生产基地。随后公司投资 700 万元，引进全国先进的 D301 JY 型自动缫丝机及与之配套的前后道设备，并与拥有国际一流"弹丝"独创技术的浙江某公司合作，开发能维持蚕丝原有"S"形的技术。公司以桑蚕基地为中介，向农户提供先进成熟的现代蚕桑生产技术和订单，帮助农户进行蚕茧生产、加工（烘干）和桑枝栽培食用菌生产和销售，农户则以其原有承包耕地进行桑蚕生产。有了基地充足的原料供应，2012 年茧丝工贸有限责任公司生产总值达 8631 万元，上缴各种税金 220 万元，其产品除供应本地外，还远销福建、浙江等地。而农户人均养蚕年收入 7700 多元。在这种"公司+基地+农户"的农业经营模式中，茧丝工贸有限责任公司通过把农户承包地建设成为农业基地，利用基地的中介作用把分散的农户组织起来。但是，基地更多地是为公司服务，基地的中介协调、组织作用较弱。公司存在经常性的压低收购价格的行为，而一旦市场价格高于合同价格，农户会选择直接到市场上交易农产品。因此，通过农业基地来组织农民具有较大的局限性。

四、资本下乡与农民组织化发展面临的困境

资本下乡，通过采取不同的现代农业经营模式，对农民组织化发展产生不同程度的促进作用，但是，也存在一些负面影响。

（一）资本盘剥农民易引发严重的矛盾和冲突

以公司和基地为载体的资本下乡，一方面提高了土地的利用效率，加速了农业规模生产，有利于推进农村和农业现代化；但另一方面有可能导致资本对农民的盘剥，甚至资本与农民的冲突，如土地租金的分歧、就业和社会保障问题。如 B 县失地农户的就业问题，由表 4-7 中数据可知，平均每户承包耕地约为 7.2 亩，而公司流转土地面积为 16076 亩，土地流出方大概为 2233 户，而下乡公司除 7 家市级龙头企业外，其余几家规模都很小，无力承担如此多的就业。农户被排挤后只有向城镇流动，又引发了失地农民的社会保障问题。此外，土地租金的分歧，可能导致公司与农户的直接冲突。

（二）资本俘获乡村精英，消解了农民组织化发展的动力

乡村精英拥有相对较多的物质资本和社会资本，在农村拥有绝对的权威和号召力，是农民组织化的重要动力和关键节点。乡村精英的带动，不仅在农民组织草创时期提供权威资源，还增强了组织的自主性和凝聚力。同时，乡村精英的个人主导地位也意味着难以被制衡和监督。在调研中发现，乡村精英和外来资本保持着密切的利益关联，乡村精英极易被俘获而投靠资本。资本通过收买或利益诱导乡村精英，如现金贿赂、农业技术支持、承接资本在农村的投资建设项目、聘用为管理人员、土地租金发放权等，从而达到俘获乡村精英的目的。对于这些乡村

精英来说，资本的俘获会使农民组织化发展的主导力量由农村内部资本转变为城镇工商资本，农民组织极易成为资本逐利的工具或载体。农村外部资本对乡村精英的俘获，使乡村精英出现一种经济利益导向的行为动机，乡村精英和弱小农户渐行渐远，消解了农民组织化发展的动力。

（三）资本和合作社的结合可能导致农民组织的弱化

资本下乡给农村带来了诸如资金、技术、信息和企业家等新的生产要素，农民专业合作社要想发展，最直接和最简单的方式就是和这些资本结合。而资本下乡的最便捷的方式就是以合作社为中介，实现资本与农村资源的结合。合作社和资本结合，一定程度上带动了合作社的成长，但也导致合作社和农村外部资本合谋而架空农户，农民合作社的亲外部资本性凸显。资本和合作社的合谋消解了合作社以劳动者共享合作利益的基础，资本在事实上控制了合作社的收益分配和内部管理。资本对合作社的带动作用，导致合作社成为一种对农户自上而下的捆绑式发展，而不是对农户的自下而上的联合式发展，劳动的结合从属于资本的结合，农户与农户之间的合作经济不发达。"随着农业产业链的整合力量从农业资本转向城市工商资本，不仅龙头企业难以实现带动农户的承诺，就是合作社也可能远离农户"①。并且，农民合作社在组织农民方面的作用非常明显，是当前农民组织化发展的主要形式和载体。因此，倘若合作社处于农村外来资本的控制之下，农民专业合作社模式可能导致农民组织的弱化。

五、资本下乡背景下的农民组织化路径

现代社会是一个组织化的社会，组织已成为社会的基本结构，也是现代人们的一种基本生存方式，组织的作用在于利用群体的力量克服

---

① 熊万胜：《农民合作的新前景》，中国政法大学出版社 2013 年版。

自身的不足。自农村改革以来，农村社会结构发生了巨大的变化，即由高度的组织化重新回归到高度分离化的状态。在资本下乡的热潮中，农户因家庭分散经营所带来的生产规模小、经济实力弱，以及农民科学文化素质低和社会关系的原子化等使农民的弱势群体特点进一步凸显。改善农民弱势地位、保障农民权益的重要途径是要促进农民组织化发展。

（一）重塑农村社会资本，激发农民组织的内源式发展

中国社会是由村社共同体发展而来的，传统村落是一个自给自足的熟人社会，小农经济不仅使家庭稳固存在，而且支持邻里关系及村落共同体的形成和维持，村社紧密关联，合作能力很强。随着农业市场化的深入，使传统村社理性弱化，村庄关系转型和农民阶层分化，导致村民逐渐成为原子化的"独立个体"而疏离村社，村社内部合作网络断裂，很难建立起以团体意识、互惠合作和信任为核心的合作机制，从而陷入集体行动的困境。而资本下乡则进一步加剧了这些现象，农村社会的社会资本存量越来越少，导致农民组织更多地依靠外来力量的介入而发展，但这不是一种内源式的发展。在资本下乡愈演愈烈的背景下，应该重新拾起农村传统社会资本，提高农村社会资本的存量，重新形成农民之间的团结性和平等互惠的合作机制。充分利用农村内部的资源，强化农村能人的合作意识和带动能力，在农村内部形成"以大带小"、"以强带弱"的局面，而不是"大农吃小农"，促进以农民为本位的农民组织化发展。

（二）以合作社为载体，规范资本和合作社的结合方式

从政策方面来看，资本下乡得到了中央和地方政府的支持、鼓励。资本下乡确实能增加农业的现代化生产要素，加速对传统农业的改造，促进农民组织化发展。但是，政府明显忽略了资本对农民，以及对以合作社为代表的农民组织的消极影响。因此，在充分肯定合作社作为资本

下乡和农民组织化发展的载体时，仍然需要规范资本下乡和合作社的结合方式。从农业产业链来看，可以分为产前、产中和产后环节，而每个环节又可分为若干领域。首先，应该对农业产业链的三个产业环节和若干领域实行评定分级，规定对农村外部资本鼓励进入、引导进入、限制进入和禁止进入的环节和领域。其次，结合农民专业合作社的经营领域，规定下乡资本只能在产前、产中和产后环节对合作社提供辅助性的支持，确保合作社的平等独立，不影响合作社的内部管理和利益分配。

（三）加大政府支持力度和宽度，优化农民组织化发展环境

资本下乡对农民组织侵蚀的一个重要原因是政府对农民组织化发展的作为有限。虽然国家立法有力地推动了农民组织化的发展，但仍然存在很多问题。因此，政府应该继续加大对农民组织，尤其是农民经济合作组织的扶持力度，并拓宽宽度，为其营造良好的发展环境。首先，在一些偏远地区，政府应该普及合作知识，通过典型示范和宣传，激发农民的合作意识和意愿。应该根据区域农业产业优势，鼓励农民横向联合起来成立农民组织，并注意将经营大户或是技术能手等乡村精英吸纳入农民经济合作组织。特别是对农村能人的知识培训和学习，以促使能人创办更多的农民组织。其次，政府应该在农民组织创办的资金、税收、政策等方面给予指引和扶持，降低创办农民组织的风险或成本，善于利用宏观调控手段支持农民组织的发展。同时，加强对优惠政策执行的监督，及时纠正执行中的违规行为。再次，对于农民经济合作组织融资难的问题。农民经济合作组织筹资渠道亟须拓宽，政府应该建立农村合作金融体系，可以给予农民从事农业生产方面利息较低的贷款，或是引导农民充分利用自己的闲散资金。

（四）以市场为机制，整合农民组织资源

农民组织在和农村外部资本的利益角逐中处于弱势地位，其根本

原因是农民组织太分散和弱小。从衡量组织制度化程度的角度来看，组织功能多样、等级复杂、凝聚性和自立性强的农民综合组织是未来农民组织化发展的方向。因此，整合农民组织资源是农民组织化发展的趋势，农民综合组织是农民组织化发展的目标模式。从组织的外部环境来看，组织的生存和发展的关键是获取和维持资源的能力，它们对其他组织由于资源的需求而具有依赖性，为获取所需资源，组织必须与环境中其他组织进行交易。因此，随着农业市场化的深入，以市场为机制，实现农民经济合作组织之间资源的交易，这种交易必然使农民经济合作组织之间的竞争加剧，极易形成一个寡头垄断控制下的市场。从经济学角度来讲，这种寡头垄断控制的市场都期望跳出现有交易模式，以进入新的、利润更加丰厚的行业，即通过扩张的方式，重构交换关系，实现差异化和多样化发展，以实现农民经济合作组织的整合。并且，现实中村"两委"交叉任职、村干部领办合作社及合作社内的农村能人进入村"两委"任职等现象比较普遍，以此为契机实现各类农民组织资源的整合，以期形成农民综合性组织。

第三节　政府作用与农民组织化发展

在农民组织化发展中，政府是一个主要的推动力量。但是，在引入政府力量，促进农民经济合作组织迅速发展的同时，必须增进农民经济合作组织的内生性，增强其自我运行、自我发展、自我服务的自主性，促进其内源式发展。

一、问题的提出

农民经济合作组织是小农经济适应市场经济的结果，是中国农村市场化进程的产物。在这个方面，中国的农民经济合作组织与西欧发达国家的经验是一致的。"凡是受市场经济支配的农业，都存在农民合作组织，并且该组织已经成为农村社会经济发展中不可替代的重要力量。"[1] 但是，中国农民经济合作组织的兴起及其运行，又具有不同于西方发达国家的社会政治、文化环境。加快农村民间组织包括农民经济合作组织的发育，提升农民的组织化水平，离不开政府力量的推动。在农村民间组织资源稀缺、农村民间多元权威格局尚未形成的当下，引入政府力量是促进农民经济合作组织（更广义的农村民间组织）发育的有效途径，特别是在那些社会关联稀松、村民日益"原子化"、农民缺乏自我组织能力的村庄尤其如此。但是，政府力量的引入有可能导致大量农村民间组织不具有内生性。我们大量的田野调研佐证了这一假设。政府权力的介入可能改变了农民经济合作组织的性质、功能和运作逻辑。政府力量的引入，也可能改变农民经济合作组织的功能，由原来服务于广大农民转变为服务政府，成为政府推动农村发展的工具。同时，政府力量的引入，还改变了农民经济合作组织的运作逻辑，需要借助于外力的推动才能运行，从而失去了自我行动的能力。因此，在农民经济合作组织的发展问题上，需要在市场与政府两种力量之间保持平衡，让市场力量在农民经济合作组织的发育和发展中起基础性作用。总之，在引入政府力量，促进农民经济合作组织迅速发展的同时，如何增进农民经济合作组织的内生性，增强其自我运行、自我发展、自我服务的自主性，促进其内源式发展，是一个需要认真加以考虑的问题。

二、一个农民经济合作组织的个案分析

（一）桂东南地区农民组织化发展的现状分析

桂东南地区位于 G 省（区）东南部，主要包括贵港市、玉林市两

---

① 张晓辉：《农村新型农民专业合作经济组织发展研究》，《学术交流》2007 年第 9 期。

个地级市，泛桂东南地区还包括梧州市和北海市。桂东南是桂粤琼三省区连接的中心地区，区位优势明显。桂东南地区也是G省（区）经济较为发达的地区，当地居民商品经济意识较强，商品经济较其他地区也明显更为发达。在市场经济日益深入农民日常生活的今天，桂东南地区农村农民经济合作组织发展迅速。据统计，截至2006年底，G省（区）经各级民政部门登记的各类农村专业经济协会有3404个，会员约有30万人（户）①。这些农村专业经济协会中，有38%的从事综合服务，29%从事技术服务，16%从事流通服务，5%从事加工服务，4%从事信息服务，8%从事其他服务。在区域分布上，G省（区）农民经济合作组织最多集中在桂东南的玉林市、贵港市和桂北的桂林市等。农民经济合作组织主要分为两类，即农村专业经济协会和农民专业合作社。农村专业经济协会主要采取会员制方式，吸收从事同一专业的农民作为会员，由协会提供产、供、销过程中的服务，并组织会员在产前、产中、产后等环节上进行合作。它集科技推广、技术服务、信息提供、农产品产供销服务为一体，以市场为导向，进行专业化生产、一体化经营②。而农民专业合作社则是在农村家庭承包经营基础上，同类农产品的生产经营者或者同类农业生产经营服务的提供者、利用者，自愿联合、民主管理的互助型经济组织③。在桂东南地区，存在着众多的围绕主要农业产业或农产品成立的农民经济合作组织，主要以农村专业经济协会为主。如贵港市港南区瓦塘乡香江村满村屯以荔枝为主而成立的水果协会、玉林市太阳村以种植黑皮冬瓜为主而成立的冬瓜协

---

① 梁愈军、梁丽玲等：《广西壮族自治区培育发展农村专业经济协会的主要做法》（广西壮族自治区民间组织管理局内部资料），2006年11月。

② 民政部《关于印发〈关于加强农村专业经济协会培育发展和登记管理工作的指导意见〉的通知》（民发〔2003〕148号），http://www.china.com.cn/chinese/PI-c/447100.htm。

③ 参见《中华人民共和国农民专业合作社法》。

会、玉林市千秋村以沙田柚为主要经济作物而成立的沙田柚协会、宜州市庆远镇山桑村的桑蚕协会、庆远镇桑杆食用菌协会、太平乡桑蚕协会、矮山乡王家甫葡萄协会、容县黎村养鸡协会、玉林市陆川县的珊罗韭菜协会、北流市中和村荔枝协会、容县西乡立垌屯的兰花协会等。桂东南地区农民经济合作组织集中体现了市场与政府两种力量的共同作用。农民经济合作组织一般经历了一个市场发育的过程，由农民自发成立，是一种典型的内生型组织，享有较高的内生性。但在其进一步发展的过程中，由于政府力量的引入，使其获得快速发展的同时又逐渐失去了内生性。还有一部分农民经济合作组织完全是由政府扶持建立起来的。这类组织的存在完全依赖于政府的经费注入，其运行则听命于政府行政命令，完全失去了自我行动的能力，是一种典型的外生型组织。

（二）满村屯水果协会的个案分析

满村屯隶属于G省（区）贵港市港南区瓦塘乡香江村，直到20世纪90年代，这个曾经有名的贫困村的群众还过着十分拮据的生活，农民人均年纯收入不足300元。这种情况在1994年发生了变化。较早外出到广东打工的村民周伟献、周伟能开拓了眼界，学到了一整套荔枝种植先进技术后，回家乡带领父老乡亲开拓山地，改良品种，大力发展荔枝种植业。随着荔枝的增多、农民收入的增加，也产生了一些问题：农民各家各户分散种植，技术水平、水果质量、规格高低不一，加上交通不便，给荔枝销售带来了一定的困难，而且由于分散经营和销售，各家各户间存在着竞争压价行为，水果价格得不到保障，这些都制约了农民整体收入水平的提高。一些有远见的村民开始意识到必须建立一个组织，把分散的村民联合起来。于是在1996年，通过民主选举，产生了以周伟献为理事长，由13名理事会成员组成的满村屯水果协会理事会。理事会按照"民办、民管、民受益"的原则和"一人一票制"的方式实行民主管理、自我服务，带领村民共同致富。在改革开放以来整个社会经济生活不断市场化的背景下，满村屯水果协会，是分户经营农户自发的选择。协会把分散的农户组织起来，以市场为导向，将农业的产前、产中、产后联结起来，为农户提供经验、传授技术、提供市场信息和各种服务，以规避市场风险，取得了巨大成功。其具体运作如下：在水果上市前，满村屯水果协会负责人都会通过打电话或在网上发布信息等形式，联系商家，每年都吸引了云南、四川、重庆等地的许多水果收购商。客商来了，由理事会出面谈价格，订合同，收定金。这样，通过网络等先进手段，把市场扩大到全国乃至世界市场，改变了被动等待和只销本地的局面，减少了滞销情况的发生。在水果上市后，组织有序采收，把好质量关。理事会根据客商要求的收购数量、质量、交货时间，把摘收任务分配到各个农户，农户则负责采收。由于实行统一销售，几年来，水果基本上没有积压现象再发生，价格比邻村每公斤高 0.2—0.6元。总之，合作社能够及时了解市场信息，掌握市场动态，减少农民生产的盲目性，及时引进新品种和新技术，生产对路适销产品。分散农户通过合作社作为一个整体进入市场，提高了农民的市场谈判能力，获得更加合理的价格。

但是，市场发育的农民经济合作组织，由于受传统的小农经济特点、业已形成的市场利益链条和国家宏观制度环境的限制，存在着诸多不足。第一，服务范围小。由于行政区划的分割，自发产生的农民经济合作组织的横向服务范围（服务半径）仅局限于一个自然村，而其纵向服务范围则没有全面覆盖产供销的链条。满村屯水果协会的服务半径仅为一个自然村，水果种植面积 1000 多亩，产量不过 160 多万斤。第二，组织规模偏小。由于土地经营的高度分散，善分不善合的小农意识根深蒂固，农民经济组织规模小，难以成为一种有组织的力量，也难以产生组织的规模效应，更没能成为市场经济中强有力的竞争主体，这也是我国大多数合作社普遍存在的现象。第三，权威性资源稀缺、管理混乱。农民经济合作组织的发展，大多是能人带动型。就像满村屯水果协会，正是有了像周伟献这样闯过广东、见多识广的能人起来带头，才使协会建立起来并得到群众百分之百的认可和加入。"能人的个人能力可以弥补新建组织的制度行动能力的不足，使得组织不至于刚刚建立就在社区原有制度化权威的压力下趋于解体或低效率地运转。"[1] 经济能人除了在组织草创时期提供权威性资源之外，还要在组织成立后，致力于获得推动村庄公益事业的公共身份，才能推动组织的自我运转。满村屯水果协会理事会成立后，理事会成员并没有利用组织来扩充自家财产，而是十多年来分文不取、甘于奉献，才使水果协会长盛不衰，服务周边，成为 G 省（区）农民经济合作组织的典范。但是，在更多农村地区，由于社会性权威资源的稀缺[2]，不仅使农民经济合作组织的发育迟滞，而且使已经建立起来的农民经济合作组织内部管理混乱——没有规章制度，或规章制度不健全，往往是能人说了算。组织内部财务管理不健全，没有规范的财务报告制度、独立的会计和审计制度以及接受捐赠公示制度等，导致组织内部人员的腐化和组织失灵。由于长期以来（2007 年以前）缺乏法律支撑，我国农民经济合作组织的发展很不成熟，缺乏组织内部的民主管理、民主监督的制度安排，导致组织面临进一步发展的障碍。

---

[1]　楚成亚、陈恒彬：《新时期农村民间组织生长机制研究——基于张高村民间组织建设实验观察》，《东南学术》2007 年第 1 期。

[2]　农村社会权威是除村庄原有的制度化权威的社会权威。这种社会权威除了其自身的财富即致富能力外，还必须具有在地方体中的公共身份，即需要介入地方公事，承担地方社会责任，具体地说，就是要求权威具有将私益事（扩充自家财产）和公益事（地方社会的发展、安全及秩序）一致起来的能力。参见张静：《基层政权——乡村制度诸问题》，世纪出版集团、上海人民出版社 2007 年版，第 17—46 页。

三、政府力量的引入与农民经济合作组织的发展

市场发育的农民经济合作组织，在分散的农民与统一的大市场之间架起了一座桥梁，成为联系农民与市场的纽带，有效促进了农村经济发展、增加了农民收入，并在一定程度上增进了农村社会福利和改善农村公共服务。

一般而言，由市场力量催生的农民经济合作组织往往具有强烈的草根性。主要表现在以下几个方面：首先，大量的农民经济合作组织往往是依靠农村经济改革以来出现的经济能力的个人依靠魅力建立起来的，这种类型的农民经济合作组织其兴起和发展往往依靠个人能力和村庄公共责任。由于城乡和区域发展的不平衡和城市户籍制度的松动，农村精英和经济能人大量移居城市，农村社会权威资源缺乏，导致农民经济合作组织不断经历一个个的生命周期，正所谓"野火烧不尽，春风吹又生"。其次，农民经济合作组织的发展面临资金短缺的发展瓶颈，由于缺乏法人主体资格，农民经济合作组织很难从信用社和农行贷款。第三，由于立法的滞后，农民经济合作组织遇到的最大问题是缺乏法律保障。大量的农民经济合作组织没有履行合法的登记手续，处于隐形状态，既没有建章立制，也谈不上规范运作。因此，农民经济合作组织的进一步发展，离不开政府力量的引入，以改变其像草根一样的生存状况。同时，农民经济合作组织的功能也引起了以经济发展为绩效导向的地方基层政府的关注。为了促进满村屯水果产业稳定发展，在瓦塘乡党委、政府的指导下，满村屯水果协会理事会于2000年注册成立了满村屯水果专业合作社，制定了自己的章程，规范了社员的权利义务，明确了盈余分配方法。随后，全屯农户加入了合作社。自从合作社2000年正式挂牌成立以来，政府先后给满村屯送了两台计算机并实现联网，使水果销售实现信息化和网络化；向满村屯捐献了3000多册以农业技术

类为主的图书，建成了文化图书室，大大丰富了村民的文化生活和获取知识的途径；每年都通过政府渠道邀请 G 省（区）农科院和 G 省（区）大学的农学专家给村民做种植技术培训。而且通过水果专业合作社，政府的一系列支农惠农政策也得到了很好的落实。在政府的大力帮助下，合作社的服务范围已辐射到一个行政村，并成为 G 省（区）、贵港市、港南区三级农民专业合作经济组织示范点。

在合作社的带领下，满村屯的农业生产结构迅速发生了质的变化。首先，通过开辟山林和改造旱田，种上荔枝等果树，使水果产业取代传统的水稻种植业，成为满村屯的支柱产业，水果种植规模从原来的600 多株扩大到目前的荔枝 1080 亩，龙眼 220 亩，柑橘 40 亩，总产水果 70 万公斤，产值 160 万元，实现了规模化种植。其次，合作社非常注重水果品种和技术的改良，不但经常组织外出考察，学习别人的先进经验，并且每年邀请相关农业专家到村里讲课指导，提高社员的技术水平，推动水果生产的专业化和标准化，并对全屯水果种植实行"四个统一"（即统一除草施肥、统一除虫灭病、统一修剪枝叶、统一销售产品）管理，不但降低了生产成本，水果产量和质量也得到提升。据调查，最近几年，满村屯农民光是水果种植这一项，人均收入就超过4000 元。事实证明，农民专业合作社能够有效地根据市场需求，引导农民调整和优化农业产业结构；能够利用合作的力量获得技术支持，提高农业生产的产量和质量；通过统一管理，能够有效降低生产成本。总而言之，就是推动农业实现产业化经营，提高生产效率，降低生产成本，增加农民收入。满村屯水果专业合作社的成立，改变了以往一家一户卖产品的形式，大大拓展了销路，提高了农民收入。满村屯还利用自己的品牌和市场资源，发挥辐射作用，带动周边群众种植荔枝一万多亩。

四、如何促进农民经济合作组织的内源式发展

内源式发展是联合国教科文组织在 20 世纪后 30 年提出的一种新的发展道路和途径。其核心内容就是各国应从本国社会在人力、物力、技术和财政等方面现有的和尚未开发的资源出发，同时考虑到其国情所特有的各种限制，找到一种符合自己的发展类型和方式[1]。借用内源式发展的概念，提出农民经济合作组织的内源式发展的概念。农民经济合作组织内源式发展，有两个方面的内涵：第一，要充分考虑"地方性经验"，在"地方性经验"的基础上考虑农村民间组织的发展道路，或者说要找到一条符合中国农村社会实际情况的农村民间组织的发展道路；第二，从农民经济合作组织本身的发展来看，内源式发展就是以农民为中心的发展，农民经济合作组织的发展动力来自于农民社会经济生活的需要，农村民间组织的发展目标是为农民提供公共服务。通过农民经济合作组织的发展，最终促进农民自身获得充分发展。因此，农民经济合作组织的内源式发展主要是指以农民为中心的发展。从农民经济合作组织的发展动力来看，农民经济合作组织的发展应该是从内部发展的，其动力来自于农村经济市场化和产业化发展的需要；从农民经济合作组织的发展目标来看，农民经济合作组织的发展目的是为农民服务的。

促进农民经济合作组织的内源式发展，一方面需要坚持以市场为导向，坚持农民经济合作组织的自发形成、自主发展；另一方面，针对中国农民经济合作组织的生存状况，需要引入政府的力量，加快农民经济合作组织的发育和成长壮大。政府在促进农民经济合作组织的内源式发展中的作用主要表现在以下几个方面。

---

[1] 黄高智：《文化特性与发展：影响和意义》，联合国教科文组织编：《内源发展战略》，社会科学文献出版社 1988 年版，第 2 页。

（一）引入政府力量，促进农民经济合作组织的发育

一般来说，农民经济合作组织的市场发育是与农村社区公共生活与民间权威的状况相联系的。因为在农村社区公共生活贫乏、权威资源稀缺的条件下，是难以自然地发育出民间组织的[①]。由于国家规划的社会变迁，导致传统的农村社区公共生活的破坏。在长期以来的全能政府的管理模式下，政府一直垄断着社会组织化资源和能力。改革开放以来，由于规划的社会变迁，中国呈现出体制内和体制外的区隔。包括政府机关、社会团体和企事业单位在内的体制内一直是一个高度组织化的社会，而体制外则由于市场化的渗透，农民日常社会生活日益"理性"化、高度分散化和"原子化"的状况，使得农民经济合作组织的内生资源不足，制约着农民经济合作组织的发育。而市场化的压力则需要分散化、"原子化"的农村村民组织起来，共同应付市场带来的风险与机遇。由于农村经济、人才和组织资源的缺乏，导致农民经济合作组织内生动力不足。在这种情况下，引入政府力量，无疑是促进农民经济合作组织生长的有效途径。而农民经济合作组织具有的促进经济发展的功能，也为政府力量的介入提供了动力。在农民经济合作组织的发育过程中，政府权力的供给既可以为农民经济合作组织的发育提供第一推动力，也可能削弱农民经济合作组织自身的民间性和自主性，导致农民经济合作组织缺乏内生性。或者说，使农民经济合作组织这一内生型民间组织演变成具有外生型特征的民间组织，从而影响组织的运行。如玉林市千秋村沙田柚协会是由政府主导建立起来的一个农民经济合作组织，沙田柚协会就设在千秋村村委，协会的日常活动和决策都由村委会直接决定，协会的日常用品、电脑和周转资金都由政府直接提供和拨款，村

---

① 楚成亚、陈恒彬：《新时期农村民间组织生长机制研究——基于张高村民间组织建设实验观察》，《东南学术》2007 年第 1 期。

委具有直接的决策权，协会已经演变成"二级机构"，跟协会"民办、民管、民受益"的原则背道而驰。沙田柚每到成熟的季节，首先获益的不是农民，农民只能优先把柚子卖给政府。政府扶持的农民经济合作组织不仅在活动经费上完全依赖政府，而且在人员、办公场所等基本资源方面对政府的依赖程度也较高。农民经济合作组织与政府存在事实上的不平等关系，使农民经济合作组织要服从政府的领导和管理，失去了自主行动的能力。因此，在引入政府力量的同时，需要加以考虑的是如何改变政府权力的运作逻辑，这是促进农民经济合作组织发展的基本前提条件。

在促进农民经济合作组织的发育上，政府力量的引入，主要应集中于以下几个方面：第一，通过注入经费支持，加速农民经济合作组织的发育、发展。制约农民经济合作组织的发育和发展的最大问题之一就是缺少政策和资金支持。没有政府在政策、资金、信息等方面的大力支持，在日益完善的市场经济条件下，农民经济合作组织无疑处于弱势地位，很难发展壮大。政府为农民经济合作组织注入资金，但不能据此操纵农民经济合作组织人事安排和组织运作逻辑。通过政策帮助农民经济合作组织从银行贷款，为农民经济合作组织的成功运营提供基本保障。第二，提高农民的组织化水平。农民的组织化问题是把双刃剑。把农民组织起来，既可以共同应对市场风险，降低市场进入的成本；还可以促进农村社区自治。政府不同于其他组织的地方在于：政府拥有强制性权力，而这种强制性权力应致力于社会的公共利益，并为社会的自我成长提供基础性保障。

（二）为农民经济合作组织的发展提供制度环境

"制度环境是一系列基本的经济、政治、社会及法律规则的集合，它是制定生产、交换以及分配规则的基础。制度环境规定了制定安排的选择空间和制度变迁的方向，良好的制度环境可以大大降低制度创新的成本。"① 农民经济合作组织的发育和发展离不开一定的制度环境，而政府在促进农民经济合作组织的健康发展中的作用主要是提供有利于农民经济合作组织发展的制度环境。农民经济合作组织发展的制度环境主要包括法律支持、政策保障、规范政府行为三个方面。目前，农民经济合作组织发展的法律环境不佳，主要表现之一就是缺乏相应的立法。由于缺乏关于农民经济合作组织的专门立法，使得农民经济合作组织的法律地位、性质等无明确界定，导致农民经济合作组织的业务开展受到限制，在经营资格、银行贷款、税收抵扣、商标注册等方面都不同程度地遇到困难，一些合法的权益得不到保护。由于缺乏相应的法律规范，造成农民经济合作组织内部的管理和运作的混乱。同时，由于缺乏专门的立法以及由此而带来的缺乏法律保障，使得大量的农民经济合作组织在法律上处于灰色地带。目前大量的农民经济合作组织没有依法履行国家民间组织管理机构的法律登记手续，从法律上讲是不具有合法性的。由于得到了地方党政机关的有关规定和当地党政领导部门的默认，从而处于介于合法与非法之间的灰色地带。

（三）促进农民经济合作组织的内生性

不可否认，由于村庄公共生活的缺失和农村权威资源的稀缺，农民经济合作组织的发育和成长离不开政府的支持和帮助。政府力量的引入，成为农民经济合作组织进一步发育和成长的动力。但是，政府的介入，又可能使农民经济合作组织缺乏内生性。农民经济合作组织的内生性，包括三个方面的内容，第一是自发性。内生型组织是一个自然、自发秩序，是农民适应外界环境的产物。第二是自主性。农民经济合作组织的自主性是指农民经济合作组织具有不同于其他社会组织和团体的利益和目标，因而，其观念和行为不受其他社会组织和团体的观念和行为

---

① 宋军继：《我国农民经济协会发育过程中的制度环境建设》，《东岳论丛》2009 年第 2 期。

的影响，并享有独立于其他组织和社会团体而自我生存和自我发展的能力。第三是独立性。农民经济合作组织的独立性是指农民经济合作组织摆脱了其他组织的干预，在经费、人员上独立于其他组织，只遵循其自身的行为逻辑。农民经济合作组织缺乏内生性，具体表现为农民经济合作组织的独立性和自主性的丧失，成为依附于地方政府的"附庸"，从而不利于农民经济合作组织的功能发挥。因此，政府的扶持在农民经济合作组织发展的一定阶段上是必要的。但是，政府必须保持高度的理性，致力于农民经济合作组织的独立性、自主性。当农民经济合作组织逐步成长起来以后，要逐步"断奶"，促进其自主发展，而不能过分包办组织的内部事务。萨拉蒙的"委托政府"理论提供了促进农村民间组织内生性的可行途径。即政府可以为了实现自己的目标，将提供公共服务的任务委托给民间组织来承担，政府负责提供公共资金和掌握全局，民间组织负责提供服务①，通过任务委托和赋权来提高农村民间组织的内生性和内源式发展。

---

① Salamon，1987，Partners in Public Service：The Scope and Theory of Government-nongovernment Relations，In Walter W. Powell ed.，*The Nonprofit Sector*，New Haven，Conn：Yale University Press.

第五章　农民组织化发展的地方经验

在两千多年的漫长历史中，县作为乡村的头、城市的尾，对整个社会经济的发展和稳定起着至关重要的作用。今天，在扩权强县和政府工作重心下移的大趋势下，县更加突出了其重要的地位和作用。在市场化条件下，农业、农民、农村问题日益突出，成为制约县域经济发展的瓶颈。克服县域经济发展中的政府与市场失灵，必须促进农民组织化发展。把农民组织化纳入整个县域经济发展的总体框架当中，才能从根本上解决"三农"问题。

第一节　研究对象、研究方法和样本选择、数据采集

一、研究对象

G 市是一个农业大县（县级市），是全国农林牧渔业总产值百强县，2011 年获国家"农业生产先进单位"。G 市农业生产有着良好的自然禀赋：地处桂东南，气候上属于亚热带地区，雨热充沛均匀；郁江、黔江、西江三江在境内交汇，占有 G 省（区）最大的平原——浔郁平原的大部分；全市农林牧渔可利用地 530 多万亩，80% 是平原台地低丘，

在"八山一水一分田"的 G 省（区），这样的农业生产条件无疑是得天独厚的。全市耕地面积 127 万亩（也有 105 万亩、101.7 万亩之说），其中水田面积 77 万亩，有适宜种植各种南亚热带经济林果的山丘岗地 300 多万亩，水域面积 33 万多亩[①]。当然，虽然 G 市总体上农业资源丰富，但人均农业资源十分稀缺。G 市是 G 省（区）第一人口大县，截至 2010 年末，全市总人口 183.7 万人，人地关系十分紧张，据农机局提供的数据，全市户均土地面积不过 4 亩，也是典型的小农经济。

在这些良好的自然条件下，G 市成为 G 省（区）重要的水稻和蔗糖生产基地，粮食作物播种面积和总产量稳居全区第一，而且农业产业化发展初具规模，如以麻垌镇为中心的荔枝产业，使 G 市成为"中国荔枝之乡"，金田镇成规模种植淮山成为"淮山之乡"，优质稻、茶叶、马铃薯、淮山、木薯、甘蔗、黄沙鳖等特色优势农业也获得了长足发展。这些良好的产业条件为农民经济合作组织的发展提供了良好的基础。

常言道："无农不稳，无工不富，无商不活。"近年来，G 市工业化发展势头十分迅猛，我们从 G 市三大产业结构的变化可以窥见一斑。

表 5–1　2008—2011 年 G 市三大产业在国民经济中所占比例

（单位：%）

年份	第一产业	第二产业	第三产业
2008	28.0	41.6	30.4
2009	25.2	43.8	31.0
2010	21.7	49.6	28.7
2011	21.1	52.6	26.3

数据来源：G 市 2009—2012 年《政府工作报告》。

---

① 数据主要来自百度及政府相关网站的简介，这里的耕地面积 127 万亩采用农机局提供的数据。

从表 5–1 数据可以看出，2008—2011 年，G 市第一产业比重下降了 7 个百分点，服务业下降了 4 个百分点，而第二产业则上升了整整 11 个百分点。同时期的 2011 年，贵港市县域经济三产的比例平均是 21.9∶44.5∶33.6，G 省（区）平均水平是 17.5∶49∶33.5[①]，G 市的工业化程度不仅大大高于贵港市的平均水平，而且也高于全区的平均水平。这不是说 G 市第一、第三产业衰退了，因为第一、第三产业也在发展，产值也在增加；而是说明，相对于第一、第三产业，第二产业发展更加快，说明近几年来 G 市处于工业化迅速发展的进程之中。从 2008 年至 2011 年的 G 市《政府工作报告》看，政府把工业化、城市化摆在十分突出的位置，成为整个工作的中心。

2010 年 G 市县域范围内的城市化率才达到 32% 左右，不仅落后于工业化，而且大大低于全国平均接近 50% 的水平，还有很大的发展空间。但相比于工业化、城市化的推进，政府在主导农村经济社会发展方面面临的局面就复杂得多，工作推进也困难得多。首先，农村人口多、地域广阔、各种要素分散，政府在农村推进工作不可能像推进工业化、城市化这样在集中的区域整合各种资源；其次，农村地区差异性很大，各地的农业禀赋、发展水平、观念文化千差万别，这就要求政府的工作要具体问题具体分析、具体解决，很难采取"一刀切"的做法；再次，如果说推动工业化、城市化的关键在于规划的制定、资源的整合和工作的落实，那么推动农村发展的工作则更多涉及做人的工作，如何动员"农民主体"并发挥他们的主动性、积极性和创造性。

从历年的 G 市《政府工作报告》看，市委市政府对于全市的"三农"工作也很重视，提出了许多发展的目标、指标和一些思路，但始终没能像推进工业化、城市化这样具体，这样能够有效地落实，也就是说

① 数据来源于 G 省（区）统计局网站，http://www.gxtj.gov.cn/tjxx/yjbg/sx_268/201208/t20120818_15402.html。

没有形成一个能够达到目标的明确的落实机制。城乡经济社会一体化是我国中长期内的一项基本的发展战略，如果县域范围内不能解决这一问题，不能做到工农并举、城乡共进，而使工业化、城市化快速推进，而乡村地区停滞不前，城乡差距就越拉越大，这样的发展结果还是复制几十年来的发展路径，没有创新性，甚至有重蹈覆辙的危险。如果从人作为推动工作的根本因素和动力这个角度看，有"政府主导"而没有"农民主体"与之对接，是当前农村工作的最大障碍，推动农民组织化作为政府落实政策、目标和具体工作的载体，应当成为农村工作的一项极其重要的基础性、前提性的工程。而且，快速工业化在带动县域经济快速发展的同时，也往往因为工业区开发、城市用地扩张等引发一系列的社会问题。如果没有基层的农民组织，政府面对单家独户的农民逐个谈判，交易成本是很大的，风险也比较高；如果与有组织的农民谈判，工作量和工作难度就能大大减少，因为很多具体的问题在农民组织内部化解了。

总的来说，从 G 市整个经济社会发展的情况看，得天独厚的农业禀赋、良好的产业基础使农民经济合作组织的发展具备了良好的条件；农业市场化、工业化和城市化的快速推进，客观上提出了农民组织化的必要性，否则就会拖后腿，也无法提供经济社会发展的长久驱动力。作为后发地区的 G 市，能否吸取发达地区的发展经验，通过推动农民的组织化，实现"政府主导"和"农民主体"的有机结合，走出一条工农并举、城乡共进的县域经济全面、协调、可持续发展之路，是值得市委市政府探索的。

二、研究方法和样本选择、数据采集

基于上述认识和假设，在 G 市委的大力支持下，我们对 G 市农民组织化状况开展了为期三天的调研，经过三天的调研，通过对 4 个局和 6 个合作社的调研，我们获得了大量关于 G 市农民专业合作社发展状况的资料，对 G 市农民组织化的现状、经验和问题有了初步的认识，在此对这些认识做一个汇报和总结。我们将首先介绍调研的背景，阐明农民组织化在县域经济社会发展中的作用及其对 G 市的意义，然后简要交代此次调研的方法和经过，通过对资料进行宏观、中观和微观分析阐述 G 市农民专业合作社发展的现状、经验以及面临的问题，最后据此提出一些对策建议。

（一）调研方法和样本选择

研究方法上，此次我们采用的是抽样基础上的座谈会半结构式访谈和问卷调查的方法，对 4 个局的访谈都是采取座谈会的方式，在原有访谈提纲的基础上进行广泛的交流；对村庄层面的合作社的调查，除了开座谈会，还有针对合作社负责人以及部分农户的问卷调查。样本选择方面，我们选择了与农民经济合作组织发展密切相关的农业局、工商局、民政局和农机局，希望从中能够对 G 市农民经济合作组织的发展状况有一个总体认识；合作社层面，我们根据 G 市的地理区位及农业特点选择了 6 个乡镇 6 个村的 6 个合作社作为调研对象。

（二）数据采集

对 4 个局的访谈，我们都做了相关的访谈记录，而且通过现场复印和后来邮件传送的方式，获得了 G 市农民专业合作社发展情况汇报、专业合作社及农村经济协会名录、农机合作社的统计资料、农民经济合作组织登记流程以及 3 个经济协会和 1 个专业合作社的个案登记材料。这些材料基本上反映了 G 市农民经济合作组织的发展状况。通过对 6 个乡镇 6 个村庄的 6 个农民经济合作组织的调研，我们回收了村庄概况表 4 份，合作社问卷 6 份，农地流转问卷 9 份。此外，对于席间访谈我们也做了相应的记录，还通过摄影等方式记录了合作社的大量的信息，由于这些合作社都是 G 市比较成功的合作社，所以基本能够反映 G 市农民经济合作组织的发展水平。

此次调研得到 G 市委市政府的大力支持，具备了很好的调研条件，但由于我们准备不充分，存在许多的不足之处。首先，时间太短而调研对象却不少，难免蜻蜓点水走马观花，调研不够深入；其次，农民经济合作组织的发展是在县乡政府的直接指导下进行的，我们的调研计划是由县到乡镇到村庄合作社，而且做了相应的提纲，但是调研过程中基本忽略了乡镇一级，因此没能很好地弄清楚在农民经济合作组织发展过程中乡镇政府的角色和职能，以及县乡政府在这个过程中的职能关系；再次，针对村庄层面的调研，由于时间的限制，我们能够接触到的访谈对象基本都是村"两委"和合作社的负责人，农户层面的接触太少，导致合作社调研难免片面，不够深入，有待日后进一步深入调研。

第二节　G 市农民组织化的现状分析

对现状的分析，我们根据所获得的资料，对 G 市农民组织化作出宏观、中观和微观的分析，宏观分析主要依据从 G 市各局、贵港市农业局提供的资料以及一些政府网站上摘取的数据；中观分析主要依据 G 市农机局提供的数据，对 G 市发展比较突出的农机类的专业合作社做分析；微观分析主要依据对 6 个乡镇 6 个村的 6 个合作社的实地调研获得的信息来阐述。

一、宏观分析：G 市农民组织化的总体现状

2007 年 7 月《合作社法》施行以来，G 市各级领导非常重视农民专业合作社的发展，政府各部门积极配合，宣传发动，坚持"农民为主、政府扶持、多方参与"的原则，组建了一大批涉及种植业、林果业、畜牧水产养殖、农产品加工销售、农机服务等领域的专业合作社，带动了农业优势产业发展和促进农民收入增加。从 G 市工商部门获得

的合作社台账来看，截至调研当天，G 市注册登记成立的农民专业合作社达 230 家；市农业局的工作报告显示，G 市合作社已发展社员户 6 万多户，涉及全市 26 个乡镇 350 多个村，辐射带动农户 20 多万户。以农民专业合作社为主，每年发展订单化生产面积 25 万多亩，农产品订单销售量达 50 多万吨，销售收入 10 亿多元，实现社员户产业经营人均增收 1500 元以上，辐射带动农户实现产业经营人均增收 500 元以上。部分合作社发展态势良好，有 16 家合作社被评为贵港市"三年赶超"① 助农增收农民专业合作社示范社。我们将从 G 市 2007—2011 年合作社的发展和增加、G 市合作社发展的产业分布、G 市合作社发展与贵港市其他区县的对比、G 市合作社发展的质量等方面来作出相关的分析。

（一）G 市历年农民专业合作社的登记注册数量的增加

《合作社法》是 2007 年出台实施的，也就是说农民专业合作社是从 2007 年才开始进行注册登记、获得合法经营地位的，因此我们的统计从 2007 年开始，截至 2011 年的历年发展状况如表 5–2 所示。

表 5–2　2007—2011 年 G 市农民专业合作社发展状况

(单位：家)

年份	数量	比上年增加
2007	1	—
2008	29	28
2009	122	93
2010	178	56
2011	209	31

数据来源：G 市工商局。

① "三年赶超"是贵港市 2008 年提出的农业发展规划，即从 2008 年开始，用三年的时间推动农民人均纯收入赶上并超过全国平均水平；截至 2011 年，贵港市农民人均纯收入 6505 元，没有达到全国 6977 元的目标，而 G 市 2011 年的数据是 6169 元，稍低于贵港市平均水平。

从表 5-2 我们可以看出，《合作社法》出台以后，G 市农民专业合作社出现了迅猛发展的势头，从《合作社法》出台当年的 1 家增加到四年之后的 209 家，2009 年发展最为迅猛，比上年增加了 93 家，随后增速慢慢递减。为什么会出现这样的发展局面呢？我们调研当时没有对相关部门进行询问。但可以确定的是，合作社的爆炸式增加不会一直持续下去，这受制于农村和农民的需要，也受到政府部门推广力度的影响。总的来说，农民专业合作社的发展是农民的需要和政府扶持推动相互作用的结果；《合作社法》刚出台时，酝酿已久的获得合法地位的巨大需求与基层政府的极大热情相结合，使合作社迅猛增加；随着需求得到了满足，新的需求需要积累，政府战线的拉长也使他们放缓了宣传发动的脚步，将一部分的工作精力和资源用于合作社的巩固和提高上面。这是合乎逻辑的，也是合乎实际的，盲目提出不切实际的要求，过度依靠外部的力量去推动合作社的登记注册，反而会造成大部分合作社因缺乏足够的内因支撑而运作不善、名存实亡，反而损害了农民的热情。我们在工商局座谈时得知，G 市农民专业合作社的发展规划是每年增加 10%（农业局的总结中提出的是每年新增 10 家），若能在不断巩固和提高的基础上增加，扩大合作社对农村的覆盖，那是最好不过的。

（二）G 市农民专业合作社的产业分布

农民经济合作组织的产业分布情况能反映该地区农民经济合作组织的发展与本区域农业产业是否契合，也可以反映其发展程度。根据贵港市农业局提供的全市农民专业合作社的发展数据，我们对 G 市农民专业合作社发展的产业分布绘制如表 5-3 所示①。

① 我们手头上有两个不同的数据，一个是贵港市农业局提供的全市合作社的台账资料，一个是 G 市农业局的工作汇报中提供的数据，本表采用的数据是贵港市农业局的台账，得出的结果与 G 市农业局工作汇报中的有细微的差别，部分原因是分类上的不同，因此本表的数据是可靠的。

表5-3　G市农民专业合作社产业分布表

产业	养殖业	种植业	林业	农机	加工业	合计
数量（家）	81	95	9	36	3	224
占比（%）	36.2	42.4	4.0	16.1	1.3	100

数据来源：贵港市农业局（截至2012年5月）。

　　从表5-3中我们可以看出，G市的农民专业合作社绝大多数分布在种植业和养殖业上，两大产业占比达78.6%，农机合作社占比达16.1%，林业占比只有4%，而加工业最少，只占1.3%。由此我们可以看出，G市农民专业合作社发展主要还是分布在传统的种植业和养殖业上；农机合作社的发展有着十分突出的表现；林业方面，前面分析农业禀赋时提到，G市有适宜种植各种南亚热带经济林果的山丘岗地300多万亩，莲花山脉北段、紫荆山、大藤峡两岸有着广阔的林业区，因此林业合作社的发展潜力还很大；加工业是农产品附加值最高的行业，而这个产业的合作社只占1.3%，是远远不足的，要大幅提高农民收入，还需要大力推动农民专业合作社向高附加值的加工业发展。从这些数据来看，我们还可以判断G市农民专业合作社在产业链整合方面程度较低，大部分合作社还是主要在产中这个环节提供服务，在产前、产后的服务严重不足，而产前的生产资料购买和产后的销售加工服务才是农户在面对外部市场时最薄弱，也最需要加强的环节，也是在整个农业产业链中利润最为集中的环节，是最需要发展合作社来加强农民盈利能力的环节，这两个环节不被农民和他们自身的合作社占领，农业产业链中的绝大部分利润将被其他市场主体——各种农业中介和农业企业占领，合作社收益就会很低，农民增收就十分困难，最终也会导致农民参与组建和发展自身经济合作组织的积极性降低，导致合作社发展的困难。

（三）G市农民专业合作社的发展水平比较分析

衡量G市农民专业合作社的发展水平，我们还可以从其所隶属的贵港市的三区两县的对比状况来分析。根据以往的调查和此次在G市的调查，我们发现当前绝大多数的合作社都是依托于村庄建立的，一般是以自然村或行政村为主要经营边界。因此，根据每百村拥有合作社数量这个指标，是可以看出农民经济合作组织的发展程度的。三区两县合作社发展对比情况如表5-4所示。

表5-4　贵港市三区两县每百村拥有合作社的数量

（单位：家）

区县	合作社数量	行政村数量	每百村拥有合作社
G市	224	408	55
平南	253	261	97
港北	164	105	156
港南	138	161	86
覃塘	173	138	125
合计	952	1073	519

说明：每百村拥有合作社数量按四舍五入计算。

资料来源：合作社统计数据来源于贵港市农业局；村庄数据来源于千千网"八桂万村"（截至2012年5月）。

由表5-4可知，从数量上来看，G市农民专业合作社数量排在第二位，但从每百村拥有的合作社数量来看，却远远低于贵港市的平均水平。调查中我们发现，有些村庄，如木乐镇广仁村，拥有不止一个合作社。因此，从每百村拥有55个合作社这个数据看，G市的农民专业合作社对农村的覆盖率还不足50%。也就是说，50%以上的行政村还没有农民专业合作社。而同属贵港市的港北和覃塘区合作社覆盖面大大高于其他区县，其经验是值得G市参考和学习的。当然，这也表明，G市在发展农民专业合作社方面还有很大的空间。

（四）G市农民专业合作社的质量

我们不仅要注重合作社的数量，还要关注合作社的质量。已经建立的合作社能不能有效运转，有没有巩固下来，给农民带来了什么？当然，对于这些问题，以我们短短三天在几个合作社的见闻是难以回答的，从与政府部门的座谈中我们了解到，G市农民专业合作社的成活率（就是说注册登记后能够持续运转）大概在90%，这是工商等部门的估计，之所以是估计，是因为政府部门也没有那么多的精力去一个个跟踪并作出细致的统计。无论是根据工商局还是民政局的统计数据，我们得知，无论是专业合作社还是专业协会，成立之后按照要求每年参加年检的都非常少，政府也一般不会吊销他们的营业执照。有些干部说，政府的想法就是，放手让农民登记注册合作社，给他们提供一个平台，让他们以一个企业法人的身份参与市场交易，至于能不能运转起来并服务社员，这更多的靠他们自己了。部分干部对于农民经济合作组织的发展，尤其是对于农民经济合作组织通过土地入股的方式促进农地流转是持悲观态度的，他们认为一方面单纯做农业（搞传统的种养）很难产生利润，他们说很多外来的个体户租地经营，差点连租金都支付不起，而经营又很难盈利；另一方面，村庄本身缺乏足够的动力，绝大部分的农村青壮年劳动力都外出务工了，留下的"369部队"（这是他们对农村中妇女、儿童、老人群体的称谓）一般都是种点粮食供自己食用，没有动力去成立合作社推动农地流转，即使建立起来的合作社也是运作艰难的。这确实也是农村的一大现实，是合作社发展和农地流转的一大困境。从我们对部分合作社的调研来看，这些合作社在提高农民生产技能、经营水平，帮助农民打开销路方面确确实实起了很大的作用，当然，这需要政府提供一些资金和技术上的扶持。据G市政府部门的统计，合作社在促进农民增收方面也发挥了重要作用。

二、中观分析：G 市农机合作社发展的情况

为什么我们要分析农机合作社呢？首先，是因为农机合作社的发展是 G 市农民组织化构成的很大一部分（前边的数据显示其占所有合作社的比例达 16% 以上），也是 G 市农民经济合作组织发展的一大亮点，不仅受到贵港市，而且受到自治区相关部门的重视，因此，它能够反映 G 市农民组织化的状况。其次，由于农机合作社面临着同样的产业基础和作业环境，具有比较高的同质性，通过个案就能够大致了解整体。此次调研，农机局的领导大力配合，提供了 G 市农机合作社发展的完整的统计数据，而且我们有机会走访了发展比较突出的石龙镇振龙农机合作社，这一切使我们对这一类型的合作社有了较多的了解。我们将通过获得的数据、访谈记录和对振龙农机合作社的了解来分析 G 市农机合作社发展的总体状况以及面临的障碍等。

G 市地处西江几大支流交汇之地，河谷冲积平原辽阔，尤其是浔江平原，从车上我们就可以看到一望无际的绿油油的水稻。这些条件使 G 市成为 G 省（区）第一水稻生产大县。这些条件为农业机械的使用提供了很好的自然条件，也为农机合作社的建立提供了产业基础。2008 年 4 月，G 市开始成立第一家农机合作社，近几年农机合作社获得快速发展，截至 2012 年 8 月，已成立农机合作社 37 家，加入社员 311 人，主要为农机大户和种粮大户，合作社总资产达 1312 万元。农机合作社的快速发展大大加速了 G 市水稻生产机械化的进程，而且通过合作，部分农机手实现了"走出去"，通过跨市跨区作业带动了其他地区的农业生产机械化水平，也提高了自己的盈利能力。

（一）G 市农机合作社的发展程度

我们通过相关的统计数据来分析 G 市农机合作社的发展程度。这个发展不是通过其覆盖面来看的，因为从覆盖面来看，根据农业局的工

作汇报，G市已经实现了对所有乡镇的全覆盖。就像农民专业合作社的发展程度取决于其对村庄、对农户的覆盖程度以及对产业链的整合程度，农机合作社的发展程度取决于其对农业机械的整合程度及其服务的范围。表5-5是G市全市拥有的农业机械数量以及农机合作社拥有的农业机械数量的对比。

表5-5 2009—2011年G市农机购机量及合作社占有状况

（单位：台／套）

年份	农机具总量		大中型拖拉机		联合收割机		水稻插秧机		购机补贴（万元）	
	全市	合作社	全市	合作社	全市	合作社	全市	合作社	全市	合作社
2009	106681	1805	105	10	422	95	261	101	930	51
2010	115753	1870	118	11	563	112	534	168	1290	60.5
2011	126364	1906	136	12	707	117	909	232	1503	74

数据来源：G市农机局统计资料。

把这些数量转变成比例就更加直观了，合作社拥有农机量占全市农机总量的比例见表5-6。

表5-6 2009—2011年G市农机合作社农机拥有量占全市比例

（单位：%）

年份	农机具总量	大中型拖拉机	联合收割机	水稻插秧机	购机补贴（万元）
2009	1.69	9.52	22.51	38.70	5.48
2010	1.62	9.32	19.89	31.46	4.69
2011	1.51	8.82	16.55	25.52	4.92

数据来源：根据G市农机局提供的统计数据计算。

首先，从总量上来说，G市农机合作社拥有的农机具数量只占G

市总量很小的一部分，不到 2%。其次，从近几年的数据和比例变化上来看，G 市农机具拥有量迅速增加，农业机械化出现了快速发展的局面，但合作社对全市农机具占有的比例却逐年下降，无论是总的农机具还是大型农机具的占比都是下降的，这说明农机合作社的发展速度比不上农业机械化的速度。再次，从合作社对不同的农机具占比情况来看，合作社对不同的农机具的占有比例存在很大的差距。如表 5-6 所示，虽然合作社对全市总的农机具占有量不足 2%，但对大中型拖拉机、联合收割机、水稻插秧机的占有量却明显地高于对农机具总量的占有比例，尤其是对联合收割机和水稻插秧机的占有比例更高。这些差异说明了什么呢？我们知道，农机包含的种类是非常多的，有生产领域的犁田耙田机器、插秧机、收割机和烘干机，也有运输领域的各种拖拉机，还有农产品加工领域的碾米机之类的机器，按照常理推测，随着农业的发展，各类农业机械的增加是必然的趋势，但是增加速度会出现很大的差异。如随着近几年 G 省（区）"村村通"工程的迅速推进，广大的农村地区无论是通村路还是通屯路都大大改善，据我们了解，绝大部分的通村路都实现了水泥或柏油路硬化，大部分的通屯路硬化工作也在快速开展之中，交通条件的改善使农民对运输类农业机械的需求快速增长。而生产领域的农业机械的需求则没有这样明显的增加，因为首先农业耕种的面积不可能显著增加，只会随着工业化和城市化逐渐减少；其次由于农地制度的制约，耕地分散的条件没有明显变化，因此不会像交通条件改善这样显著增加了需求，这些外部的宏观环境不改变，光靠农机具购机补贴的激励是不够的。因此，正如表 5-5 所示，2009—2011 年 G 市农机具总量每年增加 1 万多台，而联合收割机每年增加量只有 100 多台，插秧机每年增加也只有几百台，生产性的农机年增加量占总量合计不足 10%。

那么，为什么合作社在生产性农机占有量方面比例明显高于总的占比量呢？这是否说明生产性农机更需要合作社呢？或者说合作社在生产性农机方面发展更有优势呢？根据调研，我们的回答应该是肯定的。首先，从农机的价格，亦即购买农机的成本方面看，大型的农业机械成本很高，需要农户合作才能购买。据振龙农机合作社理事长介绍，像玖保田、洋马这种品牌的联合收割机一台要 20 多万元，这对于绝大多数的农户来说不是一笔小数目，因此很多农机户都是通过与其他农户合作来购买机器的，或者至少通过资金互助的方式来购买这些机械，这就提出了一种互助合作的需求。而一般的农业机械，像适合农村实用的小型运输工具拖拉机，一般成本是七八千元到四五万元不等，很多农户还是能够承受的。其次，从农机作用的发挥及其收益方面来看，通过合作社能够更好地发挥生产性农业机械的作用和盈利能力。人多地少是我国的基本国情，像 G 市这样的桂东南地区，人均耕地不过 1 亩，G 市户均耕地才 4 亩，按照大型收割机 8—15 分钟收 1 亩的速度，半个小时就可以把一家的水稻收割完毕。因此，生产性的农机，如插秧机和收割机，不同于一般运输类的小型拖拉机主要是用来为自己的农业生产服务的，其主要是通过为其他农户提供服务来获取收益。因此，这些拥有大型生产性农机具的农机户往往会开展跨村、跨乡、跨县、跨市甚至跨省的跨区作业，而跨区作业过程中，单兵作战不仅势单力薄，而且风险较高，如出现机械故障较难处理、谈判能力薄弱等，因此跨区作业的农机手们往往都是抱团运作的，通过团队不仅能够共享市场信息，获得更多的订单，而且在价格谈判方面往往也能够一致对外，增强谈判能力，更重要的是，他们在作业中合理分工，有专业的驾驶员和专业的维修员，出现机械故障时能够及时处理，大大提高了作业的效率，降低了风险。而通过组建农机合作社，恰恰能够满足农机户在这方面的需求。振龙农机合作社的实践证明了这一点，如他们共同购买油料获得比较低的价格，通过抱团跨区作业大大提高了盈利能力，不仅能够赢得更多的市场和订单，而且获得了政府提供的各种补贴。这些都说明，相对于一般的农业机械，生产性的农业机械领域更加需要合作社，因此合作社在这方面的农机占有量也就大大高于其他领域。

但是，从趋势上来看，在生产性的农机，如联合收割机、水稻插秧机占有比例方面，合作社的占比也是逐年下降的，说明农机合作社的发展水平还是比不上农业机械化的水平，这需要 G 市农机局以及其他相关部门分析原因和总结经验，加速推动农机合作社的发展，推动 G 市农业生产机械化实现更快的发展。在访谈中，农机局的领导也谈到了农机合作社面临的困境和障碍。

(二) G 市农机合作社发展的制约因素

关于 G 市农机合作社的发展现状，农机局领导认为发展状况很不乐观，主要表现在：注册的合作社数量虽多，但真正运转起来发挥作用的很少。为什么会这样呢？根据农机局领导的阐述，我们将农机合作社发展的制约因素总结如下。

一是农地制度障碍。本来 G 省（区）的地形就比较复杂，丘陵山地多，土地不平整，不利于大规模机械化作业，G 市除了浔江平原，其他地方也是如此。造成了今天农地分割细碎的特点，很不利于规模化作业。一来农地分散导致农机作业的交易成本增加，也就是和农户谈的成本增加，如果农地成块，或者有个组织统一管理，商洽起来就容易多了，现在无论是本地作业还是跨区作业，往往面临这样的困境：大家的田地是阡陌相连的，但所有权又是分散的，有时候这家不愿意收割，其他家的就过不去因而割不了。二来田地分散增加了作业成本，受田地形状的制约，各种转弯增多，作业难度增大，需要耗费更多的燃料和作业时间。此外，分田到户后机耕道慢慢衰败了，导致大型农机在田间地头寸步难行，极大地限制了作业的效率。这一切都是由分田到户的农地制度造成的，这一制度不改变，依靠缓慢的自发的农地流转，农地分割细碎的特点很难改变。

二是农户的观念障碍。农民群众一般都比较守旧，习惯用传统的方法耕种土地，对新技术新方法一般都会持排斥态度，推广需要一个比较缓慢的过程。就像机械化作业一样，很多群众不是很配合，他们认为抛秧就已经很轻松了，没必要用机器，当然，这很大程度上也是因为农民经营的耕地面积普遍很少，往往只种一亩三分地的水稻供自己食用。这导致政府只能靠出台补贴措施来鼓励农户接受机械作业，如对示范区每亩机械耕地补贴 20 元，但这终究治标不治本，难以推广。

三是育秧技术障碍。机插秧对育秧有较高的要求，育得好机器才插得好，育得不好就会影响机插效果，农户就会有意见。现在政府部门正设法从广东引入农业龙头企业进行工程育秧（也就是标准化的大棚育秧）来解决这个问题。

四是农村基础设施障碍。虽然近年来通村通屯道路有了很大改善，但是农田基础设施还是没有大的改观，农田灌溉系统、道路设施衰败严重，给机械化作业带来了很大的困难。这些年政府虽然加大农业基础设施投入，但只能改善大的农业基础设施，村庄一级由于农地分散、农民缺乏凝聚力等原因难以改善，"最后一公里"的问题依然十分突出，给统一的机械作业造成相当大的阻碍。

五是带头人问题。农机合作社带头人的素质参差不齐，好的带头人往往能带活一个合作社，差的带头人导致合作社运转不起来，名存实亡。由于农民很难克服自身的狭隘性和自私心，也有一些带头人为了自己的利益难免损害社员的利益，最终导致人心涣散，合作社发展停滞。所以挖掘和培养合格的合作社带头人，是农机合作社发展面临的一大要务。

（三）政府如何帮扶

农机合作社发展面临着诸多的困难，政府采取了怎样的帮扶措施呢？据农机局领导介绍，一是政策宣传，如合作社宣传、农机具购机补贴宣传；二是技术培训，农机局所属的农机学校给合作社骨干和社员提供免费的技术培训；三是落实优惠政策：如农机具购机补贴的发放；四是穿针引线，为农机合作社的发展提供一些信息，引进一些合作项目，如给振龙农机合作社引入广东的龙头企业进行工程育秧。其他方面，如资金扶持等，农机局能做的就非常有限了。

三、微观分析：G 市 6 个农民经济合作组织的状况

如表 5-7 所示，在为期三天的调研时间里，我们后面两天实地走访了 6 个农民经济合作组织，与合作社负责团队座谈，并对合作社的概况做了问卷调查。我们将通过对这 6 个农民经济合作组织的分析，来认识 G 市农民经济合作组织的微观状况。除了简要交代这 6 个农民经济合作组织的概况，我们将通过合作组织成立的动力、合作组织的规模、成立以后的发展状况、合作组织取得的成效和经验、合作组织发展过程中遇到的困难、政府在合作组织发展过程中的作用等方面来认识 G 市农民经济合作组织的发展状况。

为了方便对比，我们把走访的 6 个农民经济合作组织的基本概况按走访顺序列表如下。

表 5-7 6 个分析样本的基本概况

组织名称	成立年份	地域分布	产业分布	是否示范	组织类型
振龙农机	2008	G 市东	农机业	是	合作社
G 市养鸭	2003	G 市东	养殖业	否	协会
南华种植	2009	G 市西	种植业	否	合作社
广源黄沙鳖	2008	G 市西	养殖业	否	合作社
上鸪荔枝	2008	G 市南	种植业	否	合作社

组织名称	成立年份	地域分布	产业分布	是否示范	组织类型
丽泉黄沙鳖	2008	G市北	养殖业	是	合作社

资料来源：实地调查（截至2012年8月）。

从表5-7我们可以看出，我们所选择的6个样本，成立时间都比较早；在地域分布上，遍布了G市东西南北四个片区；在产业分布上，有种植业、养殖业和农机业；在组织类型上，5个是合作社，1个是协会；其中有2个是贵港市"三年赶超"示范社，4个为非示范社。从6个样本的基本概况来看，还是比较具有代表性的。

（一）农民组织化的动力

我们分析农民组织化的动力，是为了回答这样的问题：这些农民组织为什么会成立？是什么力量、什么人驱动这些组织成立的？以此来判断组织主要是基于内因内生的，还是基于外因外发产生的。从6个合作社的访谈和问卷调查统计来看，这些合作社成立的动力一般都遵循这样的路径：市场环境和生产情况产生了客观需要——在乡村精英（村"两委"委员、种养大户、经济能人）带头下农民自我组织起来——政府倡议登记注册实现规范化。这说明这些经济合作组织的成立基本都是农民自发和政府推动的结果，但往往是以农民自我组织起来并行动为前提，就是说他们主要是基于一种内生的动力主动成立的。这种内生性的合作社往往比那种主要靠外力推动的被动成立合作社有着更强的自我发展能力。

（二）农民组织化的规模

农民经济合作组织规模偏小是当前我国农民组织化的普遍问题，G市的状况如何呢？我们从入社人数、带动农户数和覆盖范围三个指标来分析。入社人数方面，我们缺失了南华种植专业合作社的数据，其余5个组织中，最少的为广源黄沙鳖合作社（5户），最多的是上鸪荔枝专业合作社（280户），平均社员数为104户；带动农户数方面缺失了振龙农机合作社的数据，其余5个组织里最少的带动5户，最多的带动2335户，平均每个带动670户；覆盖范围方面，3个仅限于本自然村，1个覆盖行政村，2个跨越区县。从这些数据可以看出，6个样本组织的规模差别比较大，异质性程度比较高，因此很难得出一个统一的结论说规模是大了还是小了。但仔细对比我们可以发现，类似于养鸭协会和丽泉黄沙鳖养殖经济专业合作社这样规模比较大的组织，它们共同的特点是以提供技术服务和销售为主要业务；而种植类型的合作社比较容易受到村社范围和土地边界的制约，因此规模比较小。但不管规模大小，它们都有一个共同的特点，就是以村庄为基本的依托。

（三）农民经济合作组织规范性和发展

我们从这些组织的硬件和软件方面分析其规范性，从成立后的规模变化来分析其发展情况。硬件方面，6个经济组织均到相关部门进行登记注册，养鸭协会为民政注册，其余为工商注册；有无章程方面，5个成立时有章程，1个没有；办公场所方面，5个有固定办公地点，1个没有；组织结构方面，3个有社员大会（或社员代表大会）、理事会、监事会等机构，2个只有社员大会和理事会，没有监事会，1个没有这些组织。软件方面，就是说这些硬件设施的运行情况，关于社员大会多久召开一次，2个每年1次，1个半年1次，1个遇到重大事情时召开，2个选择其他，其中1个是没召开过，1个是每年召开了很多次；合作社负责人产生办法方面，3个选择由会员大会选举，3个选择由于负责人的威信自然形成。从经济合作组织具备的硬件和软件方面可以看出，大部分的合作社都具备了较为完整的硬件设施，如办公场所、组织机构等，但是实际运行的过程中往往不是很规范。合作社发展方面，成立以来，5个经济组织的覆盖范围、带动农户数、盈利能力都有所增大，只有1个变化不大。这说明，成立以来这些经济组织都有了比较显著的发展。

（四）农民经济合作组织的活动及效益

6个经济合作组织都有为社员提供技术指导和培训、统一购买生产资料、统一规范生产过程和质量要求等服务，还有部分合作社在社员之间开展资金互助来解决社员的资金困难，有4个还注册了产品的品牌。经过这些服务和活动，入社农户的生产技术水平普遍得到了提高，生产资料购买的成本下降了，而农产品销售的价格比不加入合作社的农户高，因此入社农户普遍增加了收入；而且通过参与合作社的培训和会议，社员的参与意识和参与能力得到提高；合作社的发展还带动了村庄内其他事业的发展，如振龙农机合作社、上鸪荔枝专业合作社都将合作社的盈余资金用于村内的公共事业中，如修路、修水利等。合作社也在一定程度上影响了周边的村屯，改善了他们的种养结构和农产品销售方式。

通过回顾这几个合作社的发展历程，可以总结出他们形成的一些共同的经验和一些别具特色的经验。选举一个好的带头人、争取政府的资金和技术方面的扶持，这些都是共同的经验。一些合作社形成的经验特别值得关注，如振龙农机合作社和上鸪荔枝专业合作社，它们的剩余资金不是简单地用来给社员分红，而是发挥资金集中的优势用于村庄的公共事业，促进村庄水利道路等基础设施的改善，这在公共资源匮乏的村庄是十分难得的。合作社作为一个社区性质的组织，通过对村庄的反哺，不仅能够起到凝聚社区、建设社区的作用，而且也为自己的发展赢得了更多的群众支持，改善了自身的发展环境，形成合作社发展与村庄建设共同促进的良好局面。

调研发现，这些农民经济合作组织的发展还面临着很多的问题，6个样本经济组织普遍面临的问题首先是资金短缺，其次较为普遍的是技术落后，还有部分合作社存在农户参与热情不高的局面。政府除了在合作社成立初期提供政策宣传和咨询、帮助起草和完善章程和制度之外，合作社成立后，政府会联系专家给社员提供技术服务，为合作社带头人和骨干提供外出参观学习和培训的机会，为合作社捐赠书籍、技术资料和一些办公用品。少数合作社也会得到政府的项目资金支持，如政府除了争取资金帮助振龙农机合作社建设机库外，还帮他们联系外地企业引进育秧项目；政府为上鸪荔枝专业合作社争取到自治区"绿满八桂"项目资金十多万元。

第三节　G市农民组织化发展的经验、问题与对策建议

一、G市农民组织化发展的经验

G市政府在推动农民组织化方面，坚持"农民为主、政府扶持、多方参与"的原则，逐渐形成了一些行之有效的做法和经验。

（一）政府各部门重视，积极引导农民发展专业合作社

农民经济合作组织的建立最初是一种农民自发的行为，为的是抱团共同应对变化莫测且竞争激烈的外部市场，提高自身的市场谈判能力和争取更多的利益。实践证明，尽管农民对经济合作有着充分的客观需求和强烈的主观需求，但没有政府的认可和扶持，农民经济合作组织是很难发展壮大的。自从2007年《合作社法》出台以来，G市领导和政府各部门对农民经济合作组织十分重视，农业、林业、水产畜牧、农机、供销、粮食及工商等职能部门，充分发挥自身技术及信息服务优势，积极引导组建了大部分农民专业合作社。通过走访座谈我们了解到，工商局作为农民专业合作社的登记管理部门，由局长、党组书记牵头成立了专门引导农民专业合作社发展的领导小组，组织部门人员深入学习《合作社法》，利用各种渠道向农民广泛宣传《合作社

法》；在登记注册方面，畅通准入渠道，工作人员上门提供实地咨询和指导，实行"零收费、近距离、耐心指导、无障碍"服务，符合条件的当场登记，同时会同其他部门，引导农村专业协会转型为合作社，取得经营主体地位。农机局在农机合作社发展方面也做了大量工作，如宣传发动、利用下属的农机学校对合作社技术骨干开展免费的技术培训、发放农机具购机补贴等，同时农机局还积极为发展得好的合作社争取财政和项目支持，促进示范社的发展壮大。从农业局的工作汇报中我们看到，G市将继续加强组织领导和政策引导，为农民专业合作社的发展营造良好的发展环境，同时加大扶持力度，规范运作机制，切实把专业合作社办成运作规范、带动面广、效益明显的新型农民经济合作组织，并且提出了"十二五"期间的发展目标：农民专业合作社每年新增10家以上，入社农户每年新增5000户以上，辐射带动农户每年新增1万户以上，社员户通过专业合作社产业经营每年户均增收6000元以上，辐射带动农户通过专业合作社产业经营每年户均增收4000元以上。

（二）依托本地优势产业，发展专业合作社

一个地方的自然禀赋、农业基础是该地农民经济合作组织发展的前提和基础。G市作为一个农业大县，不仅有平坦肥沃的河谷平原、资源丰富多样的山地丘陵，而且有许多本地特色的农业资源，如麻垌的荔枝、金田的淮山和黄沙鳖、社坡的腐竹等。G市农民专业合作社的发展充分依托这些优势产业，展现出良好的发展势头，如依托本地原生态的黄沙鳖产业，发展黄沙鳖养殖专业合作社24个，为加快黄沙鳖产业发展发挥了积极作用。2011年，G市黄沙鳖养殖户1.13万多户，养殖面积1.12万亩，产量6000多吨，产值8.1亿多元，占渔业总产值的61.3%，已成为G市水产业的优势支柱产业。依托浔江平原水稻种植业的优势，G市大力发展农机合作社，截至我们调研的2012年8月，全市共成立了37家农机合作社，入社人数311人，资产总额达1312万元；2011年全市农机服务专业合作社共完成机耕面积2.5万亩，机插面积1.9万亩，机收面积1.8万亩，成为G市农机化服务的骨干力量，促进了农机增效、农民增收。类似的还有木薯、甘蔗、花卉、林果、食用菌、生猪、养鱼、腐竹加工等优势产业，通过引导农民组建与优势产业相协调发展的农民专业合作社，进一步辐射带动了优势产业基地化、规模化发展。

（三）充分动员各方力量，引领农民专业合作社发展

农民经济合作组织的发展除了具备良好的农业禀赋、得到政府的重视和扶持外，还需要一个非常重要的条件，就是带头发起的力量，没有人带头和组织，光靠政府是不行的。G市政府在这方面非常注重挖掘动员各种牵头力量，依靠这些力量去组织农民成立专业合作社，主要形成了以下几个经验。第一，动员经济能人、种养大户牵头成立合作社。首先是因为种养大户本身有这方面的需要，通过合作社他们可以扩大自己的种养规模，提高自身的竞争能力；更重要的是，种养大户和经济能人不仅具有较强的经济、技术和经营能力，而且在"一盘散沙"的农村地区具有较高的地位和威望，得到群众的认可，因而具备了比较强的组织能力，能够把其他的农户凝聚起来。据农业局统计，G市已有172家专业合作社是由专业大户或经济能人组建的，占专业合作社总数的85.2%，呈现出一个经济能人牵办一个合作社，搞活一个特色产业的良好局面。第二，基层组织引领发展农民专业合作社。所谓的基层组织，就是村民自治组织，包括村党支部和村委会，G市的金龙农业专业合作社、麻垌镇上鸪荔枝专业合作社、石龙镇振龙农机合作社等一批合作社都是由村级组织引领兴办的。尤为突出的是G市第一家农民专业合作社——金龙农业专业合作社，该社就是由村党支部发起成立的，村"两委"的深度参与，使得合作社发展具备了良好环境，能够

解决合作社发展过程中面临的土地、农田水利道路设施建设等种种问题。该社最先开展土地流转入股，通过发动群众入社，以土地入股方式，推进农村土地经营权的流转，开展集约化经营，合作社经过三年多运作，入社农户由成立初的 23 户发展到目前的 297 户，集约土地由原来的 25 亩发展到现在的 2500 多亩，各个种养项目蓬勃发展。2011 年，合作社社员户人均纯收入 5870 元，比上年增长 34.8%，入社社员比普通农户人均纯增收 800 元。该社以联合社员土地入股来拉动土地承包经营权流转，使农民经济合作与土地流转协调发展的成功经验得到了自治区各级政府的认可，成为自治区土地流转的试点村。我们知道，在农村中，村"两委"是受到政府部门认可的最有权威的农村正式组织，是政府和农民之间的桥梁，在农民经济合作组织发展过程中理应发挥更重要的作用，只有像金龙村等村庄一样，村"两委"充分发挥自己的经济功能增加农民收入，村庄的各项难题——基础设施、村庄治理等才能迎刃而解。事实上这也是东部发达地区村"两委"的普遍做法和经验。第三，动员龙头企业参与，发展农民专业合作社。自治区重点龙头企业金源生物化工实业有限公司主动参与组建了 G 市富民木薯专业合作社，通过合作社这个渠道，提供良种、肥料，签订合同，实行保底价回收等服务，提高了木薯"产前、产中、产后"的组织化程度，促进了木薯产业的产、加、销一体化，带动了 G 市木薯产业的快速发展；此外，广得利食品有限公司牵头组建了社坡广信腐竹产销专业合作社，社坡健民食品厂牵头组建了社坡健民腐竹加工专业合作社等，都产生了积极的影响。

二、农民组织化存在的问题

尽管 G 市农民专业合作社这几年经历了一个快速发展的过程，但是还面临着很多的问题，既有合作社本身存在的问题，也有作为重要推动力的政府方面的问题。

（一）合作社发展程度比较低

从合作社层面看，第一，从总的方面来说，G 市合作社发展程度还比较低，这一方面体现在合作社数量还不够多，对广大农村的覆盖率还比较低，如前边分析的对村庄的覆盖率还不到 50%；另一方面表现在合作社的规模普遍比较小，带动农户方面的力量还不足。更重要的是表现在对产业链的整合方面功能的严重不足，农民专业合作社主要还是分布在种养业，导致农民和社员在产前和产后获得的严重不足，而产前产后恰恰是农业产业链利益比较集中的环节，合作社不能带领农民进入这样一个环节，农民增收的潜力就会不足，而反过来会制约合作社的进一步发展。第二，从合作社的实际运行来看，大部分合作社很难严格按照章程规定来运作，部分合作社沦为少数几个人谋私利的工具。第三，农民经济合作组织发展的支撑动力不足，最主要的原因是近三十年来农村青壮年劳动力大量净流出，留在农村的主要是老人、妇女、儿童，而合作社作为一个新生事物，非常需要农村能人去发动和带动。第四，当前的单一的专业合作社很难满足农村的综合需要。农村社会作为一个复杂的系统，具有方方面面的需要，如经济发展、社会稳定、文化生活、农业生产过程中的各个环节等，而单一的合作社往往很难满足这样的需求。

（二）政府促进农民组织化有待进一步加强

从政府方面来看，通过访谈和实地调研，我们发现政府在促进农民组织化的工作方面也存在一些问题。第一，认识上的问题，部分干部对农民组织化的作用认识不深刻，夸大了农民组织化面临的困难，因而对农民经济合作组织的发展前景不乐观，认为只有引进大公司、大龙头企业才能解决问题。实践证明，光靠龙头企业解决农业问题，不能解决农民和农村问题，这还是一种"唯 GDP"的认识，不符合"以人为本"

的科学发展观，以这样一种意识指导工作，势必会影响对农民组织化的工作态度和积极性，进而会对农民组织化的推动造成不利影响。第二，政府各涉农部门"九龙治水"，没有形成推动农民组织化的强有力的工作机制，这一方面表现在涉农组织的架构上，农业局、林业局、水产畜牧局、水利局、工商局、民政局虽各司其职，但缺乏功能上的整合，而农村经济社会对农民经济合作组织的需要却是综合性的；另一方面表现在由于组织结构上的分散，导致用于扶持合作社发展的资金和资源的分散，没有形成全市一盘棋的有组织有计划发展的局面。第三，重视登记注册，忽略巩固和提高，放宽登记注册的门槛来推动农民专业合作社在数量上的快速发展是可以的，但登记注册后，政府的年检和监督工作以及对合作社的广泛扶持却没有跟进，政府往往只是重视那些被评为"典型"的合作社，如果很多其他的合作社成立后由于缺乏扶持而运转不灵，甚至名存实亡，就会影响农民对合作社的看法和热情，给以后的工作造成困难。

三、促进农民组织化发展的对策建议

根据上述对 G 市农民组织化发展状况的认识，结合我们已有的研究，我们提出几点推动 G 市农民组织化的对策建议。

（一）从县域经济发展全局来看农民经济合作组织

尽管中央出台了推动农民经济合作组织发展的一系列政策，基层政府也在不遗余力地落实和推动，但农民专业合作社发展中面临着诸多问题。一些基层干部认为青壮年劳动力出去了，留守农村的妇女、儿童和老人很难把合作社发展起来，只有加大招商引资力度，引进大资本大企业主导的农业龙头企业才能发展农村经济。但这样的认识有两点误区，第一，没有认识到农民经济合作组织发展的有利条件，如国家政策资金扶持力度的逐渐加大以及经历过城市文明洗礼的第一代农民工的逐渐回

流农村，他们拥有的眼界、知识、技能、资金，使这个群体拥有宝贵的人力资源，将越来越成为推动农民专业合作社发展的重要力量；第二，没有充分估计龙头企业（资本）大举进军农村的后果，龙头企业确实能短期内将农业的潜力开发出来，短期内创造政绩，但企业的根本目的是追求利润，其必然要求最大限度地占有农业发展的增值收益，没有组织化的"一盘散沙"的农民在与企业交易过程中处于弱势的不对等地位，往往成为风险的承担者，可见，如果仅仅是农业问题，依靠公司容易解决，但要综合解决农民生存和农村稳定发展的问题，就得重视农民的培养和乡村的建设。调研背景中阐述的中央农村工作领导小组副组长陈锡文和著名学者黄宗智都强调了家庭经营在农村经济发展和社会稳定中的作用，都强调应积极发挥农民经济合作组织在农业纵向一体化（即常说的农业产业化）中的作用。因此，我们必须从农业、农村、农民的"三农"全局，而不是仅仅从农业发展的角度去认识农民经济合作组织的重要性，进而主动把推动农民组织化作为推动"三农"工作的重要抓手来抓。

（二）整合政府职能，形成推动农民组织化的合力

对农民经济合作组织有了清晰的认识，对合作社的发展制定了明确的目标，关键在于落实工作去实现目标，而工作的落实有赖于组织机构和人力配备的完善，否则终究会流入"计划计划，墙上挂挂"的形式主义。"三农"工作是全党工作的重中之重，重中之重不仅应该体现在中央惠农政策的出台和财政对"三农"的转移支付上，更应该体现在直接负责政策落实的县级政府观念及其职能转变上，扩权强县、县乡体制改革的一大目标就是增强基层政府在发展城乡经济方面的能力。G市涉农各局在推动农民组织化方面应该形成合力，即使目前还没有条件像中央大部制改革一样形成一个强有力的大部门，但是可以通过功能整合，如各局领导骨干成立专门的领导小组、整合各个局在农民组织化方面的

资源，建立专门的半官方的社会机构——如安徽亳州的农民专业合作社联社来统一推动，形成合力，有统一规划、有步骤地去推动农民经济合作组织的发展。

（三）将农民经济合作组织作为落实惠农政策的载体

当前很多惠农政策落实不到位、落实走样，农村工作不好开展的原因，就在于政府工作在农村缺乏有效的对接载体，村"两委"经济功能弱化，很难将农民组织起来开展新农村建设。调研过程中民政局的领导反映，有时候民政局依托在农村的专业协会来落实工作，比政府直接去做效果好得多。作为一种新型的农民组织，农民经济合作组织在凝聚人心、动员和组织农民方面是强有力的，政府的一些政策，如农业技术的推广、惠农政策的宣传、农村水利等基础设施的建设，可以通过农民经济合作组织去落实，这样不仅减少了政府的工作量，而且能够激发农民的主人翁意识，克服"等靠要"思想，使政策得到更好地落实，这也必然会加强农民经济合作组织在农民群众中的影响力，为合作社的发展营造更好的环境，使政府工作和农民组织的发展相得益彰。

（四）政府推动合作社发展的关键举措：培养带头人、提供激励

在当前农村基础薄弱，农村土地、资金和青壮年劳动力外流等不利条件和环境下，实现农民专业合作社对农村的广泛覆盖和巩固提高，是一项浩大而艰难的工程。调研发现，所有成功的合作社都有一个共同的特点：有一个有能力、肯奉献的好带头人和他带领下的凝聚力强的骨干团队，所以政府推动农民组织化的核心工作应该是发现、挖掘和培养这样的带头人和骨干团队，这样的人在农村并不缺乏，除了在职或退休的村"两委"干部、村中的种养大户和经济能人，还有一群日益重要的应当引起政府重视的人群——转岗返乡农民工。这群人经过城市文明的洗礼，他们拥有的眼界、知识、技能、资金，使他们注定成为推动城乡

经济社会发展、促进城镇化加速的重要力量，是农村宝贵的人力资源。如何帮助返乡的第一代农民工顺利转岗，为家乡建设发挥作用，已成为地方政府和相关部门面临的重大课题。全国各地纷纷涌现出一批返乡能人"挣了票子，换了脑子，回到家里办起了项目，几年带富了一个村子"这样的案例，G市南木镇金龙村的骆某某就是个典型，这应当引起G市政府各涉农部门的重视，应对这些能人做一个摸底调查，建立村庄能人档案，重视发挥他们的作用，有计划地引导、培养他们成为农村发展的带头人。

有了带头人，合作社建立起来后，在政府专项资金和资源十分有限的情况下，如何做到广泛扶持合作社的发展，而不是集合重金打造几个不可复制的没有典型示范意义的作为政绩工程的"示范社"呢？关键就在于如何用好有限的资源发挥最大的激励作用，让所有的合作社都能公平地竞争政府的资金、项目等资源和优惠，激发他们的积极性、主动性和创造性。据农业局等相关部门介绍，目前针对合作社的资金和项目是很少的，自治区的合作社扶持项目，G市每年只有一两个名额，每个项目资金十多万元。我们认为G市政府在上述第二条，即在整合涉农部门的资源和涉农财政资金的基础上，推出G市自己的项目激励，如每年用10万元设立10个项目激励，每个项目1万元，通过竞争获得的方式激发他们的活力，如让所有的合作社作出自己的项目规划，说明资金的用途，通过递交项目规划的方式参与政府项目资金的竞争，这样政府有限的资金就能发挥奖励创造、奖励创新、奖励活力的作用。

此外，政府还应该重视做好合作社成立之后的扶持和监管工作，不应只是盯着以及围绕着几个成功的合作社转，更应该把他们的成功经验加以总结，如广泛建立成功合作社的档案以备总结和推广；对于运行困难的合作社，也应该了解和总结其运转不起来的原因，为政府出台更有效的激励措施提供现实依据；还应该广泛建立村庄档案了解 G 市农村的大致情况以及各个村存在的主要问题，从而摸清 G 市农村发展存在的主要问题，在工作中做到有的放矢。

第六章 农民组织化发展的本土化路径

在现代社会转型的过程中，作为中国乡土社会结构的差序格局并未完全解体，对当前农民组织化发展仍有不可估量的影响，具体表现在：能人带动是农民组织化的内生动力，而血缘与地缘关系制约农民组织化地域范围，组织内部治理结构的家庭化抑制了农民合作的热情，现代契约理念的缺失制约农民组织化的长远发展等方面。针对差序格局下的农民组织化发展困境，必须寻找农民组织化发展的本土化路径。

第一节 差序格局与农民组织化发展

组织是现代社会的基本结构单位。传统的组织理论无论是管理学派、人际关系学派还是结构学派，都着重研究组织结构、组织管理、组织活动效率等，很少关注组织的生发机制。组织社会学就是从社会学角度去研究组织现象[1]。根据组织社会学，组织被看作是一个社会的基本结构，是"一种集体行动的结构，它可以将个体的行动有机地整合起来，使人们在充满不确定性的环境中获得一种相对的确定性"[2]。

---

[1] 周雪光：《组织社会学十讲》，社会科学文献出版社 2003 年版，第 14 页。

[2] 于显洋：《组织社会学》，中国人民大学出版社 2001 年版，第 40 页。

一、社会结构格局与组织生发机制

针对中西方社会生活中人际关系和结社意愿的差异，费孝通先生提出了"差序格局"和"团体格局"两种社会结构格局的概念。在差序格局中，社会关系是逐渐从一个一个人推出去的，是私人联系的增加，社会范围是一根根私人联系所构成的网络。在这种社会关系格局下，每个人都以自己为中心结成网络。这就像把一块石头扔到湖水里，以这个石头（个人）为中心点，在四周形成一圈一圈的波纹，波纹的远近可以表示社会关系的亲疏[①]。在差序格局中，"组织"的观念实际上就是一种个人的社会关系网。从家庭到家族再到宗族，构成这种组织化发展的典型形态。而在西方社会的团体格局中，"西方的社会组织像捆柴，他们常常由若干人组成一个个的团体。团体是有一定界限的，谁是团体里的人，谁是团体外的人，不能模糊，一定得分清楚"[②]。

两种不同的社会结构格局产生了两种不同的组织生发机制。西方社会的团体格局则是反映现代社会发展对于组织化的要求，可以说是一种人为的组织秩序。在西方社会中，团体是生活的前提，团体不能为任何人所私有。人与人的关系，就像一捆一捆扎清楚的柴，人与人的地位是平等的。人们通过让渡权利形成人与人合作的关系。在这种强调合作的社会契约基础上，现代的法律和政治制度得以构建。"于是他们有革命、有宪法、有法律、有国会"[③]，公共组织和公共观念得以产生。差序格局反映了传统中国乡土社会的人际关系，本质上是一种农民自组织化秩序。这种自组织秩序就是以"己"为中心，按照亲属关系的远近向外扩展的组织化机制，具有以下几个方面的特点。一是个人性，即以个人

---

① 费孝通：《乡土中国　生育制度》，北京大学出版社1998年版，第30—31页。

② 费孝通：《乡土中国　生育制度》，北京大学出版社1998年版，第25页。

③ 费孝通：《乡土中国　生育制度》，北京大学出版社1998年版，第30页。

为建构社会关系的中心。个人特别是能人对于组织生成具有绝对的意义。这种以"己"为中心的自组织秩序决定了在农民组织化发展中，经济能人在农民组织化发展中扮演着重要的角色。二是伦理性。以"己"为中心的差序格局，实际上是以家族关系为中心的。所谓家族，"是一种以血缘关系为基础、由家庭房派结成的亲缘集团或社会群体单位"①。一般来说，人际关系的亲疏程度，与处于中心地位的"己"的远近距离有关。越是接近家族血缘关系的，就越容易形成亲密的合作关系；越是远离家族血缘关系的，就越容易被人们排斥。这是因为中国自秦汉以来就形成了以小农为基础的分散的经济和社会结构，而家族制将所有人编织到远近亲疏有别的血缘亲情关系网中。梁漱溟先生指出，"中国人就家庭关系推广发挥，以伦理组织社会"，形成"伦理本位的社会"。② 在这种基础上形成的组织人际关系，具有伦理性，即依靠尊卑有别、上下有序所维系的差序格局实际上并不承认权利与义务之间的平衡。在这种伦理关系中，盛行特殊主义伦理原则，即道德和法律都得看所施加的对象与自己的关系而加以程度上的伸缩，一切普遍的标准并不发生作用。这种伦理性决定了组织化具有私人关系的属性。所以，费孝通先生指出，差序格局是一个"一根根私人联系所构成的网络"。"人的衣食住行、礼尚往来都不超出这个以血缘和亲疏关系为波纹的差序格局。"③三是地域性。由于个人的亲属关系的局限性，使组织的边界往往没有超越地域的范围。在差序格局下，同一宗族的人总是容易最先组织起来，因为他们之间早已建立了信任关系，这种信任关系不是由契约维持的，而是建立在人们之间的熟悉上，从熟悉中得到信任。费孝通先生指

---

① 项继权：《家族的变迁与村治的转型——关于家族在我国乡村治理中的作用的一项宏观考察》，《中国农村研究（2001年卷）》，中国社会科学出版社2002年版，第276—294页。

② 梁漱溟：《中国文化要义》，学林出版社1987年版，第79—80页。

③ 费孝通：《乡土中国　生育制度》，北京大学出版社1998年版，第27页。

出，"乡土社会的信任并不是对契约的重视，而是发生于对一种行为的规矩熟悉到不假思索时的可靠性"。① 以这样的社会关系网络是很难建立起团体意识、合作互惠、利益共享为本的组织。这种通过血缘和亲疏关系来组建组织的办法，极大限制了农民组织化发展的深度和广度。四是分配性。在差序格局这种乡土社会结构中，由于缺乏社会流动和要素流动，在各种资源有限且分布不均的情况下，差序格局实际上承担了资源配置这一功能，即利益分配在一定程度上遵循人际关系亲疏有别、远近有序的规则。因此，一些学者进一步指出，差序格局下的组织化发展体现了一种稀缺资源的配置模式，且这种资源配置的模式具有相当的排外性②。

自 20 世纪以来，在现代化因素的影响之下，中国乡土社会发生了巨大变迁。乡村更加开放，农民流动更加频繁，中国传统的人际交往、社会交往和家庭文化生活都发生了深刻变化，差序格局在现代化因子与传统农本文化的共同浸染下发生了现代转型，呈现出多元化和理性化的特征。首先，血缘社会所信奉的人情原则出现了变化，在市场经济利益导向的影响下，利益成为决定人际关系的一个重要维度，以至于差序格局出现了"理性化"的趋势③。其次，传统的熟人社会越来越被半熟人社会甚至陌生人社会所取代，农民的社会认同单位不再是宗族与乡村社会④。"人际关系范围扩大，姻亲关系与拟亲缘关系渗进差序格局"⑤。传统的血缘社会变成了现在的由血缘、地缘、业缘关系等混为一体的社

①　费孝通：《乡土中国　生育制度》，北京大学出版社 1998 年版，第 10 页。

②　孙立平：《"关系"、社会关系与社会结构》，《社会学研究》1996 年第 5 期。

③　杨善华、侯红蕊：《血缘、姻缘、亲情与利益——现阶段中国农村社会中"差序格局"的"理性化"趋势》，《宁夏社会科学》1999 年第 6 期。

④　贺雪峰：《论半熟人社会——理解村委会选举的一个视角》，《政治学研究》2000 年第 3 期。

⑤　卜长莉：《"差序格局"的理论阐释及现代内涵》，《社会学研究》2003 年第 1 期。

会。乡村社会日渐呈现出生活面向城市化、人际关系理性化、社会关联的非共同体化、村庄公共权威的衰弱化等特征①。尽管现代社会的转型赋予了差序格局现代内涵，但是乡土"差序格局"所赖以支撑的制度基础和社会环境依然存在。血缘与地缘关系仍然影响到当代乡土社会人际关系发展和组织的生长。普遍存在的家族企业和村社中的协作关系网络均可视为血缘与地缘关系有效运作的例证。

"差序格局"是费孝通先生用来分析传统中国乡土社会结构的分析概念，但它的作用并不仅限于此。费孝通提出来的差序格局和团体格局两种不同的社会关系格局，为我们研究当代中国农民组织化问题提供了理论分析工具。根据社会结构格局的差异，形成两种不同的组织化模式。一种是团体组织模式，一种是差序组织化模式。差序格局的分析概念，使我们可以分析当下农民组织化的现状、面临的困境以及进一步发展的路径选择。

二、差序格局下农民经济合作组织发展的问题

通过以农民经济合作组织为载体的农民组织化的调研，发现农民组织化发展存在一些共同的问题，这些问题可以用差序格局的理论加以解释。

（一）强烈的个人色彩

我们所调查的 6 个农民经济合作组织基本上都是通过能人带动或直接由能人创建的。经济能人在组织生成中发挥了绝对的作用。也就是说，农民组织发展是一种差序组织化模式，不同于由平等地位的人通过自由协商建立的团体组织化模式。在团体组织化模式中，盛行的是权利与义务等组织的契约观念和公共观念，即组织是经过协议成立的，在组

---

① 董磊明、陈柏峰、聂良波：《结构混乱与迎法下乡——河南宋村法律实践的解读》，《中国社会科学》2008 年第 5 期。

织中，人与人的地位是平等的，权利与义务是平等的，组织是一种公共财富，不为任何人所私有。在差序格局下，组织的成立更多靠个人带动，在农业市场化条件下，农村经济能人在农民经济合作组织的生成中具有绝对的意义，也是农民组织化的一种内源性发展模式。桂东南地区的大多数农民经济合作组织特别是专业合作社基本上都是由经济能人创建和带动建立起来的。在这种以能人为中心的差序组织化模式下，组织内部契约化观念淡薄，组织的公共观念稀少。组织的建立和运行主要依靠能人的个人能量和权威，容易造成组织内部权力的高度集中和人治色彩浓厚。合作组织成员的主体意识缺位，组织内部的权力运行缺乏监督，从而带来了组织发展的一系列问题。

（二）地域性强

农民专业合作社得到了长足的发展，但是，农民经济合作组织的发展地域性强，没有脱离行政区域的界限。孔祥智等通过 23 省 176 个农民经济合作组织的问卷调查后指出，农民经济合作组织的覆盖范围较小，经济实力大多较弱，现有农民经济合作组织的覆盖范围大多数是本乡本村，一般不超过本市（县），跨省的就更少了[①]。而且我们对 G 市 6 个经济合作组织的调查也支持了这种观点。6 个经济合作组织的横向活动范围或服务半径基本上局限于一个行政村甚至自然村的范围内，除了两个养殖类的合作组织外，农民经济合作组织的服务半径不超过 1 公里。一些学者的研究也提供了相应的支持。其纵向一体化程度则没有全面覆盖产供销的链条。除了行政区域的间隔和区域经济发展现状的影响，这种现象在一定程度上与农民组织的差序格局相关。农村社会关系主要分布在同一村庄，或者建立在血缘关系上。同一地域或家族的人更容易组织起来，因为他们彼此熟悉，从熟悉中获取信任。基于熟悉的信

---

① 孔祥智、史冰清：《现阶段农民合作经济组织的基本状况、组织管理及政府作用——23 省农民合作经济组织》，《农业经济问题》2006 年第 1 期。

任往往促成小范围合作，限制了农民组织化发展的地域范围。

（三）家庭式管理

经济能人带动或创建的农民经济合作组织往往成为个人的组织。入社的会员或社员一般是基于有利可图而加入组织，但很少关注组织的管理。农民经济合作组织一般挂牌在经济能人家中，由村干部带动和创办的组织则挂牌于村委会或村民小组办公室。农民经济合作组织的管理普遍不完善，大部分停留在家庭式的管理模式上。专业合作社的财务人员往往由经济能人的家人或亲戚担任，合作社的利益分配不规范，也不透明。经济能人创建农民经济合作组织特别是专业合作社，是为了把它作为一个载体，承接进入村庄的外部资源，特别是来自政府的资金扶持，但是这种资源的分配往往并不能进入普通社员手中。农民经济合作组织的规章制度约束性不强，往往流于形式。尽管农民经济合作组织作为一种成立要件也制定了相应的协会或合作社章程和管理制度，但作为一种松散的组织形式，入社的农户基于有限理性也不会积极参与合作社的经济管理。

（四）农民入社愿望弱

农民入社愿望的强弱取决于农民入社所获得的利益的多少。一般而言，入社农户的获利多少取决于与合作社创办人的关系的远近。在经济能人带动或创建的农民经济合作组织中，能人以其魅力、学识、才干、经验迅速积聚起治理资源，把持着农民合作组织的大部分收益，成为农民专业合作组织的核心人物。而普通的农户社员在利益博弈中处于劣势，所得的收益甚少。在普通农户很难分享合作社的利益或分享利益很少的情况下，未入社农户的入社愿望不强烈，已加入的农户则不关心组织的发展，合作意识不强。而农民加入组织的"过度重利性"也制约了农民合作社的发展。一方面，加入组织的程序过于复杂、浪费成本，自身种植收益与所耗费的时间和精力比较起来并不合算；另一方面，这种理性化发展也决定了农民对组织的态度，即组织存在好则合、不好则散，有利则合、遇险则散，只愿利益共享、不愿风险共担。

三、差序格局下农民组织化发展对策

乡土社会的差序格局决定了中国的农民组织化发展不在于如何突破差序格局的窠臼，而在于依据这种农村社会结构的现实，寻找农民组织化发展的现实可行的本土化路径。所谓的本土化路径，指的是在充分认识国情、区情及地域文化观念的基础上，采取的一种因地制宜的发展对策，或者说要找到一条符合中国农村社会实际情况的农民组织化发展道路。因此，可以从以下五个方面着手：一是发挥能人在农民组织化发展中的作用；二是引入政府力量促进农民组织的现代化；三是适应现代市场经济的发展，重视契约精神，培养农民的新型合作文化，促进自由平等的观念和合作行为；四是善于整合传统的组织资源，重塑乡村社会资本；五是在农民组织化发展中，实现正式制度与本土资源的融合，以减少摩擦和阻力。

（一）能人带动是农民组织化发展的内生性动力

在传统中国"官府—民间"的统治框架下，"皇权止于县政"。乡土社会成为统治薄弱的地方，从而为民间自治释放了空间。而传统的差序格局则提供了一种自组织秩序，即在乡土社会的差序格局下，存在着血缘与地缘两种农民组织化机制，由此导致各种基于宗族、市场的等级组织或巢状组织等民间组织极为发达。这些民间组织、规范和非正式的人际关系网络不但不挑战国家正式权威，反而构成国家权威存在和施展的基础。差序格局作为传统社会农民组织化内生模式，其核心就是能人带动，通过血缘与地缘建立起各种农民自组织，满足乡土社会对组织的需求。在现代社会，尽管经历了规划的社会变迁，但农村社会的差序格局并没有打破，而是注入了新的内容。因此，在这种弱化了的差序格局下，能人带动成为农民组织化的内在动力。中国农民组织化发展模式本土化就是发挥了能人带动促进农民组织化发展。这是中国农民组织化发展的内生动力机制，不同于西方式的基于契约基础上的团体格局模式。

（二）引入政府力量，规范农民组织化发展

正如前面所指出的那样，农民组织化发展的差序格局存在着诸多的问题，如规模小、内部治理结构的家族化、能人增加了获利能力而普遍社员获利少等。解决此问题的出路在于引入政府力量，促进农民组织化的健康发展。第一，基层政府应该正确认识到农民组织的重要性，将农民组织化的发展纳入到本地工业化和城镇化以及县域经济的发展中，推动农民组织化的跨区域发展。第二，通过加大对农民合作组织的政策、资金和信息方面的支持，加速农民组织的发育。第三，基层政府要加强自身在发展农民合作组织上的能力建设，开展农民组织化相关的法律、政策学习和培训，开展辖区内农民组织化的条件和障碍的调查。

（三）重视契约精神，培养农民新型合作文化

在相对封闭和独立的村庄结构中，农民的合作遵循了一种差序格局的组织机制，即同一地域或同一家族的人更容易组织起来，因为他们彼此熟悉，从血缘和地缘关系中获取信任。问题在于，这种建立在血缘与地缘基础之上的组织办法很难跨越"熟人社会"的界限，农民组织发展的广度和深度受到制约。因此，如何克服差序格局的消极影响，促进农民从"熟人社会"扩展到"陌生人社会"的普遍合作，就必须从重视现代的契约精神、培养农民的新型合作文化入手。一是以高校、科研院所为依托，通过文化下乡和知识下乡，大力发展乡村文化教育，提高农民受教育程度，以帮助农民克服地域和亲缘的意识，逐步树立与市场经济相适应的平等、合作、契约意识；二是以农业产业化为导向，培养农民新型合作文化，引导本地的农民组织在市场经济中逐渐地、反复地摸

索与企业或其他农民组织的合作机制，让农民真正认识到普遍性互惠关系带给他们的实惠；三是要依托网络化、信息化，引导农民走出村庄建立广泛的社会联系，加强各地农民组织的互动与交流。

（四）善于整合传统组织资源，重塑乡土社会资本

农民组织化的发展，不能忽视传统的组织资源所发挥的作用。从古至今，中国的乡村就是一个重视非正式社会关系和非正式制度的"熟人社会"。在我国农村，村民之间有着互帮互助、相互合作的优良传统，如邻里互助、亲朋相助。因而，当前农民组织化的发展，要注意从民间社会汲取可利用的资源。此外，还必须珍视传统信任基础，构造新型信任机制，重塑积极的社会资本。通过村规民约、建立规章制度、道德规范教育等做法，培育农民互帮互助、诚实守信的美德和现代合作意识，从而生成一种超越血缘、地缘关系的合作互惠规范。

（五）促进正式制度与本土资源相融合

从组织的生发机制来看，正式制度与本土资源是农民组织发育所不能忽视的外部机制与内生动力。农民组织存在于一定的社会结构当中，正式的制度不能脱离本土的社会结构资源而孤立地发挥作用。农民组织化发展的正式制度主要包括法律支持、政策保障和规章制度等方面，而内生的本土资源包括人际关系网、道德约束、地域文化等方面。促进正式制度与本土资源相融合，一方面继承了农民优良的合作传统，另一方面凭借制度设计的规范性和刚性，确保农民组织化的健康和长远发展。

第二节　政府购买服务与农民组织化发展

改革开放以来，伴随民间组织生发过程的是政府的制度构建。政府与民间组织的关系经历了政府扶持和组建、政治排斥、行政吸纳和政

治嵌入的过程。在政府购买公共服务的背景和趋势下，通过财政资金的转移支付，政府与民间组织在公共服务过程中可以结成合作伙伴关系。公共服务外包、寻找合作伙伴、加强合同管理是政府与民间组织合作伙伴关系的建构路径。

一、文献与问题

改革开放以来，民间组织的快速发展是中国体制变革和社会转型过程中最引人注目的事件之一。在中国，民间组织具有极其广泛的外延和不稳定性的内涵，由此决定了中国的民间组织是一个极为庞大、复杂并处于渐变之中的体系。从宏观的视角看，这个体系既存在与国家体系的交集部分，也存在与市场体系的交集部分，并在发展和转型的过程中逐渐形成既不同于国家体系也不同于市场体系的特征[1]。本文所讨论的民间组织主要是指存在于社会体系中的介于政府与企业之间的那一部分社会组织，即根据现有法规在各级民政部门登记注册的社会团体、基金会和民办非企业单位，它们既不属于政府公共部门，又不属于以营利为目的的所有社会组织，类似于西方语境中的"第三部门"。伴随着民间组织生发而来的是政府的制度构建，包括成立登记管理机关加强规范管理，运用行政手段加强对民间组织的清理整顿，颁布相关法规取缔非法民间组织，等等。

政府与民间组织的关系一直引起广泛的关注。在相关研究中，国家与社会的关系成为最为流行的研究范式。在这一研究范式下，政府与民间组织的关系存在多种面相。孙炳耀提出中国社团存在"官民二重性"的命题[2]，反映了政府与各种社会团体之间在组织和运作上的密切

---

[1] 王名主编：《中国民间组织 30 年——走向公民社会》，社会科学文献出版社 2008 年版，第 3 页。

[2] 孙炳耀：《中国社会团体官民二重性问题》，《中国社会科学季刊》（香港）1994 年第 6 期。

联系。还有学者运用法团主义理论分析中国的工会和商业协会，并进而指出政府与民间组织的关系是一种"法团主义模式"①。法团主义模式只是揭示了民间组织中的一类即属于人民团体的工会和工商联等与政府的关系，而这类"民间组织"并不是中国的民间组织的合适代表，因此，法团主义概念无法普遍应用于中国政府与民间组织的关系。王颖等通过考察浙江萧山的基层社团，进一步提出了"社会中间层理论"的具有原创性的分析概念②。康晓光运用"行政吸纳社会"的分析框架，揭示社会转型中，由于政府的积极应对，采取"社会的方式"进入社会，在社会自治不断扩大的过程中成功地重建了行政控制，从而形成以国家与社会融合为特征的"行政吸纳社会"的制度模式③。林尚立则从政党控制的角度分析中国民间组织发生和发展的制度基础。他指出，大量民间组织的出现对中国共产党的执政和领导构成了挑战，面对挑战，中国共产党通过控制和限制，采取重新登记、清理整顿、社团党建等措施，努力将民间组织作为统一战线的重要纽带，来联系阶层、整合社会，积极扩大中国共产党执政的社会基础④。贾西津从功能角度提出政府与民间组织的关系发展问题，认为民间组织与政府的关系发展目标应放在"公共性"的框架中思考，并分别从公共服务合作和公共政策倡导两个方面，探讨基于公共财政资金的民间组织与政府的合作和民间组织在政府决策中的参与⑤。

① Chan，Anita 1993，"Revolution or Corporation? Workers and Trade Unions in Post-Mao China"，The Australian Journal of Chinese Affairs，29.
② 王颖、折晓叶、孙炳耀：《社会中间层——改革与中国的社团组织》，中国发展出版社1993年版。
③ 康晓光：《转型时期的中国社团》，《中国社会科学季刊》（香港）1994年第6期。
④ Lin Shangli，"Two Modes of Social Construction：the CPC and the NGOs"，Social Sciences in China，A Quarterly Journal Vol.IX. No.2 Summer 2007.
⑤ 贾西津：《民间组织与政府的关系》，载王名主编：《中国民间组织30年——走向公民社会》，社会科学文献出版社2008年版。

上述研究更多地从中国民间组织生长的制度环境，揭示民间组织与政府的关系。在这种研究进程中，国家与社会关系主要提供了一种具有中国特色的民间组织发生学的解释性框架。但如何构建政府与民间组织的伙伴关系一直没有引起足够的重视。基于政府购买公共服务的理念、制度和实践创新，进一步探讨基于公共服务购买的政府与民间组织的合作伙伴关系及其建构问题。

二、农村民间组织的概念与类型

（一）关于农村民间组织的界定、作用与发展

一般认为，民间组织也就是西方的非政府组织（Non-Governmental Organizations，NGO）。但是，中国的民间组织，并不完全具有 NGO 的性质。（美国约翰·霍普金斯大学的塞拉蒙教授概括出 NGO 的七个特性，即正规性、独立性、非营利性、自治性、志愿性、公益性和非宗教性。）如各种行业协会、基金会、工、青、妇等，并不完全具有 NGO 的性质。农村民间组织同样如此。根据对农村民间组织的一般界定，只有满足以农民参与为主、在农村活动和政府与企业之外的组织三个条件，就可以界定为农村民间组织。据此，村委会、共青团、妇代会等国家统一制度安排下的具有准政权性质的组织都可以称为农村民间组织，这是中国农村民间组织的事实，除此之外，农村本土宗族组织、宗教组织、农民经济合作组织、农民社会服务组织等都属于农村民间组织的范畴。

在有关农村民间组织的作用的学术文献中，以国家与社会的关系为主轴的公民社会理论成为主流的理论分析框架。这种理论视角和研究框架主要是从外部来看农村民间组织，把农村民间组织与中国公民社会的兴起联系在一起，从而肯定农村民间组织在中国政治发展中的地位和作用。但是，运用公民社会理论来研究中国农村民间组织问题，存在着

难以克服的理论障碍。首先，在当代中国，有关国家与公民社会之间的"二元对立"的理论预设并不存在。其次，以农村民间组织作为公民社会兴起的标志也具有构建性质。总之，西方的公民社会理论是针对西方的实践而提出来的一种理论分析框架，我们并不否认这一理论具有一定的普适性，但异域理论并非完全符合本土的"地方性经验"。当代中国的农村民间组织，是一个非常复杂的农村社会现象，无法运用西方现成的公民社会理论予以解释。当代中国农村民间组织基本上可以归入黄宗智的"第三领域"的范畴。农村民间组织的产生，并不表征公民社会的兴起，而是可以看作是介于国家与社会之间，由国家与社会互动而产生的具有自己的行动逻辑的农村公共空间。

在国家与社会的互动中，处于"第三领域"中的农村民间组织是如何发育和发展的？如何促进农村民间组织的内源式发展？这正是本文主要关注的问题。不可否认，自20世纪90年代以来，农村民间组织在乡土中国得以迅速发展。但是，这种迅速发展不能遮蔽农村民间组织普遍存在的问题，如农村民间组织规模很小，其活动半径或服务范围仅仅覆盖一个自然村，农村民间组织具有强烈的草根性，比较粗陋。很多农村民间组织仅有招牌，而无实体，更没有相应的行动能力。特别是在城市化日益加快的进程当中，大量的农村人口外流涌入城市，农村日益空心化，农村民间组织是否还有进一步发展的空间，这些问题都值得思考。

（二）农村民间组织的类型

哈耶克是最早探讨人类组织类型和组织生长机制的学者之一。在考察人类社会秩序时，哈耶克区分了两种不同类型的秩序：一种是组织秩序，另一种是自生自发秩序。政府与市场是两种秩序的典型代表。前者是通过人的意志作用，为了某一目的而设计和创造出来的，是一种人为制造并且从外部强加进来的秩序；后者是指一种慢慢成长的、来源于内部建立起来的均衡的秩序，它产生于体系内部，并没有特定的目的，是在人们使自己的行为互相适应的过程中产生出来的、进化而来的自发秩序。由于这两种秩序生成的机理不同，又可以称为外部秩序和内部秩序。外部秩序所导致的社会秩序样式依赖于"一种命令与服从的关系或等级结构，上级的意志，从而最终是某个最高权威的意志，决定着每一个人所必须做的事情"。在这个秩序中，个体要素应该如何行动及占据什么位置，整个秩序的目标和结果，都是由一个统领的命令所造成的。内部秩序的形成乃是社会成员遵循特定规则行动以回应他们所面临的环境的结果。哈耶克关于两种秩序的理论实际上也涉及两种类型的组织生成机制及其行动逻辑。一种类型的组织是经由权威意志指导下建立起来的，因而其组织结构完全是一种命令与服从的关系或等级结构，其行动完全依赖于上级的意志或命令，另一种类型的组织是在自发秩序下建立起来的，其组织结构则是一种完全平等的契约关系，其行动遵循一般性规则的约束，并回应具体的环境。根据政府与市场的理论分析框架，我们可以把农村民间组织区分为三类。

第一类是政府主导的农村民间组织，包括村民委员会及相关机构、共青团、妇联、计划生育协会。这类民间组织是国家规划下的统一制度安排，具有较强国家化色彩以及具有正式权威的"准政权"性质。

第二类是市场主导的民间组织，一般包括老年人协会、村红白喜事会、妇女禁赌协会、各种庙会等临时性组织、农村宗族组织和宗教组织。这类农村民间组织具有自生自发的自组织特征和较强的社会化色彩，是一种纯粹的农民自组织。

第三类是介于政府与市场之间的农民经济合作组织，这类组织占农村民间组织的三分之一以上，构成农村民间组织的发展的主流。农民经济合作组织的生长和发育集中体现了政府与市场的两种力量的作用。在农民经济合作组织的生成和发育过程中，市场的基础性作用比较明显。但是农民经济合作组织的进一步发展，则离不开政府的支持。可以说，在农民经济合作组织的发育和发展过程中，市场起基础性作用，而政府力量则发挥了主导作用。但是，政府力量的引入，又可能使这类农村民间组织缺乏自发、自觉、自治和集体行动能力。考察政府与市场两种力量在农民经济合作组织发育和发展过程中的作用，对于促进农村民间组织的发展具有重要的作用。

三、公私合作伙伴关系：概念、类型与特征

伙伴关系是指在互利合作的共同目标下，以平等、合作、互利、依存为基石，通过契约形式结成持续的行动共同体，追求双方或多方共同利益的一种联合稳定的合作方式。伙伴关系在国际政治领域、商业领域、社会领域等得到广泛的运用，形成了诸如大国之间的战略伙伴关系、商业伙伴关系、社会伙伴关系如劳资伙伴关系等等。可见，伙伴关系在各种语境中大行其道，在各种官方和学术文献中成为使用得最多的少数几个词语之一，并日益引起广泛的关注。自 20 世纪 70 年代新公共管理运动兴起以来，公私合作伙伴关系（Public-Private Partnerships，PPP）在公共管理领域得到广泛运用。公私合作合伙关系是指公共部门和私人部门为提供公共服务而建立起来的长期平等、合作、互利、依存关系。美国经济学家 E.S.萨瓦斯把公私合作伙伴关系定义为公共部门和私营部门共同参与生产和提供公共物品和公共服务的任何制度安排[①]。在他看来，政府选择公私合作伙伴关系是通过合同制治理将私营部门所具有的市场竞争激励结构引入到公共服务供给体系中，从而实现公共服务的效率。欧洲委员会则把公私合作伙伴关系定义为一种在政府当局和商界之间的合作形式[②]。经济发展与合作组织（OECD）和国际货币基金组织则把公私合作伙伴关系定义为政府与私人部门之间建立的

---

① ［美］E.S.萨瓦斯：《民营化与公私部门的伙伴关系》，中国人民大学出版社 2002 年版。

② 参见唐祥来：《公私伙伴关系的公共经济学分析》，《财贸研究》2011 年第 3 期。

一种协议或私人部门替代政府部门供给基础设施资产和服务的合约安排①。一些国内学者认为，公私合作伙伴关系是指公共部门和私营部门为了公共利益的需要，在双方共同参与公共物品及服务的生产和提供的过程中所建立的以合作为目的的治理框架。其实质是通过合作性的治理结构安排，充分发挥公共部门和私人部门的优势，同时避免它们各自的弱点，形成新的融合力，以解决日益复杂的公共问题②。因此，公私合作伙伴关系就是在政府通过吸纳社会力量和民间资源来共同参与区域公共事务的管理和公共问题的解决时，在政府与社会组织、企业之间建立的一种合作契约或框架。在特定公共服务的处理上，公共部门和私人部门创造有意义的共同参与并建立关系，以对等互惠的地位进行经常性的互动，并各自保持独立自主性，且形成平等、互惠，创造双赢，共同参与及责任分担的互动关系③。公私合作伙伴关系是公共部门与私人部门为提供公共服务而通过正式的协议建立起来的一种长期合作关系，以互相取长补短，共担风险，共享收益。

公私合作伙伴关系主要包括两种类型，即政府与营利性组织（私人企业）的合作伙伴关系，政府与私人非营利性组织的合作伙伴关系。政府与私人企业的合作伙伴关系，就是通过公共项目建立公私合作伙伴关系的制度安排，政府部门和私人企业通过联合投入资源，共担责任、共担风险、共享利益的方式，生产和提供公共产品和服务。其目的旨在通过公共部门与私人部门的资源整合，共同将国家资源和社会资源予以重新配置，提高资源的使用效率，减轻政府的财政负担，增进社会整体

---

① IMF.Public-private partnerships，Paper Prepared by the Fiscal Affairs Department，Mimeo，2004.

② 李新、席艳乐：《全球治理视野下的公私伙伴关系：现状与困境》，《经济社会体制比较》2011 年第 1 期。

③ 林水吉：《跨域治理——理论与个案研析》，（台湾）五南图书出版股份有限公司 2009 年版，第 51 页。

福利①。政府与私人非营利性组织的合作伙伴关系则主要通过政府向私人非营利性组织购买公共服务的方式实现资源互补，以更经济、更有效的方式向社会公众提供公共服务。事实上，公私合作伙伴关系无论是作为一种制度安排、协议还是合作形式，自提出以来，就被越来越广泛地应用于各国基础设施和公用事业的建设和运作。英国率先运用公私合作伙伴关系于基础设施和公用事业的建设和运作，随后，PPP 逐渐在美国、加拿大、法国、德国、澳大利亚、新西兰和日本等发达国家得到广泛应用。近年来，联合国、世界银行、欧盟和亚洲开发银行等国际组织把 PPP 的理念和经验在全球大力推广，很多发展中国家如印度、中国、巴西和一些非洲国家也纷纷开始学习和实践 PPP②。但在中国，PPP 模式主要应用于基础设施建设，公私合作伙伴关系主要是指政府与私人企业之间的合作伙伴关系，PPP 已经被国内一些基层政府应用到各种公共产品和服务的提供当中。

公私合作伙伴关系的核心是政府部门和私人部门、非营利部门的合作（Collaboration），即参与者维持原有自主性，但彼此合作与寻求共同的目标，以共同分享相同的价值与奖励。这种合作同时又具有不同于一般合作的特征，即通过建构伙伴关系，形成一种正式的、长期和稳固的合作，合作对象彼此间互相依赖，也互相约束。首先，公私合作伙伴关系的前提是双方地位平等且具有高度自主性。这是由现代国家的治理结构决定的。在现代国家的治理结构中，公共部门和私人部门分别作用于不同的领域，承担不同的责任；同时，在现代国家的法治秩序下，公共部门和私人部门在法律面前一律平等，共同接受法律的统治，公共部门并不具有高于或优越于私人部门的特权。在法治确立的秩序下，公共

---

① 陈振明等：《政府工具导论》，北京大学出版社 2009 年版，第 298 页。

② 张万宽：《发展公私伙伴关系对中国政府管理的挑战及对策研究》，《中国行政管理》2008 年第 1 期。

部门和私人部门可以通过协议的方式就公共事务进行讨论、对话并达成一致意见，以便采取共同的行动。由于存在着广泛的分权体系，任何权力都是受约束的，而不是任意的、专断的。这种分权体系正是治理得以存在的前提。在这样一个权力广泛分散的政治结构中，才有助于政府机构、公民个人和公民团体共同参与公共事务的治理。其次，公私合作伙伴关系是政府的一种管理工具，一种公共管理和公共服务的策略性工具。公私合作伙伴关系作为一种新的管理理念和政府管理工具，起因于新公共管理运动所倡导的政府改革和政府职能转变。新公共管理运动的基本导向就是强调公共管理的市场化和社会化取向，其基本内涵就是在公共部门的管理中，引入市场和社会力量，即在公共管理中吸纳多元主体参与，实现政府与市场、政府与社会的有机组合。公私合作伙伴关系产生的直接原因是政府资源的匮乏、管理能力的弱化以及政府公共服务的低效率与低质量。政府部门为了对付资源短缺，越来越多地把目光投向非政府的私人部门和非营利组织的参与。第三，公私合作伙伴关系是一种合约安排。在法治秩序下，公共部门和私人部门主要通过契约结成合作伙伴关系。契约既是结成合作伙伴关系的基础纽带，也是管理政府与私人部门伙伴关系的依据。政府与私人部门的合作伙伴关系的建立、运作还是改变，都离不开合同。由此带来了政府治理中心的转移，即从权力转向合同。"运用合同来履行政府职责通常指的是趋向一种公私合伙关系。"①

四、当代中国政府与农村民间组织的关系现状

自改革开放以来，中国的社会组织迅速发展，形成了两种明显不同的发展路径，即"自上而下"和"自下而上"的发展路径。伴随着民

---

① [美] 菲利普·库珀：《合同制治理——公共管理者面临的挑战与机遇》，竺乾威等译，复旦大学出版社 2007 年版，第 62 页。

间组织的发展而来的是政府与民间组织的关系调整。面对不断兴盛的社会组织，权威主义政府采取了一种可称为"分类控制"的多元化的管理策略①。2007 年，为了改变民间组织在文化心理中的"官—民"对应及对立的角色关系，我国正式用"社会组织"代替"民间组织"的称谓。并将社会组织分为三类，即社会团体、基金会和民办非企业单位。根据社会组织的不同类型采取不同的管理方式，具体包括政府引导与组建、政治排斥、行政吸纳等方式。在分类控制的管理体系中，一方面国家允许公民享有有限的结社自由，允许某些类型的社会组织存在，但不允许它们完全独立于国家之外，更不允许它们挑战自己的权威；另一方面国家也有意识地利用各种社会组织提供公共物品的能力，使其发挥"拾遗补缺"的作用。

（一）政府引导与组建——依附性民间组织的行政化

改革开放以来，处于停滞状态的农村社会组织开始部分恢复。村民委员会就是其中最显著的例子。村民委员会作为农民自治组织，产生于农村改革后不久。随着联产承包责任制的推行，人民公社体制逐渐瓦解，并在其公社层级重建了乡镇政府。而在原生产大队和生产队层级，由于分户经营瓦解了集体经济，导致村庄事务无人管理、无人问津的局面。为了改变这种现状，一些地方的农民经由自发的民主选举方式建立了村民委员会这种基层群众自治组织。1980 年，广西壮族自治区宜州市合寨村村民为了走出当时的乡村治理困境，率先成立了基层群众自治组织，取得了很好的治理效果。在政府的引导下并经由国家认可迅速推广到全国，成为中国农村的一项基本政治制度，被写入《中华人民共和国宪法》。根据《中华人民共和国村民委员会组织法》的规定，村民委员会是村民自我管理、自我教育、自我服务的基层群众性自治组织，实

---

① 康晓光、韩恒：《分类控制：当前中国大陆国家与社会关系研究》，《社会学研究》2005 年第 6 期。

行民主选举、民主决策、民主管理、民主监督。村民委员会办理本村的公共事务和公益事业，调解民间纠纷，协助维护社会治安，向人民政府反映村民的意见、要求并提出建议。

村民委员会的成立，是国家权力上收的结果。人民公社体制解体后，国家政权确定在乡镇一级，乡镇以下的行政村则由村民委员会这种群众性自治组织来实现自我管理、自我服务，并承担协助政府行政管理的义务。自此，"乡政村治"成为中国农村的基本制度安排。在乡政村治制度下，村民委员会一直存在着行政权与自治权之间的张力。在"强国家—弱社会"的宏观环境下，村民委员会面临行政化的压力，乡镇政权可以通过各种不同方式干预村民委员会的选举，甚至采取行政命令方式免掉村委会干部。因此，通过政府引导组建的村民委员会具有类政府性质，与乡镇政府存在密切的联系，因而具有强政府性、弱自主性，并且在发展过程中具有强烈的行政化倾向。

（二）政治排斥——自主性民间组织的合法性危机

改革开放以来，随着市场化改革的推进，国家控制一切资源的总体性社会体制让位于国家不再全面控制经济活动的权威主义体制。虽然国家不再干预公民的个人和家族生活，但对公民结社仍保持着一种警惕和戒备心理，主要表现为严密控制"政治领域"和"公共领域"。即在政治、社会生活的重点领域采取了一系列以社会控制为治理目标的政策措施，其目的是维系现存政治秩序，保持政治稳定。对于一些境外在华工作的非营利性组织、宗教组织、国内的政治性社团则采取政治排斥态度，使自主性民间组织面临严重的政治合法性危机。政治合法性（Political Legitimacy）本来是指政府基于被民众认可的原则基础上实施统治的正当性。在这里，社会组织的政治合法性主要是社会组织的存在和运行在多大程度上被政府和社会公众视为合法和正当。也有学者把民间组织的合法性分为四种类型，即政治合法性、行政合法性、社会合法性和法律合法性。其中，政治合法性是指社会组织"由于符合国家的思想价值体系而被承认享有的合法性"，简而言之，即是民间组织及其活动在"政治上正确"①。可见，就农村民间组织的合法性而言，政府是农村民间组织政治合法性的主要提供者。政治合法性的标准除了法律法规以外，还包括社会主义一元政治价值基础之上的一系列政治标准，即是否坚持四项基本原则、是否危害国家统一和民族团结等等②，并以此作为衡量社会组织是否合法的主要政治标准。依据这一政治标准，政府对农村民间组织采取了一系列较为严厉的行政管理措施，一是严厉的限制措施。如农村宗教组织，在组织成立、活动开展以及内部治理结构、重大活动以及主要负责人等方面实行严格的管制。对于农村维权性质的组织，政府往往采取限制甚至禁止的态度。对农村宗教、宗族组织的严厉限制压缩了这类农村民间组织的成长空间。同时，政府对这类农村民间组织采取严格的双重分层管理体制。双重分层管理体制包括"双重管理"和"分层登记管理"两种管理方式，前者是指对社会组织的登记注册管理和日常业务管理实行登记管理部门和业务主管部门双重负责的体制；后者是指登记管理部门和业务主管部门的行政管辖范围，必须与民间组织的活动范围相一致。它们一起构成了目前中国政府对民间组织加强"监督管理"的最主要措施③。这种严厉的行政管理措施就是为了强化国家对以社会团体为代表的民间组织的控制④。其结果是造成了民间组织非法滋生、泛滥。

---

① 高丙中：《社会团体的合法性问题》，《中国社会科学》2002 年第 2 期。

② 熊跃根：《转型经济国家中的"第三部门"发展：对中国现实的解释》，《社会学研究》2001 年第 1 期。

③ 孙志祥：《"双重管理"体制下的民间组织——以三个民间环保组织为例》，《中国软科学》2001 年第 7 期。

④ Saich T.（2000）. Negotiating the State：The Development of Social Organizations in China. *The China Quarterly*，No. 161，pp.124-141.

（三）行政吸纳与政治嵌入——民间组织的功能弱化

行政吸纳与政治嵌入是政府与农村民间组织互动的另一重要方式。行政吸纳主要是指国家权威吸收和引导社会力量进入公共权力系统①。行政吸纳的本质就是一种行政控制的方式。通过对民间组织的行政吸纳，使民间组织为政府所用，从而达到增强政府公共服务能力及转移管理职能的目的。政府对民间组织的行政吸纳最成功的经典案例就是村民委员会这种基层自治组织的吸纳。村民委员会是群众自发的自治组织，是适应人民公社制度解体后乡村社会管理的需要而建立起来的。这种村民自治组织成立之初即表现出了良好的治理绩效。这种地方的治理创新经由国家政权的规范推广，遂演变成一种全国性的基层治理的制度安排。通过人大立法，正式定位于基层群众自治组织，并赋予其民主选举、民主管理、民主决策、民主监督四大功能。把村民自治组织作为一种全国性的基层自治组织，并赋予其自治功能，本身就是国家政权对基层组织的吸纳，基层政权通过对村干部选举的操纵、对村委会成员发放补贴，把村委会当作自己的下属机构来加以管理，使村民自治并没有发挥完全意义上的自治功能，基层政权通过对基层自治组织领导人的管控，达到对基层自治组织的管理和约束。政府对民间组织的行政吸纳主要包括对民间组织的领袖吸纳、组织（结构）吸纳与职能吸纳三种方式。通过行政吸纳，政府将草根化、多元化的利益表达性社会组织并入政治体制，试图通过体制吸纳实现自身职能增容②。

除了对民间组织的行政吸纳外，政府面对日益增长的新型社会组织，转而采取"选择性嵌入"的控制方式。特别是对于农村专业协会、

---

① 陶建钟：《风险与转型语境下社会秩序的路径选择——控制、吸纳与协作》，《浙江社会科学》2013 年第 8 期。

② 王向民：《分类治理与体制扩容：当前中国的社会组织治理》，《华东师范大学学报（哲学社会科学版）》2014 年第 5 期。

工商注册营利组织等这种新社会组织，政府主要通过政治嵌入的方式，实现党和政府对新社会组织的嵌入式治理。政治嵌入主要是指执政党对民间组织的渗透，通过在民间组织内部建立组织机构从而形成与民间组织的互动关系。在社会组织快速发展的新时期，政党通过嵌入社会组织，一方面能够扶持社会发育、培育社会自组织，引导市民社会逐步成长；另一方面又能在一定程度上约束和改造现有国家权力延伸到社会中的触角和机构，帮助其转变职能和运行方式，更好地实现与社会融合①。

五、政府与民间组织合作伙伴关系的建构

在公私合作伙伴关系中，地方政府、私人部门、非营利性组织与区域公民分别扮演不同的角色。地方政府处于区域公共管理的最上位，这主要是因为行政事务都需要透过地方政府的运作，且地方政府提供地方公共服务和公共物品。地方政府既是伙伴关系的发起者，也是资源的分配者。私人部门在区域公共管理中主要活跃在市场的结构中，例如产业、商业活动等。私人部门在区域产业发展和商业活动中可以通过公私合伙的形式与公共部门合作，从而结成合作伙伴关系。

（一）政府购买服务是建立政府与民间组织合作伙伴关系的基础和前提

奥斯本在其最享盛名的著作《改革政府：企业家精神如何改革着公共部门》一书中提出，政府的中心工作应该是"掌舵"，而不是"划桨"。政府就是应该"转向一种把政策制定（掌舵）同服务提供（划桨）分开的体制"。供给决策是政府的首要职责，但政府并不一定要通过官僚科层制来亲自提供公共产品和公共服务，而是可以通过服务网络来执行供给项目。具体做法就是，政府要先确定某种公共服务的供给数量、质量和服务标准，然后向执行机构、私营部门或非营利性部门招标，再

---

① 容志：《政党社会化与地方治理嵌入：一个分析框架》，《社会主义研究》2008 年第 5 期。

由中标的承包商按照与政府签订的合同来执行供给项目、提供公共服务。政府在将公共服务外包时往往与非营利性组织结成伙伴关系，一些非营利性组织也主动争取与政府的合作机会。

政府向民间组织购买公共服务是国际上流行的做法，政府与非政府组织合作的"伙伴关系"得到广泛实践。在中国，近年来公私合作伙伴关系项目正在强力推进，主要目的是化解地方政府债务危机，不扩大地方政府的存量债力。经过近 20 年的发展，政府购买公共服务已经扩至居家养老、医疗卫生、社工服务、行业性服务等领域。在政府购买公共服务的过程中，政府角色也由服务的生产者、提供者转变为管理者、监督者，从而形成了一种新的公共治理模式。但是，在实际操作中，我国地方政府购买服务大多为依赖关系非竞争性购买或独立关系非竞争性购买，承接公共服务的社会组织常常是政府下属的单位或团体，只有少数是其他社会组织。正如一些论者所指出的那样，"政府在借助 PPP 模式提供公共服务的过程中，必须确保一个竞争性市场的存在，否则即便我们采用了 PPP 模式来提供服务，也很难保证公共服务的供给效率和质量。"① 随着政府改革的深入和新的公共管理理念的引入，政府向民间组织购买公共服务从地方试点和创新到一种全国性的制度设计，为政府与民间组织的伙伴关系留下了空间。非营利性组织和政府部门各有在组织特征上的优势和不足，二者间建立伙伴关系具有必要性②，而这种伙伴关系的建构也可以促进政府与农村民间组织的有效合作。

（二）选择正确的合作伙伴

在确定了政府购买公共服务的基础上，接下来就是选择正确的合作伙伴。寻找最好的潜在伙伴就是要决定他所提供的哪一种资源对政府

---

① 井敏：《竞争性市场：PPP 模式有效运行的前提》，《学习时报》2015 年 10 月 12 日。

② Salamon L. M. 1981，"Rethinking Public Management：Third-Party Government and the Changing Forms of Government Action"，*Public Policy*，29（3）.

工作最为有效。在脱贫攻坚中，地方政府采取一系列措施设立和选择合适的财政扶贫资金的承接对象。

1. 村民合作社。在脱贫攻坚中，广西壮族自治区把发展贫困村集体经济作为加快农村脱贫的重要举措，并要求各级市、县（区）及时完成贫困村村民合作社的设立工作。把贫困村村民合作社建设成为带动贫困村脱贫致富、发展壮大集体经济的有效载体。SL 县西燕镇政府紧紧抓住这一契机，高度重视并按有关要求启动岜独村村民合作社的设立工作，镇、村两级迅速召开村民合作社成立的工作布置会，组织培训、宣传发动。岜独村较成熟的村集体经济发展为成立村民合作社打下了良好的基础，成立筹备工作得到上级各部门的支持及全村广大人民群众的拥护。通过召开社员大会成立村民合作社，并选举社员代表，以及社管会、社监会成员正式候选人，通过召开社员代表大会差额选举社管会、社监会成员。全村参与合作社 1452 人，选出村民合作社管理委员会成员 5 名，村民合作社监督委员会成员 15 名。县级政府将向每个贫困村的村民合作社投入 200 万元用于发展集体经济。

2. 农民专业合作社。广西壮族自治区为鼓励和支持农民专业合作社参与脱贫攻坚，带动贫困群众脱贫致富，根据《中共广西壮族自治区委员会关于贯彻落实中央扶贫开发工作重大决策部署坚决打赢"十三五"脱贫攻坚战的决定》（桂发〔2015〕15 号）和《广西壮族自治区人民政府关于加快发展农民合作社的意见》（桂政发〔2015〕61 号）等文件精神，大力培育和发展农民专业合作社，并通过财政扶贫政策和金融扶持政策，向农民专业合作社购买扶贫服务。对于购买扶贫服务的农民专业合作社的认定条件是，第一，依照《合作社法》的规定注册登记，取得法人资格。第二，合作社成员中建档立卡贫困户占该村贫困户总数的 20% 以上。第三，带动建档立卡贫困户增收 20 户以上。

政府购买方式主要有：一是将支持贫困地区和扶贫对象发展产业的

扶贫项目资金，按照《关于印发广西壮族自治区财政专项扶贫资金管理办法的通知》（桂政办发〔2017〕42号）要求，大力推行以奖代补、先建后补、民办公助等补助方式，鼓励和引导直接带动贫困户发展生产、开展经营的脱贫攻坚农民专业合作社按有关规定自主组织实施。

二是按照广西壮族自治区人民政府办公厅《脱贫攻坚贫困户小额信贷实施方案》（桂政办发〔2016〕9号）、广西壮族自治区扶贫办《关于进一步推进扶贫小额信贷工作的通知》（桂开办发〔2016〕70号）要求，吸纳和鼓励建档立卡贫困户的扶贫小额信贷资金统一经营使用，带动贫困户发展产业增收致富；或直接带动贫困户发展产业的脱贫攻坚农民专业合作社向当地金融机构申请扶贫项目贷款，根据广西壮族自治区人民政府《关于加强金融支持扶贫开发的实施意见》（桂政发〔2014〕33号）和《广西壮族自治区人民政府关于改革财政扶贫资金管理机制的实施意见》（桂政发〔2014〕34号）要求，在一定贷款期限和贷款额度内按不高于同期人民银行基准利率给予全额或一定比例财政贴息补助；或结合农村产权制度改革，在贫困地区逐步推广以水域滩涂养殖权、承包土地收益权、农业机械设备等为标的的新型"抵质押"担保方式，引导扶贫龙头企业、脱贫攻坚农民专业合作社和建档立卡贫困户之间成立互助联保组织向金融机构申请贷款。

三是支持参加政策性农业保险。对有脱贫攻坚农民专业合作社辐射带动的贫困村，利用财政专项扶贫资金优先支持该村贫困农户参加政策性农业保险。

四是探索开展资产收益扶贫。探索将自然资源、公共资产、财政专项扶贫资金和其他涉农资金、扶贫小额信贷、农户权益资本化和股权化，将用于产业扶贫的资金通过量化作为贫困户在农业新型经营主体的股份，并在协议中规定财政每补助1万元扶持带动1户贫困户。脱贫后，其股份全部转为村级集体经济所有，使贫困村、贫困户从中获取资产收益；或是支持脱贫攻坚农民专业合作社与扶贫龙头企业、贫困农户建立利益共享、风险共担、互惠互利、共同发展的长效利益联结机制，对参与建立利益联结机制的脱贫攻坚农民专业合作社在申报各类财政涉农项目资金时给予重点倾斜。

（三）伙伴关系的管理：合同制治理

所谓公私合作伙伴关系的管理，指的是"政府旨在以更高效、更经济的方式向公民提供公共服务，对私营企业等相关合作者的战略、态度以及行为进行的管理"，"当政府越来越依赖第三方提供服务时，其绩效也会更加依赖于管理各种伙伴关系并让合作伙伴们承担责任的能力。"① 随着公共服务外包成为一种新的政府管理模式，合同便成为构建政府与社会组织合作伙伴关系的重要一环。这是因为，公共服务购买的本质是一种公共服务的契约化，政府与社会组织之间构成平等、独立的契约双方。无论是作为公共服务购买主体的政府还是作为承接政府购买服务主体的社会组织，都必须依赖合同来履行他们的责任。一个好的公共合同涉及经济、效率、有效性、回应性、责任性和平等因素进行复杂的平衡。在政府购买服务中，政府作为合同的一方不仅要对项目的运作负责，而且要对确定服务的质量负责。政府需要进行合同规划、市场分析和预测，为此要设置专业人员和专项预算；需要进行涉及承包权、资金等方面的条款谈判；需要建立和维持一种积极有效的工作关系，着眼于向公众提供优质的服务，而非扮演警察和强盗的角色。如同有的研究者指出的那样，政府在购买服务过程中的理想角色是，公共服务的需求确认者、精明的购买者、对所需物品和服务有经验的检查者与评估者、公平税负的有效征收者、谨慎的支出者。

---

① ［美］斯蒂芬·戈德史密斯、威廉·D.埃格斯：《网络化治理：公共部门的新形态》，孙迎春译，北京大学出版社 2008 年版，第 19 页。

第七章　农民组织化发展与农村治理

农民组织化是实现农村治理的重要路径。首先，农民组织化发展可以促进农民发展，而农民发展是解决"三农"问题的核心，也是实现农村社会治理的关键所在。农民组织化也可以发挥农民在农地流转中的主体作用，推动农地流转进而促进现代农业发展。农民组织化发展，必将增强私权力在乡村治理中的地位和作用，减少公权力的力度。本章初步探讨农民组织化发展对于农村治理变革的作用。

第一节　农民组织化与农民发展

农民发展是一个综合性的概念，涉及农民权益维护和自身素质、能力的实现。从农民发展的维度来看，农民组织既是农民发展的载体，也是农民发展的途径和形式。一方面，农民组织促进了农民发展；另一方面，农民组织存在的问题同样制约了农民发展。因此，促进农民发展，必须加强农民组织建设，提高农民组织的制度化水平。

一、文献回顾与问题提出

发展的本质是人的发展，一切发展归根结底要落实到人的发展。

作为当代中国发展的指导思想之一的科学发展观，始终坚持"以人为本"的核心立场，实现从"物"的发展到"人"的发展的现代转型。就"三农"问题而言，就是要实现从农业发展、农村发展向农民发展的转变。农民作为中国社会最大的一个社会群体，如何促进农民发展成为近年来学术界关注的热点问题，产生了一些有价值的研究文献。梳理相关研究文献，可以发现，主要有以下几种不同的维度。一是人的发展维度。李克强把农民发展定义为农民本质力量和本质关系的发展，即农民意识的发展①。黄祖辉等从现代性的角度，提出农民的生存、转型与发展就是要提升农民主体性和现代性的问题②。翟新花、赵宇霞则认为农民发展就是"农民主体意识的增强，社会关系的扩展，即农民的生存发展、本质发展和个性发展"③。二是权利的维度，单飞跃、范锐敏着重从权利角度探讨农民发展，认为农民发展的本质是农民各种发展权利的实现过程。单飞跃、范锐敏认为农民发展就是农民权利的发展，也就是农民发展权的获得和保护，包括农民的政治发展权、农民的经济发展权、农民的文化发展权和农民的社会发展权④。三是资源的维度。周明海揭示农民发展需要获得一定的资源保障。周明海认为"解决农民发展问题，就是必须解决农民获取资源的路径平等问题，从而改变其弱势群体地位，提高对资源的控制能力、社会行动能力和利益表达能力"⑤。不同的学者基于不同的维度阐释农民发展问题，丰富农民发展的

---

① 李克强：《农民发展论》，《河北学刊》2007 年第 3 期。

② 黄祖辉、徐旭初、蒋文华：《中国"三农"问题：分析框架、现实研判和解决思路》，《中国农村经济》2009 年第 7 期。

③ 翟新花、赵宇霞：《新型农村集体经济中的农民发展》，《理论探索》2012 年第 4 期。

④ 单飞跃、范锐敏：《农民发展权探源——从制约农民发展的问题引入》，《上海财经大学学报》2009 年第 5 期。

⑤ 周明海：《资源平等·实质自由·基本公共服务均等化——基于农民发展的理论观察》，《求实》2008 年第 7 期。

研究成果。但是，无论是农民本质力量和本质关系的发展，或农民主体性和现代性的提升、农民发展权的实现以及发展资源的获得，都离不开农民自身的努力和力量。现代社会是一种组织化的社会，在现代社会，组织是人的生存和发展的条件，任何人、任何群体的发展离不开组织。一方面，个人基于发展的需要结成形式多样、功能各异的组织；另一方面，个人只有借助于组织的力量，才能更好地满足自己及群体的需求。

改革开放以来，农民创建了各种类型、各种形式的农民组织，从20世纪80年代初的村民自治组织、90年代的农村社会服务组织到进入21世纪以来的农民经济合作组织，不同程度地满足了农民在不同历史时期对政治权利、公共服务以及经济发展的需求。但是，各种类型的农民组织对于农民发展的意义与价值却很少受到关注。农民的发展离不开各种类型的农民组织。农民组织既是农民发展的载体，也是农民发展的条件。农民作为一个人数最大的社会群体，农民发展一直受制于农民组织的不发达。农民只有通过自我组织起来，才能实现自身的发展，构成本章的基本假设。那么，农民发展具有什么样的组织社会学意义？农民组织与农民发展到底存在什么样的相关关系？农民发展面临着什么样的组织化障碍以及如何提高农民组织制度化水平？

二、农民发展的组织社会学分析

从组织社会学的角度考察农民发展，就是揭示农民组织与农民发展的内在关系。发展的实质就是人的发展，而人总是处于一定的社会关系和生产关系之中。这种社会关系和生产关系构成人的发展的条件。发展又分为内源性发展和外源性发展两种类型，内源性发展是在第二次世界大战后提出来的一种新的发展理论，"是一种由内部产生的发展，充分利用地区内部资源，内生的并且适合自身的发展"①；外源性发展则主要是借助于外部力量而产生的发展，通过外部援助来促进发展。

就农民发展而言，内源性发展就是指农民基于自身发展的需要组织起来，通过农民组织，实现共同的发展。因此，农民组织构成农民发展的重要载体和形式。农民通过自我组织起来，通过农民组织实现自身发展就是一种农民的内源性发展。正如徐勇教授所指出的那样，"农民合作组织基于农民内在需要而建立的组织，是农村社会的自主性整合"②。农民的内源性发展，就是通过充分利用本土化的资源，合理有序地建立组织，安排运作，开展活动，最终满足发展需求，维护农民自身权益的发展。而外源性发展是指由外部力量强行介入"组织农民"而忽视农民内在需求的一种农民发展的干预形式，外源性发展无法有效地调动农民自身发展积极性以及农民发展的主观能动性。

农民发展催生农民组织，农民组织促进农民发展。农民组织的治理结构不合理、功能异化和紊乱则阻抑农民发展。由此需要对农民组织进行诊断和修复，以进一步适应农民发展的需要。农村改革以来，各种类型的农民组织如雨后春笋般出现，适应了农民不同阶段、不同类型的发展需要。不同类型的农民组织承担不同的功能与职责，适应农民不同阶段、不同类型的发展需要。随着农民发展的条件变化，原有的农民组织因功能单一性以及缺乏足够的灵活性，难以满足农民新的发展需求，由此产生新的农民组织来不断推动农民发展。因此，农民发展的需求离不开多样性、多功能的农民组织。从组织学理论来看，大规模、更复杂、多功能的农民组织更加有利于促进农民发展。

从组织维度来看，农民发展需要借助于农民组织，农民组织在实

---

① 邓万春：《内生或内源性发展理论》，《理论月刊》2011 年第 4 期。
② 徐勇：《如何认识当今的农民、农民合作与农民组织》，《华中师范大学学报（人文社会科学版）》2007 年第 1 期。

现农民发展上具有重要意义。第一，农民组织提供了农民交流学习和接受新事物的平台。农民通过不断学习，接受新事物，进而从"传统小农"发展为新型农民。第二，农民组织可以满足农民发展的个性化需求。由于地理环境的影响和传统文化的差异，各地的农村发展往往具有异质性。同时，由于农业市场化的发展，农民之间的社会分化日益明显，农民的异质性导致了农民组织的多样性。各种不同性质、不同功能的农民组织可以满足异质性农民的个性化、差异化需求。第三，农民组织促进农民发展、能力提升。农民组织化就是农民自我组织的过程，就是农民以某种社团的方式结合起来，把各种力量有效结合起来，形成强有力的发展群体。第四，农民组织能够提高农民整体参与度，增强社会资本，反过来促进农民发展。农民加入组织，通过彼此合作，分享各自经验，培育了农民之间的感情；通过互相实施工作，增进彼此的信任，团结了村庄农民之间的社会网络；实现了村庄凝聚力的发展，增强了村庄社会资本，减少了纠纷和冲突。村庄居民的"社区认同单位"超出了家庭之外，更加考虑村庄的集体行动，更加主动地把个人的"私利"与组织的"公利"结合起来，从而激发农民参与公共事务管理的热情与激情，减少村庄治理的成本。

三、农民组织促进农民发展的实证分析

组织是农民发展的载体，也是农民发展的基本途径。改革开放以来，农民自发地建立了各种类型的农民组织，大大促进了农民发展的进程。

（一）村民自治组织与农民发展

农村改革以来，随着家庭联产承包责任制的推行，农民获得了发展的权利与机会。但是农业家庭经营带来了农民的分散化、原子化生产生活状态，导致在村庄社会的权力真空以及村庄公共事务无人管理的局面。为了适应农村社会管理的需要，农民自发地成立了村民自治组

织，并经由国家认可成为一种全国性的基本制度安排。到 2012 年底，农村村民委员会共有 58.8 万个，村民小组 469.4 万个，村民委员会成员 232.3 万人。2012 年全国共有 10.9 万个村（居）委会完成选举，参与选举的村（居）民登记数为 1.6 亿人，参与投票人数为 1.1 亿人[①]。村民自治组织对于农民发展的作用巨大。到 2012 年，基层群众自治组织的增加值达 375 亿元。

表 7–1　全国自治组织统计数据表

指标	2012 年	2011 年	2010 年	2009 年	2008 年	2007 年
自治组织单位数（个）	679628	679133	681715	683767	687698	694715
村民委员会单位数（个）	588475	589653	594658	599078	604285	612709
自治组织成员数（人）	2792000	2773000	2773000	2771128	2760325	2827238
自治组织女性成员数（人）	742000	734000	716000	718566	717688	715223
村民委员会成员数（人）	2323000	2319000	2334000	2340268	2338806	2411074
自治组织增加值（亿元）	375	363.2	309.89	370.9	328.56	280.93

资料来源：国家统计局：《自治组织年度数据》，http：//data.stats.gov.cn/workspace/index？m=hgnd。

村委会作为村民自治组织，在吸纳村民进入村委会、提高农民组织化程度方面发挥了重大作用。村委会成为凝聚农民力量，合理整合村庄资源，进行基层设施建设，处理社区公共事务的有效载体。具体而

---

① 中华人民共和国民政部：《2012 年社会服务发展统计公报》，2012 年，见 http：//cws.mca.gov.cn/article/tjbg/201306/20130600474746.shtml.2013-6-19。

言，村民自治组织在以下两个方面促进了农民发展。

第一，实现农民自我管理的主体地位。村民自治组织的主要形式就是村民委员会。村民委员会由村民民主选举产生，与村民形成契约关系，代理村民的权力管理村庄公共事务，分配村庄公共资源，组织建设村庄基础设施，治理村庄公共问题。村民自治组织满足了农民自我管理、自我发展、自我组织的管理主体地位的诉求。第二，提升农民的组织化水平。村民自治组织的成立过程，是农民展示组织水平和提升组织能力的过程。农民通过协商，将分散化的个体重新自我整合成一个团体。以集体合作的方式共同治理涉及自身但仅凭个体又无法解决的问题。村民自治不仅是农民组织能力提升的重要标志，而且也是农民素质提高的重要体现。

（二）农村社会服务组织与农民发展

进入 20 世纪 90 年代以来，随着改革开放的深入发展，农村经济与农民生活水平逐步提高。农民日益增长的社会文化需要与国家不能满足农民日益增长的社会文化需要构成农民发展的障碍。村民自治组织无法满足农民对文化娱乐、生活保障、医疗卫生等方面的发展需要。在此背景下，各种农村社会服务组织相继产生。村红白喜事会、妇女禁赌协会、老年协会以及各种文化娱乐组织相继产生。根据《第二次全国农业普查主要数据公报（第三号）》，全国共有 15.1% 的村庄建立了各种类型的农民业余文化组织。但是，在东部地区、中部地区、西部地区以及东北地区的农民业余文化组织、体育健身场所、文化站以及幼儿园都存在分布不均现象。

除了由农民自发建立的各种农村公共服务农民组织外，还有各种由政府和社会组建的农村社会服务组织，服务农村，促进农民发展，如由政府相关部门组建的各类救助以及权益组织，社会权益保护服务组织、社会救济服务组织以及由社会组建的农村社区服务组织等。保护和

表 7–2　农村公共服务组织的分布

（单位：%）

	全国	东部地区	中部地区	西部地区	东北地区
有农民业余文化组织的村	15.1	19.4	12.8	12.0	15.4
有体育健身场所的村	10.7	19.0	6.7	4.8	7.6
有图书室、文化站的村	13.4	18.1	9.7	10.9	16.4
有幼儿园、托儿所的村	30.2	35.1	31.1	22.0	37.3

资料来源：国家统计局综合司：《第二次全国农业普查主要数据公报（第三号）》，见 http：//www.gov.cn/gzdt/2008-02/25/content_900177.htm，2008-2-25。

发展弱势群体的正当需求，保障留守儿童和老人的正当利益诉求，为农民参与市场化竞争提供必要的权益保障服务，从而满足不同层次、不同年龄农民发展的新需求。各种类型的社会服务组织承担不同的社会服务功能。农村社会服务组织的不断涌现，是农民发展新需求的产物，也是实现农民发展的重要手段。

（三）农民经济合作组织与农民发展

进入 2000 年以后，适应农业市场化和农业产业化发展，各种农民经济合作组织迅猛发展。农民经济合作组织主要有两种形式，农村专业经济协会和农民经济合作社。农民经济合作组织的生长和发育集中体现了"政府"与"市场"两种力量的协同作用。农民经济合作组织是分户经营为特征的小农经济与千变万化的市场之间的产物，是联系农民与市场的纽带和桥梁。农民经济合作组织在保护农民规避市场风险中具有无可替代的作用。

截至 2013 年 11 月底，我国农民经济合作组织数量已经达到 95.07 万家，吸纳成员 7221 万人，占农民总人口的 27.8%。

表 7-3　我国 2011—2013 年农民合作社发展情况①

年份	2013	2012	2011
合作社总数（家）	95.07 万	60 万	50.9 万
合作社成员（人）	7221 万	4600 万	3444.1 万
占农民总人口比例（%）	27.80	18.60	5.20

　　农民经济合作组织为农民提供了各种具体有效的服务，能够在保护农民进入市场竞争中获取有利地位。根据孔祥智等基于鲁、宁、晋三省的实地调研数据分析表明，帮助农民进入市场的 6 个衡量指标即：(1) 农户参与书面订单频数的有效百分比；(2) 保底价格基础上随行就市的有效百分比；(3) 农资供应商是否稳定；(4) 是否接受过技术服务；(5) 近三年种养规模是否发生变化；(6) 近三年是否更换新品种。农民专业经济合作组织相对于农户直接进入市场交易、经纪人以及龙头企业，具有相当的优势②（见表 7-4）。

　　在农业市场化条件下，分散的小农经济与社会化大市场之间的矛盾日益突出。个体化农民缺乏足够资本与市场进行平等对话、平等议价，从而在市场竞争中处于弱势地位。要解决这种矛盾，就要把农民组织起来，成立农民经济合作组织，满足农民经济发展需求。农民经济合作组织是在农业市场化条件下适应农民发展需要的一种新的农民组织形式。农民经济合作组织承担一体化的"经济职能"，负责农产品的生产、加工、销售以及农业资本借贷等方面的多种服务。农民经济合作组织在

---

①　资料来源：根据彭丹梅：《2013 年中国农民合作社发展情况综揽》，中国农村综合改革研究网，见 http://znzg.xytc.edu.cn/Html/? 19538.html.2013-12-25；林晖：《全国农民专业合作社超 60 万家》，新华网，见 http://news.xinhuanet.com/politics/2012-12/26/c_114168803.htm.2012-12-26；赵泉民：《转型期农民专业合作社现实困境与对策思考——基于乡村社会信任的视角》，《兰州学刊》2013 年第 1 期等整理。

②　孔祥智：《农民参与不同市场组织形式的特征及行为研究——基于鲁、宁、晋三省的实地调研数据分析》，《江汉论坛》2013 年第 1 期。

表 7-4　农户进入市场的不同参与形式的效用比较①

（单位：%）

农户进入市场形式	(1)	(2)	(3)		(4)		(5)		(6)	
			稳定	不稳定	接受过	没有接受	有变化	没有变化	是	否
农户直接进入市场交易	0.00	0.00	32.00	68.00	30.00	70.00	21.60	78.40	44.90	55.10
农户 + 经纪人	4.10	5.00	32.60	67.40	35.00	65.00	28.70	71.30	31.20	68.80
松散型"农户 + 企业"	30.80	52.90	57.80	42.20	40.00	60.00	41.80	58.20	73.60	26.40
农户 + 农民经济合作组织	40.80	59.80	85.30	14.70	81.10	17.90	37.30	62.70	87.50	22.50

现阶段的重要作用主要体现在能够代表农民的利益进入市场进行交易谈判，争取农民在经济浪潮中的合理利益，进而保障农民发展的合法权益。现阶段，农民经济合作组织的进一步发展离不开农民自身组织能力的创新与发展。农民经济合作组织的进一步发展需要农民不断创新农民组织发展形式，这一过程也要求农民提升自身组织技能和组织能力。

（四）农民工组织促进了农民工的发展权益

农民组织有效地促进农民发展。农民组织的缺乏反过来制约了农民发展，这在进城农民工身上表现得非常明显。农民工由于脱离村庄场域，组织发展受制于自身的组织能力和城市管理体制。由于缺乏有效地维护自身权益的农民工组织，使得农民工在城市中受歧视、受不公正对

---

① 根据孔祥智等：《农民参与不同市场组织形式的特征及行为研究——基于鲁、宁、晋三省的实地调研数据分析》，《江汉论坛》2013 年第 1 期整理。

待等问题至今仍未得到解决。随着国家以及社会对农民工关注的不断加深，由政府以及非政府形式推动建立的农民工组织不断涌现。最早在1996年，北京市成立了关注农民工的非政府组织"打工妹之家"，成为国内第一家为从农村进城市的打工妹寻找工作的服务组织。此外，农民工组织在维护"打工妹"合法权益，改善其生活质量以及提供相应的技能培训等方面也发挥了巨大作用。目前，在一些经济发达的地区，地方政府、社会组织以及企业逐渐关注农民工的发展权益，协助农民工在城市社区中建立"农民工之家"、"农民工协会"等社会服务组织，维护了农民工的发展权益。比如在珠江三角洲出现的"番禺打工族文书处理服务部"，在为农民工提供工伤事故的法律咨询和心理辅导以及维护农民工的发展权益方面具有积极的作用。

四、农民发展面临的组织化障碍

农民组织是农民发展的重要载体和途径之一。各种不同类型、不同形式和不同功能的农民组织，对于促进农民发展发挥了巨大的作用。但是，农民组织本身存在的问题也阻碍了农民发展的进程。

（一）外源性组织效用弱化

外源性农民组织主要是指由政府部门或企业推动的农民公共服务组织和农业产业化组织形式。这些外源性组织包括由基层政府或其他职能部门引导或牵头成立的农民公共服务组织和由企业组成的农业组织形式。外源性农民公共服务组织主要为农民提供社会公共服务，包括农村医疗卫生院、农村救济协会等。这类"农民组织"基于政府统一的规划，为每一个村庄提供统一化的服务标准和服务模式。但是，每个村落之间都存在异质性，这就导致了村民需求之间具有非同质性。这种外源性农民公共服务组织可能会追求完成上级下达的任务，忽视农民发展的实际需求，容易导致农民发展需求与其提供公共服务之间的脱节。同时，由于缺乏反馈渠道，外源性农民公共服务组织很难实现公共服务的改进。

外源性组织的效用弱化不仅体现在外源性农民公共服务组织之中，还存在于外源性农业产业化组织之中。外源性农业产业化组织包括"公司＋农户"、"公司＋合作社＋农户"和"公司＋基地＋农户"三种形式。外源性农业产业化组织形式虽然为农民提供市场保护价，但在与强势的企业对话博弈中，农民处于被动议价的弱势地位，农民经济利益经常受到公司的损害。如在"雀巢模式"事件中，雀巢公司"一桶奶减少一公斤的份量"，损害了奶农利益①。与奶农们拥有类似经历的，还有众多的"甘蔗户"、"香蕉户"等。他们作为一家一户的小农个体，没有足够的资本、资源与企业平等谈判。由于缺乏与大公司平等对话的谈判平台，缺乏有力的话语权，面对公司的"经济压榨"，农民只能无奈接受。

（二）农民经济合作组织离散化

农民经济合作组织，是适应于农业市场化条件下的农民发展要求的一种组织形式。由于绝大多数农民经济合作组织是由经济能人带动建立起来的，经济能人在组织中起了决定性的作用。农民经济合作组织往往由经济能人操控，实行家庭式管理，经由组织产生的合作利益也往往流向经济能人，普通农户很难分享合作组织带来的利益。由于普遍农户往往很难分享经济合作的利益或组织利益分配不均而导致作为组织成员的普通农户主体意识和参与意识不强，并最终导致农民经济合作组织中成员的离散化，影响农民经济合作组织功能发挥。要避免农民经济合作组织的离散化、组织成员主体意识不强等问题，需要加强农民经济合作组织的内部治理结构、减少对经济能人的过分依赖，通过提升组织成员组织管理技能，提高组织成员的民主参与与管理，解决组织发展过程中带来的诸多问题。

---

① 聂丛笑：《"2011年中国品牌十大新闻事件"入围名单　雀巢克扣奶农事件》，见 http：//finance.people.com.cn/GB/8215/210272/234396/16258052.html，2011 年 11 月 15 日。

五、如何提高农民组织的制度化水平

农民组织是农民发展的重要载体，也是实现农民发展的重要途径。促进农民发展，必须实现农民组织的再造，从自主性、复杂性、适应性和凝聚性四个维度加强农民组织的制度化水平，以促进农民发展。

（一）增强农民组织的自主性

农民组织的自主性主要有两个衡量标准，即组织的自主意愿和组织的自主能力。因此，农民组织的自主性是指农民组织作为维护和增进农民权益的自主意愿和组织不受外部干预的能力。

增强农民组织的自主性，必须实现农民组织的内生性。正如有论者所指出的那样，"关于农民组织的问题，不能简单地说组织起来就一定有利于农民发展。重要的问题在于是谁、通过什么形式将农民组织起来"[1]。农民组织化有两种模式，即由农民自发建立起来的内源性"自组织"与由政府等外部力量建立起来的外源性"他组织"。农民组织的生长路径不同决定了农民组织的自主性强弱。村民委员会作为一种农民自发组织形式，在维护村庄秩序、提供村庄公共产品和服务方面起了一定的作用。但随着村民委员会在国家规划下演变成一种全国性的统一制度安排，村民委员会在自身功能定位和功能稳定性上发生了变异，从村民委员会的功能变异来看，农民组织要成为农民发展的载体，必须坚持农民组织的自主性。因为只有自主性组织才具有内在有序性和稳定性，并具有维护农民利益的组织功能。农民组织的自主性要求实现农民组织的内源性自我发展，组织的内源性要求组织由农民基于自身发展要求而自我创建、自我发展，强调农民组织成员的主体意识、合作意识和合作能力的增强。

---

[1] 汝信、陆学艺、李培林主编：《2008 年中国社会形势分析与预测》，社会科学文献出版社 2008 年版，第 287 页。

（二）增强农民组织的复杂性

农民组织的复杂性是指组织层次或功能的多样化，包括水平方向、垂直方向以及地域方向的复杂性。一般而言，越复杂的农民组织越具有较强的适应性与自我更新、自我调适的能力。增强农民组织的复杂性就是要整合农民组织资源，建立更高级、更复杂的农民组织形式。目前，农村分布着众多的农民组织，从功能上可以分为农民自治组织、农民社会服务组织、农民经济合作组织，这些组织形式的共同特点就是组织规模小、结构简单、功能单一、服务半径短，基本上只覆盖一个行政村或自然村屯，这种单一功能的农民组织越来越不适应农民发展的需要。如何实现农民组织资源的整合，建立具有完善的组织结构和内部治理结构、功能多样、超越碎片化的农村行政区域的综合性的农民组织如农会等，无疑是下一步农民发展的迫切需要。

（三）强化农民组织的适应性

农民组织的适应性是指组织和它所在的外部环境之间动态性的相互适应。农民组织是否具有适应性，是以它在环境挑战下存活的时间长短来衡量的。如果农民组织接受的外部环境挑战越多，就越具有适应性。亨廷顿认为，一个组织的适应性越强，其制度化的层次越高；一个僵化的适应性微弱的组织，则只具有低层次的制度化水平[1]。因此，适应性越强的农民组织，越具有生命力。

无论何种农民组织，都是存在于一定的社会环境之中，并与社会环境保持着互动。社会环境的变化以及社会其他组织的干预都会影响农民组织功能的发挥。村民自治组织因受乡镇政府的行政控制而导致其自治功能的衰弱。同样，农民经济合作组织的发展也受制于村党支部以及村委会的控制而导致组织发展面临困境。因此，增强农民组织的适应性

---

[1] ［美］塞缪尔·P.亨廷顿：《变化社会中的政治秩序》，王冠华等译，上海世纪出版集团2008年版，第11页。

是提升组织能力、减少外部干扰的重要途径。因此，增强农民组织的适应性，需要作为组织成员的农民个体进行不断学习和自我调适。农民组织成员以不断学习新知识、新技术、新思想来增强文化素质，提高知识水平，将储备的知识转化为解决农民组织发展与环境不相适应问题的技能，不断解决农民组织发展过程中的问题，促进农民组织与环境的适应性发展。

农民组织的适应性不仅仅是对正式制度作出适当的反应，而且是组织成员之间协同工作、相互沟通以及内部人员相互联系的结果。农民组织的适应性建设，不断完善组织结构和功能，进行组织变革，增强与环境的适应度，这需要适时改变农民组织的内部治理结构，由早期的能人带动和能人主导向农民民主治理转型。实现组织内部治理由集权模式向分权模式的转型。同时，农民组织的适应性是组织内的共同目标重新认同、资源重新配置的一个结果。

（四）增强农民组织的凝聚性

农民组织的凝聚性是指农民组织对每个成员的吸引能力、成员对组织的向心力，以及组织成员之间相互依存、相互协调、相互团结的程度。要实现农民组织的凝聚性，关键是实现组织管理的参与性、组织合作利益分配的公平性和组织管理的民主性。

首先，农民主体性参与是增强农民组织凝聚性的重要基础。农民主体性参与，不仅是组织可持续发展的需要，更是农民自身发展的内在动力。组织发展依赖农民主体的发展。农民发展的实现关键在于农民主体性参与。只有当农民充分发挥其主观能动性，积极主动参与农民组织，才能促进自身发展。农民经济合作组织的凝聚性需要农民通过主体性参与，不断提升技能，解决组织发展过程中出现的问题。其次，农民组织成员之间利益分配的公平性是增强农民组织凝聚性的重要保障。利益的合理分配，不仅是农民组织内部保持稳定与和谐的基础，也是提升农民个体参与组织积极性的重要物质条件。利益与资源在组织成员之间的分配不平等反过来阻碍农民经济合作组织的长期稳定与可持续发展，抑制农民参与组织发展的积极性，最终阻碍了农民发展。再次，组织管理的民主化是增强组织成员之间凝聚力的重要途径。农民组织民主化的管理不仅能够为成员提供直接的利益及需求表达通道，维护组织成员发展的根本利益，而且能实现组织成员之间的相互监督，确保成员之间利益以及资源分配的相对平衡性。在拥有民主化管理的农民组织中，农民组织成员之间的互动与交流增多，摩擦与隔阂就会减少，互动和团结就会提升。提升农民组织的凝聚性，将增强农民个体对农民组织的向心力，减弱组织成员之间的分化趋向和个人对"私利"的盲目追求，从而可以增强组织公共性，促进农民组织的可持续发展。

现代社会是一个组织化的社会，组织是个人生存和发展的条件。无论是个体还是群体，要实现发展，都需要组织起来，农民发展也不例外。从组织社会学的角度来看，农民组织既是农民发展的需要，也是农民发展的载体和途径。改革开放以来，农民基于发展的需要，在不同时期创建了不同类型、不同功能的农民组织，大大促进了农民发展。但是，也应看到，各种农民组织由于治理结构简单、功能单一、成员素质参差不齐、外部干预等因素，存在着功能异化、紊乱和弱化等问题，不适应农民发展的需要。促进农民发展，必须实现农民组织的再造，从自主性、复杂性、适应性和凝聚性四个维度加强农民组织的制度化水平，以促进农民发展。

第二节　农民组织化与现代农业发展

农民组织化发展，可以发挥农民在农地流转中的主体作用，推动农地流转，进而促进现代农业发展。西部欠发达地区农户尽管有较强的农地流转意愿，但由于外部经济不发达，缺乏农地流入方，导致农地流转水平较低。通过发挥农户主体性，以"互换并地"的方式，可以有效促进农地内部流转，实现家庭适度规模经营。通过对 G 省（区）龙州县"小块并大块"农地流转模式的深描，可以揭示内生型农地流转模式的运行机制。内生型农地流转模式在提高西部欠发达地区农地流转水平、实现现代农业发展中具有重要价值。

一、问题的提出

随着我国家庭联产承包责任制的推行，广大农民群众的温饱问题得以解决。然而，家庭联产承包责任制虽能够满足农民的生存需求，却无法实现农民的致富追求。以"集体所有，家庭经营"为特征的土地承包责任制带来了土地零散化、细碎化，无法形成农业规模化经营，难以带来规模经济效益。自实行家庭联产承包责任制以来，作为配置农地资源的重要手段和方式的农地流转也应运而生，并得到政府的引导和鼓励，希望通过农地流转，将分散的土地重新集中起来，形成农业规模化经营的基础，发展现代农业。近年来，全国农地流转率不断上升。截至2014 年底，全国家庭承包耕地流转面积已达 4.03 亿亩，比 2013 年底增长 18.3%，流转面积占家庭承包经营耕地面积的 30.4%[①]。大城市郊区土地流转速度和规模都远远高于平均水平，北京、上海等发达地区的农地流转率已超过 50%[②]。然而，农地流转呈现出地区发展不平衡的特征。据农业部有关调查显示，2009 年农地流转率从高到低排名前八的省市分别是：上海市，54.7%；浙江，32.0%；重庆市，30.0%；江苏，20.5%；

---

① 韩长赋：《国务院关于稳定和完善农村土地承包关系情况的报告》，中国乡村发现网，见 http://www.zgxcfx.com/sannongzixun/81115.html，2016-02-17。

② 董峻：《农业部：发展都市现代农业要维护好农民土地权益》，新华网，见 http://news.xinhuanet.com/house/bj/2014-04-28/c_1110447403.htm。

黑龙江，18.8%；广东，18.7%；天津市，15.5%；四川，15.3%。农地流转率排名前八的省份大部分集中在东部发达地区，四川和重庆作为劳动力输出省份，农地流转率也比较高。大多省份农地流转率低于全国平均流转水平（12.0%），如安徽省为9.2%，贵州省为8.8%，等等。由此可见，西部地区农地流转率普遍偏低。董国强等通过对陕西省农户农地流转的实证研究发现，农户对农地流转的需求意愿和供给意愿都比较低。有参与农地流转意愿的农户占全部农户的比例仅为27.6%，农地流转意愿低是西部地区农地流转迟缓的基本原因[①]。正是因为西部欠发达地区农户由于缺乏其他保障手段，对土地依赖性较大，更加看重土地的社会保障功能。因此，即使农民外出务工，也不愿意出租土地[②]。除了农户农地流转意愿低外，非农就业收入也是导致西部地区农地流转率低的原因之一。韩晓宇、王芳分析认为，农户农地流转行为除了受到个体因素影响之外，还受到家庭资源禀赋状况、家庭经济状况等方面的影响。以非农为主劳动力比重以及非生产生活支出均影响了农户农地转出行为[③]。蒋文莉、陈中伟明确地指出西部地区农地流转率低的原因在于，转移就业的劳动力非农收入较低，导致农地流转机会成本较低，无法刺激农户的农地流转需求。针对于此，建议通过增加劳动力转移就业收入水平和就业稳定性，来提高农地流转机会成本，增加农民农地供给[④]。但是，在西部欠发达地区，农户农地流转意愿并不是普遍低下。

---

① 董国强、马小勇：《陕西省农村土地流转迟缓的供求影响因素与机制探析》，《人文地理》2010年第4期。

② 刘自敏、杨丹：《我国东西部农地使用权流转和非农就业关系的比较——基于CHARLS（2008）数据的实证分析》，《农机化研究》2011年第1期。

③ 韩晓宇、王芳：《西部地区农户农地流转行为影响因素分析——基于新疆三地的调查》，《兰州大学学报（社会科学版）》2013年第3期。

④ 蒋文莉、陈中伟：《农地流转滞后农村劳动力转移及区域差异分析》，《贵州社会科学》2013年第9期。

刘洋、邱道持通过对西南地区重庆市开化县农户调查数据的定量分析发现，只有 20% 的农户表示不愿意流转土地，有 80% 的农户表示愿意流转土地，其中又以愿意转出土地的农户居多，占愿意流转农地总农户的64%[①]。一般而言，农地流转过程的实现，依赖于两方面的条件：一是土地供给者一方，即农户有流转土地的意愿；二是土地需求者一方，即农地流入方有流入土地的需求。只有这两个条件同时满足，农地流转过程才能够实现。在我国东部地区，第二、三产业发达，吸纳农民从事非农产业生产活动作为经济来源的同时，也吸引农地流入方主体，如种植大户、龙头企业、农业公司、农民专业合作社等流转土地，从事农业规模化生产。而在我国西部欠发达地区，由于外部经济不发达，工业化、产业化、城市化发展缓慢，难以吸引外来农业经营主体流转土地从事规模化农业生产。即使农户有较强农地流转意愿，也因缺乏农地需求方，无法实现农地流转。那么，在农地需求方缺乏的情况下，如何有效提高西部落后地区农地流转水平，成为我们主要探讨的基本问题。"内生型农地流转"构成重要的分析概念。通过着重探讨内生型农地流转的发展逻辑，揭示其产生条件和内在形成机制。以 G 省（区）龙州县"小块并大块"为例，具体解释内生型农地流转在实践中的运行过程。最后我们进一步探讨"小块并大块"对推动现代农业发展的重要价值。

二、农地流转：从外生型到内生型发展的逻辑

农地流转是指在农村家庭承包土地，在保留承包权的基础之上，将土地经营权转让给其他农户或经济组织的行为。其他农户或经济组织既可以是本集体经济组织内成员，也可以是非本集体经济组织内成员。由此，我们可以把农地流转分为外生型农地流转与内生型农地流转两种

---

① 刘洋、邱道持：《农地流转农户意愿及其影响因素分析》，《农机化研究》2011 年第 7 期。

模式。外生型农地流转是指村庄集体或集体内部成员将农地经营权流转给集体外部的单位或个人，比如将土地流转给种植大户、农业公司、龙头企业等。这种流转类型的土地流转模式主要表现为出租和入股。内生型农地流转是指村庄集体内部之间的流转，即将土地经营权流转给本集体经济组织或成员。这种流转方式主要表现为代耕代营、互换、转包和转让①。农户与农户之间的土地流转就是属于内生型农地流转模式。

农地流转具体采取哪一种类型，取决于一定区域的农业内外部经济条件。在我国东部地区，经济发展水平较高，第二、三产业相对发达，大多农户愿意放弃农业生产，转而从事第二、三产业生产经营活动。大量闲置的土地吸引一些新型农业经营主体如农业公司、龙头企业等投资农业生产。在市场机制作用下，向农户流转土地，从事规模化农业生产经营活动，带动形成了"公司＋农户"、"龙头企业＋基地＋农户"、"合作社＋农户"等多种市场主导型农地流转模式，从而优化了土地资源配置，增加了农地产出效益。因此，就农地流转主体之间的关系而言，这种市场主导型的农地流转模式主要发生在农户与非集体经济组织成员之间，是一种外生型的农地流转模式。在这种农地流转模式中，农户主要获得土地租金收入，并可以在农业公司、龙头企业主导的农业产业化生产中从事农业劳动，以获取工资收入。

在我国西部地区，农业外部经济远不如东部地区发达，第二、三产业落后，大量农业劳动力无法就近转移就业，农民人均可支配收入以及可支配收入其他来源分布也不同于东部地区（如表7–5和表7–6所示）。

---

① 魏春瑾、陈英、谢保鹏、张文斌：《基于 DEA 的外生型流转与内生型流转背景下农地利用效率比较研究——以甘肃省白银市靖远县北湾镇为例》，《甘肃农业大学学报》2014年第 1 期。

表7-5　2010—2014年东、中、西部及东北地区农村居民人均可支配收入

(单位:元)

地区	2014 年	2013 年	2012 年	2011 年	2010 年
东部地区	13144.6	11856.8	10817.5	9585.0	8142.8
中部地区	10011.1	8983.2	7435.2	6529.9	5509.6
西部地区	8295.0	7436.6	6026.6	5246.7	4417.9
东北地区	10802.1	9761.5	8846.5	7790.6	6434.5

资料来源:《中国统计年鉴 (2015)》,农村居民按东、中、西部及东北地区分组的人均可支配收入。

表7-6　2014年分地区农村居民人均可支配收入来源

(单位:元)

地区	可支配收入	工资性收入	经营净收入	财产净收入	转移净收入
全国	10488.9	4152.2	4237.4	222.1	1877.2
北京	18867.3	14260.2	1854.3	817.8	1935.0
上海	21191.6	16177.0	1440.6	686.1	2887.9
浙江	19373.3	11772.5	5236.7	542.8	1821.2
广东	12245.6	6220.3	3272.4	295.5	2457.3
G 省 (区)	8683.2	2335.4	4047.8	75.2	2224.9
云南	7456.1	1975.8	4242.4	134.7	1103.3
四川	9347.7	3156.5	3877.9	184.7	2128.5
贵州	6671.2	2521.5	2643.1	71.0	1435.7

资料来源:《中国统计年鉴 (2015)》,《分地区农村居民人均可支配收入来源 (2014 年)》。

　　从表7-5最近五年农村居民人均可支配收入地区分布差异来看,西部地区2014年农村居民人均可支配收入为8295元,而东部地区则有13144.6元,两者差距相对较大。另外,从表18中的2014年分地区农村居民人均可支配收入来源数据来看,处于东部地区的北京、上海、浙江、广东可支配收入均为五位数,而处于西南地区的G 省 (区)、云

南、四川、贵州可支配收入仍是四位数，与东部地区差异较大。其次，从人均可支配收入来源的分布上看，北京、上海、浙江、广东农村居民工资性收入均高于其他三项，工资性收入成为东部地区农村居民可支配收入的主要来源。G省（区）、云南、四川、贵州农村居民经营净收入依次高于工资性收入、转移净收入以及财产净收入，经营净收入成为西部地区农民可支配收入的首要来源。由此可推断，西部地区农民收入主要来源于家庭经营收入，即以农业生产收入为主，而东部地区的农民收入主要来源于工资性收入，即从事第二、三产业活动的收入。

西部地区农民与东部地区农民收入差距的产生，根源于地区间经济发展的差异。由于西部地区的农业外部经济不发达，第二、三产业活动相对不活跃，非农就业机会较少，农民仍以通过从事第一产业生产获得基本收入。正因农民除农业生产之外，无法获得较多其他产业收入，导致土地抛荒闲置现象并不常见，农地供给量相对较少。加之，西部地区资源禀赋条件较差，土壤表层薄，土地细碎化严重，以及农业基础设施欠发达，难以吸引外部新型农业经营主体进军农村从事农业经营。由此形成了农地流入方需求不足、农地流出方土地供给不足的现象，外生型农地流转模式缺乏产生条件。

在我国西部落后地区，以市场力量主导的外生型农地流转缺乏实现基础，必须通过内生型农地流转实现家庭适度规模经营。这种内生型农地流转就是以互换为主要农地流转方式。互换指的是在承包期内，同一集体经济组织的不同农户为了农业经营的需要，相互交换部分或全部土地承包经营权的行为。农户之间通过土地互换实现农地流转，不仅提高土地规模化程度，增强农地产出收益，而且增强农民主体性地位，充分发挥农民的主体性作用。以农民之间互换土地形成的内生型农地流转，是一种在缺乏外部流入方主体的情况下，农民发挥自主性，实现自我组织而形成的重要流转方式。

内生型农地流转的生成机制如下：第一，农业外部经济欠发达以及土地资源禀赋条件差成为引致内生型农地流转模式产生的重要经济诱因。一方面，西部地区第二、三产业发展较落后，无法以非农就业岗位吸纳农民就业，农民仍以从事农业生产经营活动为主，农业经营收入构成首要家庭经济来源；另一方面，西部地区土地分散化、土壤表层薄、肥力不足，导致农业产出效益偏低，加之分田到户之后，原本零散的土地变得更加碎片化，承载家庭基本生存保障功能的农地产出效率进一步降低，更加难以实现规模化经营。此外，外部农地流入方的缺乏，成为激发农民通过自我组织发挥主体创造性的重要刺激因素。正是在缺乏外部农地流入方主体的情况下，农民主体性作用才被进一步唤起与激发。农民只能依赖自己，通过自我组织，以互换的方式实现农地流转。第二，农民之间互助互惠、信任、合作等社会资本的存在构成了内生型农地流转模式的社会基础。农户与农户之间由于长期生活在一个自然村屯，抑或一个行政村之内，彼此之间成为"利益相关"、"地域相近"、"文化相连"的命运共同体。一旦达成共同利益，就会彼此联合形成利益联盟，相互合作、相互协商，通过自我组织、自我管理、自我决策，共同解决的难题。一般而言，内生型农地流转往往首先在自然村屯内形成，而后扩散到其他村屯。原因在于，自然村屯规模较小，地域上位置相近，农户之间利益关系联系紧密，在共同面对问题时，能够较快、较容易形成集体行动，直到问题解决。第三，政府的政策支持与服务供给是实现内生型农地流转的重要推动力量。规模化农地流转的实现离不开政府的支持和引导。政府财政政策提供流转过程中的服务供给，不仅能够为实现农户间的农地流转提供保障，而且能够有效促进农户流转过程中矛盾纠纷的解决，确保农户间农地流转的顺利开展。在内生型农地流转过程中，农民主体性作用的充分发挥是关键前提，政府的指导性作用则是重要保障。

三、农民组织与内生型农地流转的案例分析

G省（区）龙州县位于西南边陲，与越南接壤，是著名的老、少、边、穷地区，也是典型的大石山区，耕地少，且被石头阻隔得七零八落。在家庭联产承包责任制实行之后，原本分散的土地，更加碎片化。"面积小、地块多、分布散、机耕难、效益低"等问题成为当地农民开展规模化农业经营的阻碍。龙州县上龙乡上龙村弄农屯共有农户92户378人，耕地面积1300多亩，户均14亩，但由于被石头阻隔得非常分散，土地无法实现集中连片经营。1996年，该屯黄某某等五户农民返乡创业，计划种植一些经济效益较高的农作物。黄某某与其他四位农户商量并地，希望通过并地，实现集中连片规模化种植。他们自发筹集资金6000元，并依靠自身人力，把原本被石头隔离得零零碎碎、高低不平、大小不一的劣质耕地进行平整并运泥土填平土地，增加土壤深度。在共同整理土地之后，彼此通过相互置换的方式，交换土地位置，保证五位农户各自的土地都连在一起，实现了土地"小块并大块"。通过并地，这五位农户获得了较大经济效益产出，与其他农户相比，每亩收入增加上千元，并大大减轻了劳动强度。屯内其他农户看到并地带来如此大的经济效益，便纷纷效仿。到2008年，弄农屯所有耕地全部完成并地，重新按原有承包面积连片承包。并地后面积为1360亩，比并地前增加了60亩土地，并利用新增土地建设了机耕路、水渠、边沟等农业基础设施，实现了农业的机械化生产。并地带来的可观经济效益和社会效益吸引了其他村屯纷纷进行效仿。为了继续推广"小块并大块"的做法，地方政府整合国土、水利、财政、农业等部门，采取"以奖代补、以补代投"的方式，对实施"小块并大块"土地平整和田间道路工程的农户分别奖励300—400元/亩和80—200元/米不等，鼓励农民开展"小块并大块"并互换承包地。在农民自发、自愿的基础之上，加上政

府的财政支持，"小块并大块"获得了不断发展并扩大到全县各乡镇。

"小块并大块"，作为一种耕地整治的"龙州模式"受到国土资源部的认可，并在2013年被列为全国土地改革试点，优先在西南8省区喀斯特地区进行推广。同时也是农户相互之间通过置换土地形成的一种内生型农地流转模式。不同于外生型农地流转模式，它在缺乏外部新型农业经营主体的情况下，在没有外界干预和指导的情况下，通过发挥农民的主体作用和自组织机制，形成自我组织、自我管理、自我安排，有序推进"小块并大块"，实现家庭适度规模经营，因而具有一定的持久性和稳定性。

在内生型农地流转过程中，农民组织化经历了四个阶段，即自发阶段、组织阶段、合作阶段以及推广阶段。在自发阶段，基于共同利益目标，农民之间的凝聚力被集聚起来，自发形成一个利益结盟团体，达成利益共识。自发形成一个利益团体之后，农民通过自组织机制，进行自我管理、自我服务、自我安排，有序推进农地流转进程。合作阶段是有效实现农地流转的重要保障。农户之间合作的持续性开展是确保"小块并大块"实现的重要基石。通过平等协商机制，农户之间就"小块并大块"过程中的具体问题和具体方案进行公开讨论，并以充分尊重每一位农民的意愿以及主体性为前提，借由平等协商途径推动问题的解决。农户间"小块并大块"首先发生在自然村屯内农户之间，经由扩散机制，向邻近自然村屯推广，最后在村庄场域内形成并向外界扩散。

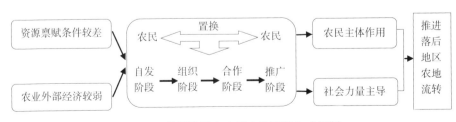

图7-1 落后地区内生型农地流转生成机制

这种通过发挥农民主体性作用，建立在农民自发形成、自我组织、自我合作的社会合作机制基础上的内生型农地流转模式，在缺乏新型农业经营主体的条件下，是推动我国西部落后地区农地流转、实现农业适度规模经营的一种必要选择。

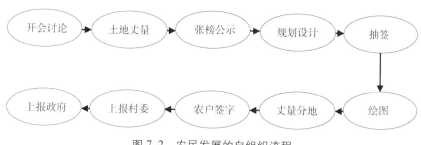

图 7-2　农民发展的自组织流程

在"小块并大块"的多个环节内，农民主体性地位得到充分体现。从开会讨论并地方案，一直到并地完成，重新分地，始终以农民自身作为主体。在体现农民主体性作用的同时，农民通过自组织机制，实现互动，完成"小块并大块"。

首先是开会讨论。农民自发地集中起来，通过自组织，形成集体会议。开会讨论共同推选一名领导者，组织和统领"小块并大块"事项，村委以及村支书成为重要带领人，并联合村民自我组织成立工作小组。进一步集体讨论分工方案，资金筹集办法等，实现"小块并大块"有计划、有组织地开展。其次是土地丈量、张榜公示、规划设计。农民自我组织成立工作小组，并在相互分工基础之上，组织丈量并地前的土地面积，在核实原地块地类和面积的基础之上，张榜公示。参与并地农民若对丈量土地结果有所疑问，可提出要求重新丈量，直到村民无异议后，再进行土地平整。农民自发组织对并地后的道路、水渠、边沟进行统一修整，并建立相应水利灌溉等农业基础设施，完善土壤水肥条件。最后是分地，在实现并地与土地整治之后，对平整之后的大块土地进行重新分地。重新分地实际上就是将原先农民各自承包的土地进行了置换，在置换之后，农民得到一块连片面积更大、更成规模化的土地。如弄农屯将原先490亩纵横交错、星罗棋布的1324小块土地并为整齐划一的121大块土地，并将大块土地重新分配给农民，便于农民开展规模化农业耕作。

"小块并大块"的有效完成，离不开农户之间的相互合作。农户之间通过协商机制完成土地合并、土地平整以及土地置换等项目活动。在并地过程中，农民的协商精神、公共精神被唤起。农民之间通过平等协商的方式，讨论并地方案、土地平整规划以及重新分地办法，并开展"一事一议"活动自发筹集资金，筹集劳动力。在"小块并大块"各个环节的公开讨论中，每一位农民都要参与其中，将各自诉求与想法表达出来，并一起讨论、一起商议，最后达成一个大家都相对满意的解决方案。尤其是在"小块并大块"的三个重要环节，即并地方案、土地平整方案以及重新分田方案，均由农户自身通过自主协商的方式来议定。在这一过程中，没有任何人主导或控制讨论过程，农户通过彼此平等协商的方式，共同参与议定决策方案，最终通过民主决策方式，即抽签确定最终的并地方案、土地平整方案以及重新分田方案。另外，在并地方案、土地平整方案以及分田方案确定之后，农户之间充分发挥互助合作精神，出钱、出力、出工，相互合作。农户之间采取"结对帮扶"的方式联合并地，通过召开村民会议，共同协商，采取不同村、不同屯、不同户之间相互结对实施并地，有序实现"小块并大块"。

四、农民组织化与现代农业发展

在"小块并大块"的耕地整治过程中，农民组织化有效地解决了农地流转的主体问题，实现了现代农业的家庭适度规模经营，并促进了农业产业化、机械化和集约化发展，同时催生新型农业经营模式。

（一）耕地整治

"小块并大块"，首先实现了耕地整治，带来土地资源优化。龙州县通过"小块并大块"，进一步扩大了土地整体面积。目前，龙州县共并地 29.3 万亩，有效增加耕地面积 1.36 万亩，耕地面积增加 5%—8%。在农户自发形成"小块并大块"，实现集体土地整合的基础之上，当地政府选择基础好、见效快、辐射广的村屯，集中人力、财力、物力实施甘蔗高效节水灌溉建设，建设高糖高产的"双高基地"，具体涵盖土地平整、道路建设和水利设施建设等方面。地方政府整合国土、水利、财政、农业等部门，按建设高标准农田的层次建设相关配套设施，对农民凡实行"小块并大块"连片 500 亩以上实施甘蔗高效节水灌溉的，由政府安排一定的资金建设灌溉基础设施；凡达到 50 亩以上，由制糖企业以 200 元 / 亩的标准，补助机耕费、化肥、地膜等。逐步实现各方面资源有效整合，形成多元化投入驱动。截至 2016 年 3 月，龙州县共完成双高基地建设 7.59 万亩，共计 134 片，完成土地平整面积 5.41 万亩。

（二）家庭适度规模经营

"小块并大块"既是一种土地整治模式，也是一种重要的农地流转方式。在西部地区，农业外部经济条件差，缺乏现代农业经营主体的推动，加之土地细碎化程度严重，成为阻碍农户从事农业经营的重要障碍和制约西部落后地区农业发展的重要因素。土地细碎化既无法充分实现土地作为生产资料的价值，更无法实现规模化经营，制约了农业发展。此外，土地细碎化还增加农民对农田耕作的时间成本与劳力成本。土地的碎片化，要求农民在零碎分散的地块来回耕作，不仅耗费时间，而且增加劳动强度。由于土地的细碎化导致了农作物种植地点的分散化，更增加了农民的辛苦程度，也降低了农业生产效率。

"小块并大块"，就是农民发挥其主体性，通过自我组织完成土地适度集中，实现适度规模经营。土地适度规模经营就是在特定的自然和社会条件之下，各种生产要素实现合理配置，达到优化组合，从而带来较好的经济效益。那么，对于农户而言，适度规模经营就是劳动力、资金投入与土地规模成最优组合，获得最佳经济效益产出，各生产要素配置达到均衡状态。

弄农屯在实施"小块并大块"之前，每一个家庭基本上要有4—5个劳动力才能把分散的十几块责任田管理好。在实施并地之后，原本相隔较远的几小块分散田被统一集中到几大块。大多农户平均分到3—5块，总面积为20—30亩。面积较大的为10—20亩/块，面积较小的也有5—6亩/块。经过并地，农民只需管理好相连的几块田地，就可以形成规模化经营。消除地块间来回耕作耗费的时间成本，提高了生产效率。此外，弄农屯在实施"小块并大块"之后，农业生产经济效益得到显著提高。2008年并地之前，弄农屯总耕地面积为762亩，以甘蔗和香蕉为主要种植作物，亩产值分别为糖料蔗1200元/亩，亩产为4吨；香蕉8000元/亩。而在实施并地之后，农民继续种植糖料蔗，并且新种黑皮果蔗，通过规模化、机械化、集约化耕种，农作物经济效益明显提高。黑皮果蔗亩产值达到12500元/亩，而且糖料蔗亩产量达到7吨，亩产值达3080元/亩，比并地前增益2.3倍。弄农屯农民在并地之后，从事多年规模化的经验种植，包括种植黑皮果蔗、糖料蔗以及间套种植蔬菜等，收入逐步得到增加。2014年弄农屯农民人均收入已达到12712元，相当于东部发达地区的农村居民家庭人均可支配收入。

在完成并地并实现土地适度规模经营的基础之上，农户进一步平整和修复土壤，以期继续获得较高经济效益。在成规模的土地上，农民进一步建设水肥灌溉基础设施，增加土壤肥料投入，改造中低产量农田，进而提高土壤单位面积产量，提高土壤肥力，逐步提高土壤种植利用率，提高土壤的集约化水平。此外，并地带来了农田规模化，在成规模化的土地上，为进一步实现农业机械化耕种提供了基础和保障。采用先进农业种植技术，培育农作物新品种，利用大型农业机械开展规模化作业，强有力实现农业生产机械化与规模化，大大提高农业生产效益，提高农田使用效率。

（三）并户联营

自 20 世纪末以来，伴随着工业化、城市化的快速发展，农村大量青壮年劳动力持续向城市转移，越来越多的农民选择外出务工、经商。外出务工、经商已经成为农户家庭收入的主要来源。由于大量农村青壮年劳力外流，耕地抛荒现象日益增多。这种情况在经济落后地区尤其突出。如何解决农村大量青壮年劳力外流导致的"谁来种地"的问题，加快培育新型农业经营主体，构建新型农业经营体系是途径之一。除此之外，通过"小块并大块"的耕地整治和农地置换，实现并地联营，也是一种地方创新。

并地联营是指在并地的基础上，把土地通过契约的方式交由一部分有经营能力的农户经营的一种农业经营模式。龙州县上龙乡武权村那郝屯在"并地"的基础上由三户农户发起成立"甘蔗种植并户联营社"，带动形成了"土地入股，并户联营"的农业经营模式创新。该屯以"联营社＋基地＋农户"的模式开展并户联营。屯内 68 户农户将各自小块土地并成一大块之后，集中流转给屯内几位种植能手统一经营。种植能手实际上成为农业职业经理人，在完善各项农业基础设施、集约化建设甘蔗现代化生产基地的基础之上，实行统一供应种苗、统一生产技术规程、统一生产资料供应、统一产品销售。并且通过实施优化甘蔗品种种植，建设高效节水灌溉等现代化农业生产方式，从而全面提高甘蔗种植产量和质量，不仅解决了并地之后谁来经营的问题，而且实现了农业机械化、集约化、规模化发展。流转出土地的 68 户农户只需每年缴纳 1200 元给专业种植能手，就能在年底享受利润分成。按照约定，依据当年土地比例投入和收益，按甘蔗种植每年每亩保底 5 吨，超过 5 吨的由种植能人按利润的 15% 提成，发给这 68 户农户。那么，对农户而言，只需投入年初资金，就可以从土地中解放出来，坐等收成，到年底直接拿到经营利润。"甘蔗种植并户联营社"成为龙州县第一个由农户自发自愿联营的甘蔗种植基地，开创了以农民为主体的并地联营农业经营模式。除了在一个屯内实现并地联营之外，还出现并地之后的"跨屯并地，农户联合经营"的模式。该模式是不同屯的农民将耕地相邻或交叉的几个屯共同将土地交于农业职业经理人，由农业职业经理人代为经营与管理的新型农业经营模式。目前全县共产生了大大小小 123 个农民并地联营种植合作社，并且三分之一以上的农民加入其中，总共辐射带动 35% 的农户，这不仅优化农业生产资源配置，而且推动建立新型农业经营主体，实现农业生产可持续发展。

（四）进一步加速农地流转

"小块并大块"实现了耕地整治，有利于推进农业机械化的实现，同时通过确权登记，确权不确地，既强化了农民的土地财产权利，又保障了土地的集中连片，有利于龙头企业、农业公司和种植能人的规模经营。在并地后，龙州县政府通过政策扶持、整合项目资金的办法，大力培育种养大户、家庭农场、农民专业合作社等新型农业经营主体。依托"小块并大块"以及群众的积极性，建立了优质高产高糖"双高"基地、现代特色农业示范区，促进龙州品牌农业、现代农业、优势特色农业的快速发展，有效推动农业生产的现代转型。农民将自身土地流转给种植大户，从而获得租金收入。如龙州县上降乡里成村通过并地之后，把整村 500 亩土地一并流转给由个体老板成立的朔龙农业综合开发公司。个体老板通过建设机械化、水利化设施，建成水肥一体化高效节水灌溉甘蔗基地，从事甘蔗规模化经营。农户在"并地—确权"的基础之上，将土地流转给农业公司，形成了"公司＋基地＋农户"的农业产业化模式。比如在 2011 年，龙州县政府通过招商引资的方式，引入节节高农业产业开发公司，在四个乡镇总共流转土地 11500 亩从事甘蔗种植，并建立了高产高糖糖料蔗示范基地。农户将土地流转给农业企业，获得租金收入。也有农户被返聘到农业公司从事农作物种植和管理，获得一部分雇工收入。

农户间自发成立的并地与政府建立现代农业生产基地产生强大发展合力，促进农业规模化、集约化、机械化经营，大幅提高农业生产力，进一步减少了农业对农村劳动力的需求，使得农民得以摆脱土地束缚，转而从事第二、三产业，实现转移就业、增加家庭收入。如上降乡里城村坡养屯实施并地后，实行整屯土地（500 亩）出租流转，村民变成了"两栖农民"，其收入一方面来源于土地流转租赁，每亩每年租金700 元；另一方面，土地承租企业就近培训、返聘农户务工，每人年均劳务收入达 2 万元以上。此外，一些青壮年转入城市打工，每人年均收入在 2 万元以上。通过土地流转，农户可获得"土地流转租赁金＋返聘务工工资＋青壮年进城打工创收"三项收入。据统计，在 2014 年全县农民人均收入达 6763 元，收入显著提高。

"小块并大块"不仅是一种重要的土地整治模式，而且是解决分田之后土地细碎化问题的重要创举。通过并地，突破西部落后地区因缺乏农地流入方而无法流转土地的"瓶颈"，满足了农民实现农地流转的意愿。同时，并地作为一种由农民自发成立的，由农民为主体的社会力量推动的农地流转，是一种不同于市场力量作用的内生型农地流转模式。能够充分尊重农民意愿，真正发挥农民主体性作用，实现现代农业的一种内源式发展。农民通过自我发起、自我组织、自我协商等多个合作环节相互合作完成并地过程。在并地过程中，农民通过参与合作的方式，协调有序推进土地互换，实现农地规模化经营发展目标。这是对现有普遍以出租、入股等为农地流转形式的有效补充，进一步推动农地流转向纵深化方向发展。

通过并地，实现了资源优化配置，推动农业规模化、集约化经营。农民在并地基础上，通过自我组织，组建农民专业合作社，形成并地联营农业经营模式。农民将并地后的土地流转给种植能手，统一由农业职业经理人经营与管理，实现统一规模化经营，并通过农产品深加工，提高农产品附加值，增强农产品市场竞争力。实现了农业生产由传统一家一户自给型向农业市场化、产业化转型发展。此外，"小块并大块"之后形成的并户联营农业经营方式，催生了一批新型职业农民。农业种植能手成为农民职业经理人，作为农民的代理从事土地生产经营工作。这不仅解决了并地之后农业经营主体的问题，而且成为新时期重要的新型农业经营主体。新型农业经营主体是构建我国集约化、专业化、组织化、社会化新型农业经营体系的重要细胞单元。新型农业经营体系的发展离不开新型农业经营主体的培育。新型职业农民作为新型农业经营主体中的重要一员，能够有效解决我国新型农业经营主体缺乏的问题，实现我国新型农业经营体系的构建，进一步推动现代农业发展。

结　束　语

　　正如美国著名的管理学大师彼得·德鲁克所指出的，现代社会是一个高度组织化的社会组织，而非个体，越来越成为社会互动中的主角。政府部门是一个高度组织化的部门，从上到下的各级政府组成了最为严密的组织体系，在社会中处于主导地位；市场部门中，最重要的组织就是公司和企业这些经济组织，构成了市场经济运行的主体；而社会部门也有其相应的组织，就是我们常说的 NGO、NPO（即非政府组织、非营利性组织）。这三个部门能够有效地运转并相互配合，社会就能保持平衡发展；社会三大部门能否有效协调地运转、构成一个动态平衡的有机整体，很大程度上取决于三大部门中的组织状况，某一部门组织的缺乏或运作不善，或者部门之间协调不畅，就会出现部门功能的"失灵"，如常说的"政府失灵"、"市场失灵"，那么社会经济发展就会受到影响。在区域经济发展过程中，一方面，农业一直是一个薄弱环节，而农业经济发展离不开农民组织化；另一方面，解决"三农"问题已成为党和国家各项工作的重中之重，成为国家发展的重要战略，在地域差别极其显著的中国，这些战略能否落到实处，关键在县，在于县域经济发展过程中能否通过辐射、服务和反哺带动整个乡村地区的发展。县域工作要落到实处，离不开基层组织的有效对接，在农村市场化程度日益提高而村"两委"经济功能日趋式微的情况下，新型的农民经济合作组织在农村发展中的作用日益凸显。因此，无论是 2004 年以来每年的中央一号文件，还是中共十七届三中全会决议形成的农村发展的纲领性文件，都突出强调了要加强农民组织化建设。

一、农民组织化发展中需要探讨的几个问题

在农民组织化发展过程中，有几个问题值得进一步探讨。

（一）党的领导和农民主体的关系

党的十九大报告明确提出了乡村振兴战略。报告指出，农业、农村、农民问题是关系国计民生的根本性问题，必须始终把解决好"三农"问题作为全党工作重中之重。要坚持农业农村优先发展，按照产业兴旺、生态宜居、乡风文明、治理有效、生活富裕的总要求，实施建立健全城乡融合发展体制机制和政策体系，加快推进农业农村现代化。根据 2018 年《中共中央　国务院关于实施乡村振兴战略的意见》，乡村振兴战略既要坚持党管农村工作，毫不动摇地坚持和加强党对农村工作的领导，健全党管农村工作领导体制机制和党内法规，确保党在农村工作中始终总揽全局、协调各方，为乡村振兴提供坚强有力的政治保障；又要坚持农民主体地位。充分尊重农民意愿，切实发挥农民在乡村振兴中的主体作用，调动亿万农民的积极性、主动性、创造性，把维护农民群众根本利益、促进农民共同富裕作为出发点和落脚点，促进农民持续增收，不断提升农民的获得感、幸福感、安全感。在乡村振兴战略中，各级党委和政府纷纷派出了乡村振兴专业工作队深入农村，把脱贫攻坚与乡村振兴战略结合起来。各种政策措施和惠农政策也随之下乡，农村基础设施也有了很大的改善，但目前作为乡村振兴主体的农民还远远没有被动员起来，导致广大乡村振兴的内生动力还不充分。有了强有力的党和政府的领导，为什么农民主体的作用没有完全发挥出来？很大原因就

在于农民目前缺乏组织，因而难以采取集体行动来主动投身于乡村振兴战略的伟大实践。那么，农民组织化是不是"农民主体"作用得以发挥的根本举措呢？怎么样实现"党的领导"与"发展农民主体作用"的有机结合？

（二）合作社与自然村的关系

自然村落是千百年来历史地形成的人们生产和生活的社会单位，具有非常稳定的特点。今天的农民专业合作社发展与村庄是一种什么样的关系呢？我们发现很多合作社都是以村庄为边界的。这是否说明了合作社应该以自然村屯为依托呢？如果合作社必须以自然村屯为依托，又如何形成一种跨越村屯的具有更大规模的合作社呢？进一步需要思考的问题是，在农村已存在各种类型的农民组织如村委会、党支部等类政权组织、农民组织、合作组织、社会服务组织以及维权组织的情况下，如何实现农村组织资源的整合，建立综合性的农民组织，以适应农村经济社会发展的需要，有待于进一步观察和理论论证。

（三）合作社之间是否能够组建联合社呢？

一些同类合作社有着相似的业务，它们之间是否可以联合起来形成一个规模更大，从而实力更强，生产成本更低的联合社呢？如果可行，那么应该通过怎样的机制来促进合作社的联合呢？政府涉农部门能否支持成立一种半官方的乡镇级别或者更上级别的合作社的联合社来推动社区型合作社的发展呢？

二、农民组织化发展的研究展望

（一）关于农民组织化的主体问题

农民是农民组织化的主体，而现实情况往往是，地方政府和农村基层组织往往利用其强势地位"组织农民"，以行政手段推动农民组织化。这种做法虽然能够快速推动农民组织化发展进程，但也不可避免地使农民"被组织化"以及农民组织"行政化"。如何界定农民组织化发展中的政府作用，建构农村场域的政社关系，使农民组织摆脱"行政化"的宿命和趋势值得进一步探索。

（二）关于如何创新农民组织形式，扩大现有农民组织规模的问题

积极探索新的农民组织形式，不仅是经济问题，更是政治和社会问题。不同领域、不同农民组织的相互联系和整合，以及农民组织化及其程序设计对于乡村秩序的构建和乡村社会的治理将是以后研究的一个重点。

（三）关于农民组织化与农业产业化发展要求相适应的问题

农业产业化是现代农业发展的根本出路，农民组织化归根到底是为了保障农民的经济和政治权益，二者可达到良性互动。但是，农民组织化发展明显滞后于农业产业化的发展要求，在"公司（龙头企业）＋农民组织"这种主要的农业产业化发展模式中，农民组织体系不完备导致农民组织化力量十分薄弱，二者未形成真正的利益共同体，关系比较脆弱，容易出现分离或不合作行为，这个问题亟待解决。

（四）关于农民组织化的制度安排和合作文化构建的问题

国家出台了一系列政策法律来促进农民组织化发展，但绩效如何、如何改进和提升还鲜有涉及。此外，农民组织化体现了合作精神，但自古以来自给自足的分散小农经济使农民合作精神缺乏，更有学者认为小农"善分不善合"，在此种语境之下，如何构建新型农民合作文化、畅通农民合作网络，仍是一个需要开拓的领域。

参 考 文 献

一、学术著作类

1. 程同顺等：《农民组织与政治发展——再论中国农民的组织化》，天津人民出版社 2006 年版。

2. 俞可平等：《中国公民社会的兴起与治理的变迁》，社会科学文献出版社 2002 年版。

3. 韩泰华主编：《中南海开始决策：1949～1956》，北京出版社 1999 年版。

4. 黄卫平等主编：《乡镇长选举方式改革：案例研究》，社会科学文献出版社 2003 年版。

5. 张全在、贺晨：《镇政府管理》，中国广播电视出版社 1998 年版。

6. 周天勇等：《中国行政体制改革 30 年》，格致出版社、上海人民出版社 2008 年版。

7. 徐勇：《乡村治理与中国政治》，中国社会科学出版社 2003 年版。

8. 吴毅：《转型社会的乡村政治》，中国农业出版社 2006 年版。

9. 世界银行：《1997 年世界发展报告：变革世界中的政府》，中国财政经济出版社 1997 年版。

10. 徐勇：《非均衡的中国政治：城市与乡村比较》，中国广播电视出版社 1992 年版。

11. 吴毅：《村治变迁中的权威与秩序——20 世纪川东双村的表达》，中国社会科学出版社 2002 年版。

12.《马克思恩格斯选集》第 1 卷，人民出版社 1972 年版。

13. 王沪宁主编：《政治的逻辑——马克思主义政治学原理》，上海人民出版社 1994 年版。

14. 王先明：《近代绅士——一个封建阶层的历史命运》，天津人民出版社 1997 年版。

15. 张静：《基层政权：乡村制度诸问题》，世纪出版集团、上海人民出版社 2007 年版。

16. 白钢、赵寿星：《选举与治理：中国村民自治研究》，中国社会科学出版社 2001 年版。

17.《彭真文选（一九四一——一九九○年)》，人民出版社 1991 年版。

18.《邓小平文选》第二卷，人民出版社 1994 年版。

19.《马克思恩格斯选集》第 2 卷，人民出版社 1995 年版。

20. 徐勇：《中国农村村民自治》，华中师范大学出版社 1997 年版。

21.《建国以来毛泽东文稿》第一册，中央文献出版社 1992 年版。

22. 吴毅：《记述村庄的政治》，湖北人民出版社 2007 年版。

23. 陈明明主编：《革命后社会的政治与现代化》，上海辞书出版社 2002 年版。

24. 何增科主编：《公民社会与第三部门》，社会科学文献出版社 2000 年版。

25. 黄仁宇：《中国大历史》，生活·读书·新知三联书店 1997 年版。

26. 徐勇、赵永茂主编：《土地流转与乡村治理——两岸的研究》，社会科学文献出版社 2010 年版。

27. 张乐天：《告别理想——人民公社制度研究》，上海人民出版社 2005 年版。

28. 陈益元：《革命与乡村——建国初期农村基层政权建设研究：1949～1957》，上海社会科学院出版社 2006 年版。

29. 邓正来、[英] J. C. 亚历山大主编：《国家与市民社会：一种社会理论的研究路径》，中央编译出版社 1999 年版。

30. 费孝通：《乡土中国　生育制度》，北京大学出版社 1998 年版。

31. 苏国勋：《理性化及其限制——韦伯思想引论》，上海人民出版社 1988 年版。

32. 梁漱溟：《中国文化要义》，学林出版社 1987 年版。

33. 张鸣：《乡村社会权力和文化结构的变迁（1903—1953）》，陕西人民出版社 2008 年版。

34. 贺雪峰：《组织起来——取消农业税后农村基层组织建设研究》，山东人民出版社 2012 年版。

35. 贺雪峰：《新乡土中国》，广西师范大学出版社 2003 年版。

36. 陈潭等：《治理的秩序——乡土中国的政治生态与实践逻辑》，人民出版社 2012 年版。

37. 徐勇：《现代国家乡土社会与制度建构》，中国物资出版社 2009 年版。

38. 熊万胜：《农民合作的新前景》，中国政法大学出版社 2013 年版。

39. 周雪光：《组织社会学十讲》，社会科学文献出版社 2003 年版。

40. 于显洋：《组织社会学》，中国人民大学出版社 2001 年版。

41. 汝信、陆学艺、李培林主编：《2008 年中国社会形势分析与预测》，社会科学文献出版社 2008 年版。

42. 朱新山：《乡村社会结构变动与组织重构》，上海大学出版社 2004 年版。

43. 张仲礼：《中国绅士——关于其在 19 世纪中国社会中作用的研究》，上海社会科学院出版社 1991 年版。

44. 闻钧天：《中国保甲制度》，商务印书馆 1935 年版。

45. 徐秀丽编：《中国近代乡村自治法规选编》，中华书局 2004 年版。

46. 徐秀丽主编：《中国农村治理的历史与现状：以定县、邹平和江宁为例》，社会科学文献出版社 2004 年版。

47. 于建嵘：《岳村政治：转型期的中国乡村政治结构的变迁》，商务印书馆 2004 年版。

48. 刘金海：《产权与政治——国家、集体与农民关系视角下的村庄经验》，中国社会科学出版社 2006 年版。

49. 张厚安、白益华：《中国农村基层建制的历史演变》，四川人民出版社 1992 年版。

50. 王名主编：《中国民间组织 30 年——走向公民社会》，社会科学文献出版社 2008 年版。

51. 林水吉：《跨域治理——理论与个案研析》，（台湾）五南图书出版股份有限公司 2009 年版。

52. 陈振明等：《政府工具导论》，北京大学出版社 2009 年版。

53. 温铁军：《中国新农村建设报告》，福建人民出版社 2010 年版。

54. [美] 弗里蒙特·E.卡斯特、詹姆斯·E.罗森茨韦克：《组织与管理——系统方法与权变方法》，中国社会科学出版社 1985 年版。

55. [美] 汉密尔顿、杰伊、麦迪逊：《联邦党人文集》，舒逊译，商务印书馆 1980 年版。

56. [英] 戴维·赫尔德：《民主的模式》，燕继荣等译，中央编译出版社 2004 年版。

57. [美] 杜赞奇：《文化、权力与国家：1900—1942 年的华北农村》，王福明译，江苏人民出版社 2010 年版。

58. [法] 托克维尔：《论美国的民主》（上卷），董果良译，商务印书馆 1989 年版。

59. [美] 詹姆斯·C.斯科特：《弱者的武器》，郑广怀等译，凤凰出版传媒集团、译林出版社 2007 年版。

60. [美] 黄宗智主编：《中国乡村研究（第一辑）》，商务印书馆 2003 年版。

61. [古希腊] 亚里士多德：《政治学》，商务印书馆 1965 年版。

62. [英] 迈克尔·欧克肖特：《政治中的理性主义》，张汝伦译，上海译文出版社 2003 年版。

63. [英] 肯尼斯·米诺格：《政治的历史与边界》，龚人译，凤凰出版传媒集团、译林出版社 2008 年版。

64. [英] 弗里德利希·冯·哈耶克：《自由秩序原理》，邓正来译，生活·读书·新知三联书店 1997 年版。

65.〔美〕乔纳森·R.汤普金斯：《公共管理学说史——组织理论与公共管理》，夏镇平译，上海译文出版社 2010 年版。

66.〔美〕哈罗德·D.拉斯韦尔：《政治学：谁得到什么？何时和如何得到？》，杨昌裕译，商务印书馆 1992 年版。

67.〔美〕西奥多·W.舒尔茨：《改造传统农业》，梁小民译，商务印书馆 1987 年版。

68.〔美〕黄宗智：《华北的小农经济与社会变迁》，中华书局 1986 年版。

69.〔美〕黄宗智主编：《中国乡村研究（第五辑）》，福建教育出版社 2007 年版。

70.〔美〕R.科斯、A.阿尔钦、D.诺斯等：《财产权利与制度变迁——产权学派与新制度学派译文集》，上海三联书店、上海人民出版社 1994 年版。

71. V.奥斯特罗姆、D.菲尼、H.皮希特编：《制度分析与发展的反思——问题与抉择》，王诚等译，商务印书馆 1992 年版。

72.〔美〕约瑟夫·熊彼特：《经济发展理论》，商务印书馆 1990 年版。

73.〔美〕塞缪尔·P.亨廷顿：《变化社会中的政治秩序》，王冠华等译，上海世纪出版集团 2008 年版。

74.〔美〕莫里斯·梅斯纳：《毛泽东的中国及其发展——中华人民共和国史》，张瑛译，社会科学文献出版社 1992 年版。

75.〔荷〕何·皮特：《谁是中国土地的拥有者？——制度变迁、产权和社会冲突》，林韵然译，社会科学文献出版社 2008 年版。

76.〔德〕马克斯·韦伯：《经济与社会》上卷，林荣远译，商务印书馆 1997 年版。

77.〔美〕E.S.萨瓦斯：《民营化与公私部门的伙伴关系》，中国人民大学出版社 2002 年版。

78.〔美〕菲利普·库珀：《合同制治理——公共管理者面临的挑战与机遇》，竺乾威等译，复旦大学出版社 2007 年版。

79.〔美〕斯蒂芬·戈德史密斯、威廉·D.埃格斯：《网络化治理：公共部门的新形态》，孙迎春译，北京大学出版社 2008 年版。

80. Hayek，*Law Legislation and liberty*：*Rules and Order*（*I*）. The University of Chicago Press，1973.

81. Coase R. H.（1990），*The Firm，the Market，and the Law*. Chicago：University of Chicago Press.

82. Salamon，*Partners in Public Service*：*The Scope and Theory of Government-nongovernment Relations* In Walter W.Powell ed The Nonprofit Sector. New Haven，Conn：Yale University Press，1987.

二、学术论文类

1. 刘祖云、曲福田：《由"碎片化"走向"组织化"——中国新农村建设的战略构想》，《社会科学》2007 年第 6 期。

2. 韩小凤、高宝琴：《农民组织化：农村协商民主治理优化的社会基础》，《探索》2014 年第 5 期。

3. 吴重庆、张慧鹏：《以农民组织化重建乡村主体性：新时代乡村振兴的基础》，《中国农业大学学报（社会科学版）》2018 年第 3 期。

4. 牛若峰：《论市场经济与农民自由联合》，《中国农村经济》1998 年第 7 期。

5. 高宝琴：《试析我国农民组织优化的趋势及动力机制》，《中国特色社会主义研究》2011 年第 2 期。

6. 陈楠、郝庆升：《农民生产经营组织化动力要素及作用机制分析》，《农业经济》2010 年第 8 期。

7. 杨嵘均：《论农民自组织动力源的现代转型及其对乡村治理的结构优化》，《学术研究》2014 年第 5 期。

8. 程同顺：《提高中国农民组织化程度的必要性和政策方略》，《调研世界》2004 年第 2 期。

9. 赵国杰、郭春丽：《农民专业合作社生命周期分析与政府角色转换初探》，《农业经济问题》2009 年第 1 期。

10. 贺雪峰：《农民组织起来的陷阱》，《理论学习》2011 年第 7 期。

11. 范金良、宋桂兰：《提高农民的组织化程度迫在眉睫》，《当代世界与社会主义》2002 年第 2 期。

12. 高黎：《村民自治关键：农民组织化》，《江苏农村经济》2005 年第 9 期。

13. 王智军、项生华：《当前农民组织化问题研究》，《江海学刊》2000 年第 3 期。

14. 周建明、束方圆：《"组织起来"，还是"去组织化"——中国农村建设应走向何方》，《探索与争鸣》2014 年第 1 期。

15. 王桂林、师继锋：《中国农民组织化的两条路径研究》，《农业经济》2006 年第 11 期。

16. 郭晓鸣、廖祖君、付娆：《龙头企业带动型、中介组织联动型和合作社一体化三种农业产业化模式的比较——基于制度经济学视角的分析》，《中国农村经济》2007 年第 4 期。

17. 温铁军：《农民专业合作社发展的困境与出路》，《湖南农业大学学报（社会科学版）》2013 年第 4 期。

18. [美] 黄宗智：《农业合作化路径选择的两大盲点：东亚农业合作化历史经验的启示》，《开放时代》2015 年第 5 期。

19. 史冰清、孔祥智、钟真：《农民参与不同市场组织形式的特征及行为研究——基于鲁、宁、晋三省的实地调研数据分析》，《江汉论坛》2013 年第 1 期。

20. 杨磊、徐双敏：《中坚农民支撑的乡村振兴：缘起、功能与路径选择》，《改革》2018 年第 10 期。

21. 冯开文、蒋燕、高颖：《我国农村微观经济组织从农民组织化到农业一体化的变革》，《经济纵横》2010 年第 8 期。

22. 张慧卿、刘醒：《农民组织化的现实困境、成因及其改善路径——兼评亨廷顿农民组织化思想》，《农业经济》2016 年第 3 期。

23. 贺雪峰：《乡村建设中提高农民组织化程度的思考》，《探索》2017 年第 2 期。

24. 陈华栋、顾建光、蒋颖：《建国以来我乡镇政府机构沿革及角色演变研究》，《社会科学战线》2007 年第 2 期。

25. 俞德鹏：《农民负担问题的社会和法律分析》，《经济管理文摘》2001 年第 9 期。

26. 王雅林：《农村基层的权力结构及其运行机制——对黑龙江省昌五镇的个案研究》，《中国社会科学》1998 年第 5 期。

27. 赵树凯：《乡镇政府的应酬政治——10 省（区）20 乡镇调查》，《中国改革》2005 年第 7 期。

28. 白永秀、史耀疆、白媛媛：《税费改革对乡镇政府职能及存在合理性的影响》，《经济社会体制比较》2007 年第 3 期。

29. 周飞舟：《从汲取型政权到"悬浮型"政权——税费改革对国家与农民关系之影响》，《社会学研究》2006 年第 3 期。

30. 徐勇：《从村治到乡政：乡村管理的第二次制度创新》，《山东科技大学学报（社会科学版）》2002 年第 4 期。

31. 徐勇：《县政、乡派、村治：乡村治理的结构性转换》，《江苏社会科学》2002 年第 2 期。

32. 赵树凯：《乡镇政府之命运》，《中国发展观察》2006 年第 7 期。

33. 郑风田、李明：《新农村建设视角下中国基层县乡村治理结构》，《中国人民大学学报》2006 年第 5 期。

34. 赵树凯：《县乡政府治理的危机与变革——事权分配和互动模式的结构性调整》，《人民论坛·学术前沿》2013 年第 21 期。

35. 徐勇：《论乡政管理与村民自治的有机衔接》，《华中师范大学学报（哲学社会科学版）》1997 年第 1 期。

36. 上官酒瑞：《从差序格局走向团体格局——农民组织化与乡村和谐社会建设的政治学视野》，《政治与法律》2009 年第 1 期。

37. 贺雪峰、董磊明、陈柏峰：《乡村治理研究的现状与前瞻》，《学习与实践》2007 年第 8 期。

38. 贺雪峰：《乡村治理研究的三大主题》，《社会科学战线》2005 年第 1 期。

39. 蔺雪春：《当代中国村民自治以来的乡村治理模式问题》，《当代世界社会主义问题》2007 年第 3 期。

40.郭正林：《乡村治理及其制度绩效评估：学理性案例分析》，《华中师范大学学报（人文社会科学版）》2004 年第 4 期。

41.贺雪峰：《乡村治理研究的进展》，《贵州社会科学》2007 年第 6 期。

42.徐勇：《草根民主的崛起：价值与限度》，《中国社会科学季刊》（香港）2000 年夏季号。

43.郑永年：《乡村民主与中国政治进程》，《二十一世纪》1996 年第 6 期。

44.党国印：《"村民自治"是民主政治的起点吗?》，《战略与管理》1999 年第 1 期。

45.张盾：《马克思的政治理论及其路径》，《中国社会科学》2006 年第 5 期。

46.贺雪峰：《论民主化村级治理的村庄基础》，《社会学研究》2002 年第 2 期。

47.徐勇：《农村社会观察（五则）——礼治、理治、力治》，《浙江学刊》2002 年第 2 期。

48.贺雪峰：《论半熟人社会——理解村委会选举的一个视角》，《政治学研究》2000 年第 3 期。

49.徐勇：《村民自治的成长：行政放权与社会发育——1990 年代后期以来中国村民自治发展进程的反思》，《华中师范大学学报（人文社会科学版）》2005 年第 2 期。

50.于建嵘：《村民自治：价值与困境——兼论〈中华人民共和国村民委员会组织法〉的修改》，《学习与探索》2010 年第 4 期。

51.吴理财：《村民自治与国家重建》，《经济社会体制比较》2002 年第 4 期。

52.沈延生：《村政的兴衰与重建》，《战略与管理》1998 年第 6 期。

53.张文明：《村民自治：结构与功能的失衡——以东北四村调查为例》，《华东师范大学学报（哲学社会科学版）》2006 年第 5 期。

54.徐勇：《村民自治的深化：权利保障与社区重建——新世纪以来中国村民自治发展的走向》，《学习与探索》2005 年第 4 期。

55.刘再复：《原形文化与伪形文化》，《读书》2009 年第 12 期。

56.贺雪峰：《农民行动逻辑与乡村治理的区域差异》，《开放时代》2007 年第 1 期。

57. 贺雪峰：《论农地经营的规模——以安徽繁昌调研为基础的讨论》，《南京农业大学学报（社会科学版）》2011 年第 2 期。

58. 仝志辉、温铁军：《资本和部门下乡与小农户经济的组织化道路——兼对专业合作社道路提出质疑》，《开放时代》2009 年第 4 期。

59. 苑鹏：《中国特色的农民合作社制度的变异现象研究》，《中国农村观察》2013 年第 3 期。

60. 张晓辉：《农村新型农民专业合作经济组织发展研究》，《学术交流》2007 年第 9 期。

61. 楚成亚、陈恒彬：《新时期农村民间组织生长机制研究——基于张高村民间组织建设实验观察》，《东南学术》2007 年第 1 期。

62. 孙立平：《"关系"、社会关系与社会结构》，《社会学研究》1996 年第 5 期。

63. 卜长莉：《"差序格局"的理论阐释及现代内涵》，《社会学研究》2003 年第 1 期。

64. 董磊明、陈柏峰、聂良波：《结构混乱与迎法下乡——河南宋村法律实践的解读》，《中国社会科学》2008 年第 5 期。

65. 孔祥智、史冰清：《现阶段农民合作经济组织的基本状况、组织管理及政府作用——23 省农民合作经济组织》，《农业经济问题》2006 年第 1 期。

66. 孙炳耀：《中国社会团体官民二重性问题》，《中国社会科学季刊》（香港）1994 年第 6 期。

67. 康晓光：《转型时期的中国社团》，《中国社会科学季刊》（香港）1994 年第 6 期。

68. 唐祥来：《公私伙伴关系的公共经济学分析》，《财贸研究》2011 年第 3 期。

69. 李新、席艳乐：《全球治理视野下的公私伙伴关系：现状与困境》，《经济社会体制比较》2011 年第 1 期。

70. 张万宽：《发展公私伙伴关系对中国政府管理的挑战及对策研究》，《中国行政管理》2008 年第 1 期。

71. 康晓光、韩恒：《分类控制：当前中国大陆国家与社会关系研究》，《社会学研究》2005 年第 6 期。

72. 高丙中：《社会团体的合法性问题》，《中国社会科学》2002 年第 2 期。

73. 熊跃根：《转型经济国家中的"第三部门"发展：对中国现实的解释》，《社会学研究》2001 年第 1 期。

74. 孙志祥：《"双重管理"体制下的民间组织——以三个民间环保组织为例》，《中国软科学》2001 年第 7 期。

75. 陶建钟：《风险与转型语境下社会秩序的路径选择——控制、吸纳与协作》，《浙江社会科学》2013 年第 8 期。

76. 王向民：《分类治理与体制扩容：当前中国的社会组织治理》，《华东师范大学学报（哲学社会科学版）》2014 年第 5 期。

77. 容志：《政党社会化与地方治理嵌入：一个分析框架》，《社会主义研究》2008年第 5 期。

78. 李克强：《农民发展论》，《河北学刊》2007 年第 3 期。

79. 黄祖辉、徐旭初、蒋文华：《中国"三农"问题：分析框架、现实研判和解决思路》，《中国农村经济》2009 年第 7 期。

80. 单飞跃、范锐敏：《农民发展权探源——从制约农民发展的问题引入》，《上海财经大学学报》2009 年第 5 期。

81. 徐勇：《如何认识当今的农民、农民合作与农民组织》，《华中师范大学学报（人文社会科学版）》2007 年第 1 期。

82. 孔祥智等：《农民参与不同市场组织形式的特征及行为研究——基于鲁、宁、晋三省的实地调研数据分析》，《江汉论坛》2013 年第 1 期。

83. 范柏乃、邵青、徐巍：《后税费时代村级组织功能异化及其治理研究》，《浙江大学学报（人文社会科学版）》2013 年第 3 期。

84. 齐晓瑾、蔡澍、傅春晖：《从征地过程看村干部的行动逻辑——以华东、华中三个村庄的征地事件为例》，《社会》2006 年第 2 期。

85. Saich T.（2000）. Negotiating the State：The Development of Social Organizations

in China. *The China Quarterly*，No. 161，pp.124-141.

86. Lin Shangli，"Two Modes of Social Construction：the CPC and the NGOs"，Social Sciences in China. A Quarterly Journal Vol.IX. No.2 Summer 2007.

后　记

　　本书是笔者承担的一项省部级课题的最终研究成果。课题虽然以论文集形式结项，但是由于这些论文主要围绕一个共同主题即农民组织化展开，它们之间存在着内在的逻辑关系。为了呈现研究的系统性和完整性，笔者还是决定把它们集结成专著出版，并根据学术著作的要求作了补充、修改和调整。

　　感谢公共管理学院的同仁们对笔者从事农村治理研究给予的大力支持与合作。感谢我的研究生们，是他们与笔者一起撑起农村治理研究的一小片天空。

　　感谢我的夫人张东雁副教授，她除了承担大量的教学任务外，还承包了家里的大部分家务，使我能安心投入教学与科研工作和暑期调研。没有她的支持和默默奉献，我就没有时间经常泡在办公室里和行走在乡间小路上进行实地调研。更值得欣慰的是，进入大学二年级的儿子孔阳越来越懂事了，开始走出懵懂状态，进入到更加丰富多彩的生活世界里。他的成长是我最大的幸福。

　　感谢人民出版社的武丛伟博士对本书的认真审阅并提出了许多有见地的修改意见，她的真知灼见对本书的修改完善作用甚巨。

　　特别感谢金太军教授，使我得以在知天命之年调入南京审计大学。

走出舒适圈，对我而言意味着挑战和冒险，也意味着一种全新的工作与生活模式。在本书即将付梓之际，太军教授还在百忙之中抽时间审阅本书，并为本书作序。

此后余生，更须努力。

笔者于南京审计大学沁园公寓

2019 年 10 月

责任编辑:武丛伟
封面设计:王欢欢

图书在版编目(CIP)数据

农民组织化与农村治理研究/蒋永甫 著. —北京:人民出版社,2019.12
ISBN 978-7-01-021026-1

I.①农⋯ II.①蒋⋯ III.①农业合作组织-研究-中国 ②农村-社会管理-
研究-中国 IV.①F321.42 ②C912.82

中国版本图书馆 CIP 数据核字(2019)第 138224 号

农民组织化与农村治理研究

NONGMIN ZUZHIHUA YU NONGCUN ZHILI YANJIU

蒋永甫 著

人民出版社 出版发行
(100706 北京市东城区隆福寺街 99 号)

环球东方(北京)印务有限公司印刷 新华书店经销

2019 年 12 月第 1 版 2019 年 12 月北京第 1 次印刷
开本:710 毫米×1000 毫米 1/16 印张:16.5
字数:200 千字

ISBN 978-7-01-021026-1 定价:55.00 元

邮购地址 100706 北京市东城区隆福寺街 99 号
人民东方图书销售中心 电话 (010)65250042 65289539